PERFILES
DE CORAJE

Libros de John F. Kennedy

EL DEBER Y LA GLORIA
(Editado por Allan Nevins)

ESTRATEGIA DE LA PAZ
(Editado por Allan Nevins)

EDICIÓN 50° ANIVERSARIO

JOHN F. KENNEDY

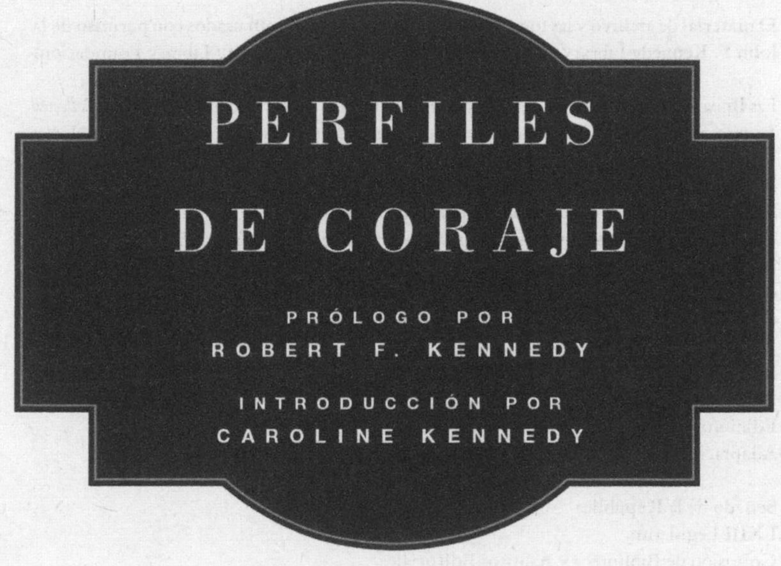

HarperCollins*Español*

Publicado por HarperCollins Español® en Nashville, Tennessee, Estados Unidos de América.
HarperCollins Español es una marca registrada de HarperCollins Christian Publishing.

Título en inglés: *Profiles in Courage*

Publicado por HarperCollins Publishers, New York, EUA.

Editora en Jefe: *Graciela Lelli*
Traducción: *Sudaquia*
Edición: *Nahum Saez y Omayra Ortiz*
Adaptación del diseño al español: *www.produccioneditorial.com*

Senado de la República
LXIII Legislatura
Comisión de Biblioteca y Asuntos Editoriales
Senador Adolfo Romero Lainas. Presidente
Senadora Marcela Guerra Castillo. Secretaria.
Ernesto Gómez Pananá. Coordinador de la coedición con el Senado de la República.

110915/TAMN-B

ISBN: 978-0-71808-502-5
ISBN: 978-0-71808-494-3 Edición para México

Impreso en Estados Unidos de América
16 17 18 19 20 DCI 9 8 7 6 5 4 3 2 1

A mi esposa

Contenido

Tercera parte

Cuarta parte

Introducción

Mi padre nos enseñó a todos que nunca somos demasiado viejos ni demasiado jóvenes para el servicio público. El reto inaugural del presidente Kennedy —«No preguntes lo que tu país puede hacer por ti, pregunta qué puedes hacer por tu país»—, resumió su propia vida y carrera, y suena tan cierto hoy como hace cuarenta años. Para mí, su legado imponente vive en los miles de estadounidenses a quienes inspiró para que trabajaran en sus comunidades, escuelas, barrios, en el Movimiento por los Derechos Civiles y en el Cuerpo de Paz. Nuestro país fue transformado por la energía y dedicación de toda una generación. Ahora depende de nosotros redefinir ese compromiso con nuestra propia época.

John F. Kennedy comenzó su carrera en el servicio público como comandante de una lancha torpedera PT en el Pacífico Sur durante la Segunda Guerra Mundial. Mientras patrullaba en la noche del 2 de agosto de 1943, la PT-109 fue embestida por un destructor japonés, el *Amagiri*, por lo que estalló en llamas, arrojando a los miembros de la tripulación a las ardientes aguas. Dos de ellos murieron y otro sufrió quemaduras tan graves que no podía nadar. Agarrando con los dientes una correa del chaleco salvavidas del hombre herido, el teniente Kennedy llevó al marinero herido a la isla más cercana, a tres millas de distancia. Durante los próximos seis días, con poca comida y agua, los hombres se escondieron por temor a ser capturados por los japoneses. Cada noche, Kennedy nadaba a través de las aguas infestadas de tiburones a otras islas en busca de ayuda, hasta que fue descubierto por Eroni Kumana y Biuku Gasa, dos nativos de las Islas Salomón. Le dieron un coco, en el que Kennedy grabó un mensaje, el cual llevaron a la guarida cercana de un observador en la costa australiana, quien coordinó el rescate. En el verano de 2002, una expedición de National Geographic Society descubrió que la leyenda del coraje de John F. Kennedy sigue viva en las lejanas Islas Salomón. El explorador Robert Ballard y su equipo hallaron la PT-109 en el fondo del mar usando vehículos a control remoto con cámaras submarinas. Los miembros de la expedición se reunieron con Eroni Kumana, el hombre que, con su canoa sencilla, salvó la vida de mi padre y cambió el curso de la historia, así como el de su hijo, John F. Kennedy Kumana.

El coraje de mi padre le valió la Medalla de la Armada y del Cuerpo de Marines «por conducta extremadamente heroica», y un Corazón Púrpura por sus lesiones. También hizo posible *Perfiles de coraje*. La colisión con el destructor japonés le produjo una lesión en la columna, requiriendo una cirugía en el invierno de 1954 a 1955. Elegido para el Senado de los Estados Unidos dos años antes, mi padre estaba interesado en comprender las cualidades que hacen a un gran senador. La historia era su pasión, por lo que pasó los meses de convalecencia leyendo las crónicas de sus predecesores legendarios. Para mis padres, la historia no era un asunto árido ni aburrido, sino una fuente constante de inspiración. Ellos creían que verdaderamente hay héroes y que todos podemos aprender de su ejemplo. Los héroes de mi padre eran hombres y mujeres que estaban dispuestos a arriesgar sus carreras para hacer lo que era correcto por nuestro país. *Perfiles de coraje*, publicado en 1956, narra sus historias.

Como senador y como presidente, John F. Kennedy mostró el mismo tipo de coraje tanto en política exterior como en asuntos nacionales. En 1962, cuando descubrió que los soviéticos estaban construyendo bases de misiles nucleares en Cuba, el presidente Kennedy se resistió a los llamados para realizar un ataque aéreo inmediato y siguió un rumbo diplomático que evitó la catástrofe de una guerra nuclear. Su «gracia bajo presión» y su juicio brillante durante la crisis de los misiles cubanos condujeron a un nuevo capítulo en las relaciones soviético-estadounidenses, el que hizo posible negociar el primer tratado que prohibía los ensayos de armas nucleares en la atmósfera, en el espacio ultraterrestre y debajo del agua. En un discurso que pronunció el verano posterior a la crisis de los misiles cubanos, el presidente Kennedy habló acerca de la paz: «No seamos ciegos a nuestras diferencias; enfoquemos directamente la atención en nuestros intereses comunes y en los medios con los que se pueden resolver esas divergencias. Y si no podemos ponerles fin, al menos podremos contribuir a que el mundo sea seguro en aras de la diversidad. Porque, en última instancia, nuestro vínculo más común es que todos habitamos este pequeño planeta. Todos respiramos el mismo aire. A todos nos preocupa el futuro de nuestros hijos. Y todos somos mortales».

En 1963, cuando las ciudades del sur ardían con la promesa largamente aplazada de los derechos civiles y la policía atacó a los manifestantes pacíficos por los derechos civiles con mangueras de bomberos y perros adiestrados, el presidente Kennedy les confirió todo el poder del gobierno federal a aquellos que buscaban la integración, pues era lo correcto. En un discurso televisado a la nación la misma noche en que movilizó a la Guardia Nacional de Alabama para admitir dos estudiantes negros en la Universidad de Alabama en virtud de una orden judicial federal, el presidente Kennedy señaló: «Nos enfrentamos principalmente a una cuestión moral. Es tan antigua como las Escrituras y tan clara como la Constitución estadounidense. El meollo del asunto es si todos los estadounidenses contarán con igualdad de derechos e igualdad de oportunidades, si vamos a tratar a nuestros conciudadanos como queremos ser tratados. Si un estadounidense —debido a que su piel es oscura—, no puede almorzar en un restaurante abierto al público, si no puede enviar a sus hijos a la mejor escuela pública disponible, si no puede votar a favor de los funcionarios públicos que lo representan; si, en suma, no puede disfrutar de la vida plena y libre que todos queremos, entonces, ¿quién de nosotros se contentaría con tener el color de su piel y ponerse en su lugar? ¿A quién de nosotros le agradaría entonces que le aconsejaran paciencia y esperanza?». En el mismo discurso, el presidente Kennedy anunció que enviaría al Congreso una legislación que prohibiera la discriminación en todas las instalaciones públicas, la cual se convertiría en la Ley de Derechos Civiles de 1964, aprobada después de su muerte.

Puesto que mi padre estudió historia y entendió la complejidad del coraje, también comprendió su poder elemental. Él creía que contar las historias de aquellos que actúan de acuerdo a los principios sin importar el precio, puede ayudar a inspirar a las generaciones futuras a seguir su ejemplo. Nuestro país necesita reconocer el liderazgo, respetarlo y exigirlo a nuestros líderes. La vida y la carrera de John F. Kennedy han inspirado a millones de personas en todo el mundo y confirman la verdad de la declaración de Andrew Jackson: «Un hombre de coraje hace una mayoría».

Nuestra familia ha honrado la dedicación de mi padre al servicio público celebrando ese compromiso en los demás. En 1989, establecimos el Premio Perfiles de Coraje, otorgado anualmente a un funcionario electo que vele por los ideales sobre los que se fundó este país, a menudo con gran riesgo personal. Estos hombres y mujeres, republicanos y demócratas, que sirven a nivel local, estatal y nacional, son los herederos de los ocho senadores legendarios descritos en este libro. Nuestra definición colectiva del coraje se ha ampliado desde que se escribió *Perfiles de coraje*; actualmente, honramos a los que tienen el coraje para transigir, así como a quienes mantienen su rumbo.

La congresista Hilda Solís, que creció en una de las comunidades más contaminadas de Estados Unidos, encabezó la lucha por la primera ley de justicia ambiental de la nación cuando era una joven senadora estatal latina en California. Argumentando que las instalaciones de residuos tóxicos y peligrosos se encontraban —en cantidades desproporcionadas— cerca de los barrios de las minorías y con bajos ingresos, Solís aglutinó con éxito el apoyo al histórico proyecto de ley. Superando la fuerte oposición y transigiendo cuando tuvo que hacerlo, Solís trabajó con los líderes políticos y empresariales para asegurar la aprobación de una legislación pionera que requiere que todas las comunidades deben ser tratadas de manera justa con respecto al desarrollo, la implementación y la aplicación de las leyes ambientales.

El congresista John Lewis recibió un Premio Perfiles de coraje al logro —sin precedentes— en reconocimiento a la valentía moral de su carrera. Pionero en el movimiento de los derechos civiles y uno de los principales organizadores de la marcha en Washington en 1963, Lewis arriesgó su vida con frecuencia para desafiar la segregación durante los recorridos por la libertad (conocidos como Freedom Rides), y para garantizar el derecho al voto a los afroamericanos. A pesar de más de cuarenta detenciones, agresiones físicas y palizas brutales, Lewis nunca ha vacilado en su devoción a la filosofía de la no violencia. Su vida se ha distinguido por el coraje y una dedicación extraordinaria a convertir a los Estados Unidos en «una comunidad amada».

También honramos acciones excepcionalmente valientes. Por ejemplo, el presidente Gerald Ford recibió el Premio Perfiles de coraje por indultar a Richard Nixon. Ford comprendió que Estados Unidos necesitaba comenzar a sanar las heridas del Watergate y que él era el único hombre que podía hacer posible eso. Un mes después de que Ford asumió como presidente, perdonó a Nixon, a sabiendas de que podría costarle la presidencia. Y, en efecto, en 1976 perdió frente a Jimmy Carter por un estrecho margen.

Así como la presidencia de mi padre representaba un llamado a la acción, el servicio público también fue redefinido en nuestra época por el 11 de septiembre. Los acontecimientos desgarradores de ese día infligieron una pérdida abrumadora a las familias, a las comunidades y a nuestra nación. Pero en esos momentos terribles, muchos hombres y mujeres comunes arriesgaron sus vidas para que otros pudieran estar a salvo, haciendo realidad la faceta del coraje e inspirando a una nueva generación que quiere servir a los demás. La extraordinaria valentía de nuestros servidores públicos —bomberos, policías, equipos médicos y funcionarios elegidos—, salvaron miles de vidas. Hemos sentido una admiración renovada por los hombres y las mujeres de nuestras fuerzas armadas, que hacen del coraje su carrera. Los civiles que manifestaron una valentía extraordinaria en el Pentágono, en el World Trade Center y en el espacio aéreo, nos mostraron que el coraje y la capacidad de servicio están dentro de todos nosotros.

Cada uno de nosotros debe encontrar el don que debemos ofrecer a los demás. Como dijo Martin Luther King en uno de los últimos sermones que pronunció antes de su muerte: «No tienes que poseer un título universitario para servir. No tienes que hacer que tu sujeto y tu verbo coincidan para servir. No tienes que saber sobre Platón y Aristóteles para servir. No tienes que conocer la teoría de la relatividad de Einstein para servir. Solo necesitas un corazón lleno de gracia. Un alma que nazca del amor. Y puedes ser ese servidor».

—Caroline Kennedy

2003

Prólogo

El coraje es la virtud que más admiraba el presidente Kennedy. Él buscaba personas que habían demostrado de alguna manera, ya fuera en un campo de batalla o en un diamante de béisbol, en un discurso o combatiendo por una causa, que tenían coraje, que lucharían, que se podía contar con ellas.

Es por eso que este libro encaja tanto con su personalidad, con sus creencias. Se trata de un estudio de hombres que, arriesgándose a sí mismos, su futuro e incluso el bienestar de sus hijos, se mantuvieron firmes en sus principios. Fue en torno a ese ideal que él moldeó su vida. Y esto, a su vez, les dio coraje a los demás.

Como dijo Andrew Jackson: «El hombre con coraje hace la mayoría». Ese es el efecto que el presidente Kennedy tuvo en los demás.

El presidente Kennedy habría cumplido cuarenta y siete años en mayo de 1964. Al menos la mitad de los días que pasó en esta tierra fueron de un intenso dolor físico. Contrajo escarlatina cuando era muy pequeño y sufrió graves problemas en la espalda cuando se hizo mayor. Padecía además de casi todas las dolencias concebibles. Mientras crecíamos juntos, nos reíamos por el grave riesgo que correría un mosquito al picar a Jack Kennedy: un poco de su sangre bastaría para causarle una muerte casi segura al insecto. Permaneció en el Hospital Naval de Chelsea por mucho tiempo después de la guerra, tuvo una operación importante y dolorosa en la espalda en 1955, e hizo campaña con muletas en 1958. En 1951, se enfermó en un viaje que hicimos alrededor del mundo. Volamos al hospital militar en Okinawa y su temperatura era superior a los 106 grados. Nadie pensaba que pudiera sobrevivir.

Sin embargo, nunca lo oí quejarse durante todo ese tiempo. Nunca lo oí decir nada que pudiera indicar que pensara que Dios lo había tratado injustamente. Aquellos que lo conocían bien, sabían que estaba sufriendo solo porque su rostro se ponía un poco más blanco, porque las líneas alrededor de sus ojos eran un poco más profundas, y porque sus palabras eran un poco más agudas. Los que no lo conocían bien no notaban nada.

Si él no se quejaba de sus problemas, ¿por qué debería quejarme de los míos? Era así como me sentía siempre.

Cuando luchó contra la enfermedad, cuando combatió en la guerra, cuando se postuló para el Senado, cuando se levantó contra poderosos intereses en Massachusetts para luchar por el canal de Saint Lawrence, cuando peleó por una ley de reforma laboral en 1959, cuando llegó a las primarias de Virginia Occidental en 1960, cuando se enfrentó en un debate a Lyndon Johnson en la convención demócrata en Los Ángeles sin previo aviso, cuando asumió toda la culpa por el fracaso en la Bahía de Cochinos, cuando combatió contra las empresas siderúrgicas, cuando se levantó en Berlín en 1961 y de nuevo en 1962 por la libertad de esa ciudad, cuando obligó a la retirada de los misiles soviéticos en Cuba, cuando habló y luchó por la igualdad de derechos para todos los ciudadanos, y cientos de otras cosas grandes y pequeñas, estaba reflejando lo mejor que tiene el ser humano.

Estaba demostrando la convicción, el coraje, el deseo de auxiliar a otros que necesitaban ayuda, así como también un amor sincero y genuino por su país.

Debido a sus esfuerzos, los retrasados y los enfermos mentales tendrían mejores oportunidades, los jóvenes tendrían una mayor oportunidad para recibir educación y así vivir con dignidad y respeto por sí mismos, el enfermo podría ser atendido y el mundo viviría en paz.

El presidente Kennedy solo vivió mil días en la Casa Blanca en lugar de tres mil y, sin embargo, fueron muchas las cosas que se lograron. No obstante, todavía falta mucho por hacer.

Este libro narra la historia de los hombres que en su propio tiempo reconocieron lo que había que hacer y lo hicieron. Al presidente Kennedy le gustaba esa cita de Dante que dice: «Los lugares más calientes del infierno están reservados para aquellos que, en un momento de gran crisis moral, mantienen su neutralidad».

Si hay una lección en la vida de los hombres que John Kennedy describe en este libro, si hay una en su vida y en su muerte, es que en este mundo nuestro, ninguno de nosotros puede permitirse ser espectador mientras los críticos están a un lado.

Thomas Carlyle escribió: «El coraje que deseamos y premiamos no es el que tenemos para morir sino para vivir decentemente y con coraje».

En la mañana de su muerte, el presidente Kennedy llamó al antiguo vicepresidente John Nance Garner para presentarle sus respetos. Era el nonagésimo quinto cumpleaños del señor Garner. Cuando este hombre llegó por primera vez a Washington, el presupuesto federal total era inferior a los 500 millones de dólares. El presidente Kennedy estaba administrando un presupuesto de poco menos de 100 mil millones de dólares.

La abuela del presidente Kennedy estaba viviendo en Boston cuando este fue asesinado. También estaba viva el año en que el presidente Lincoln fue asesinado.

Somos un país joven. Estamos creciendo y expandiéndonos tanto, que parece que ya no cabremos en este planeta.

Actualmente tenemos unos problemas que las personas de hace cincuenta años, o incluso de hace diez, no habrían soñado en tener que enfrentar.

Se necesitan las energías y talentos de todos nosotros para afrontar los retos —los de nuestras ciudades, nuestras granjas, los de nosotros mismos—, para tener éxito en la lucha por la libertad en todo el mundo, en las batallas contra el analfabetismo, el hambre y las enfermedades. Los cumplidos y la mediocridad autocomplaciente nos perjudicarán. Necesitamos lo mejor de muchos, no solo de unos pocos. Debemos luchar por la excelencia.

Lord Tweedsmuir, uno de los autores favoritos del presidente, escribió en su autobiografía: «La vida pública es la corona de una carrera y es la ambición más digna para los jóvenes. La política es todavía la aventura más grande y honorable».

Menospreciar la política y a los que están en el gobierno, es algo que se ha puesto de moda en muchos lugares. Creo que el presidente Kennedy cambió eso y alteró la concepción pública del gobierno. Desde luego, lo hizo para quienes eran parte de él. Pero, sin importar lo que pensemos acerca de la política, es en el ámbito gubernamental en el que se toman las decisiones que afectarán no solo el destino de todos nosotros, sino también el de nuestros niños nacidos y por nacer.

En el momento de la crisis de los misiles cubanos el año pasado, discutimos sobre la posibilidad de una guerra, de un intercambio nuclear y hasta de ser asesinados; esto último parecía muy poco importante, casi frívolo. La única cuestión que en realidad le preocupaba, que en verdad era significativa para él e hizo que aquel momento fuera mucho más espantoso que otra cosa, era el fantasma de la muerte de los hijos de este país y de todo el mundo; de los jóvenes que no tenían arte ni parte y que no sabían nada de la confrontación, pero cuyas vidas se apagarían, al igual que todas las demás. Nunca habrían tenido la oportunidad de tomar una decisión, de votar en unas elecciones, de postularse para un cargo, de liderar una revolución, de determinar su propio destino.

Nosotros, nuestra generación, tuvimos esa oportunidad. Y la gran tragedia era que si errábamos, no nos equivocaríamos solo con nosotros mismos, con nuestro futuro, con nuestros hogares, con nuestro país, sino también con las vidas, los futuros, los hogares y los países de aquellos que nunca habían tenido la oportunidad de cumplir un papel, de votar «sí» o «no», ni de hacerse sentir.

Bonar Law afirmó: «No hay tal cosa como la guerra inevitable. Si estalla la guerra, será por el fracaso de la sabiduría humana».

Eso es cierto. Se necesita sabiduría humana no solo de nuestra parte, sino de todas. Debo añadir que si el presidente de Estados Unidos y el primer ministro Khrushchev no hubieran mostrado sabiduría el mundo, tal como lo conocemos, habría sido destruido.

Sin embargo, habrá alguna Cuba en el futuro. Habrá crisis en cierne. Tenemos problemas como el hambre, los desvalidos, los pobres y los oprimidos. Ellos deben recibir más ayuda. Y así como se tuvieron que encontrar soluciones en octubre de 1962, se deben hallar respuestas a estos otros problemas que aún tenemos. Así que todavía se necesita sabiduría.

John Quincy Adams, Daniel Webster, Sam Houston, Thomas Hart Benton, Edmund G. Ross, Lucio Quinto Cincinato Lamar, George Norris y Robert Taft nos dejaron un legado. Vinieron, dejaron su huella y este país no fue el mismo gracias a la existencia de esos hombres. Por la forma en que todo el bien que hicieron y nos legaron fue atesorado, alimentado y estimulado, por todo lo que ganó el país y todos nosotros.

Y eso se aplica también a John F. Kennedy. Al igual que los mencionados, su vida tuvo una importancia y significó algo para el país mientras vivió. Sin embargo, más significativo aún es lo que hagamos con lo que quedó, con lo que se ha iniciado. Él estaba convencido, al igual que Platón, de que la definición de la ciudadanía en una democracia es la participación en el gobierno y que, como escribió Francis Bacon: «Solo a Dios y a los ángeles les está reservado ser espectadores». Estaba convencido de que una democracia en la que su pueblo hace tal esfuerzo, debe y puede hacer frente a sus problemas, debe mostrar paciencia, moderación y compasión, así como sabiduría, fuerza y coraje, en la lucha por soluciones que muy rara vez son fáciles de encontrar.

Él estaba convencido de que debemos tener éxito en eso, porque el coraje de aquellos que nos precedieron en esta tierra está presente en la generación actual de estadounidenses.

«No nos atrevamos a olvidar hoy que somos los herederos de esa primera revolución. Dejemos que la palabra se propague desde este tiempo y este lugar entre amigos y enemigos por igual, que se pase la antorcha a una nueva generación de estadounidenses —nacidos en este siglo, templados por la guerra, disciplinados por una paz dura y amarga, orgullosos de nuestra antigua herencia—, reacios a presenciar o a permitir la lenta desintegración de esos derechos humanos a los que esta nación ha estado consagrada siempre y con los cuales estamos comprometidos actualmente en el país y en todo el mundo».

Esta obra no es solo en torno a historias del pasado; es también un libro de esperanza y de confianza en el futuro. Lo que ocurra con el país, y con el mundo, depende de lo que hagamos con lo que otros nos han legado.

—Robert F. Kennedy

18 de diciembre de 1963

Prefacio

Desde que leí por primera vez —mucho antes de entrar al Senado—, un relato de John Quincy Adams y su lucha con el Partido Federalista, me he interesado en los problemas del coraje político frente a las presiones de los electores y a la luz que arrojaron las vidas de estadistas del pasado sobre esos problemas. Un largo período de hospitalización y convalecencia tras una operación de la columna vertebral, en octubre de 1954, me dio mi primera oportunidad de hacer la lectura y la investigación necesarias para este proyecto.

No soy un historiador profesional; y, a pesar de que todos los errores de hecho y de juicio son exclusivamente míos, me gustaría reconocer con sincera gratitud a quienes me ayudaron en la preparación de este volumen.

Tengo una deuda especial de gratitud con una destacada institución estadounidense: la Biblioteca del Congreso. A lo largo de los muchos meses de mi ausencia de Washington, las divisiones de referencias legislativas y de préstamos de la biblioteca cumplieron todas mis peticiones de libros con una rapidez asombrosa y una animada cortesía. Milton Kaplan y Virginia Daiker, de la división de impresiones y fotos, me ayudaron mucho al sugerir posibles ilustraciones. El doctor George Galloway y, en particular, el doctor William R. Tansill, del personal bibliotecario, hicieron importantes contribuciones a la selección de ejemplos para su inclusión en el libro, al igual que Arthur Krock del *New York Times* y el profesor James McGregor Burns, de Williams College.

El profesor John Bystrom de la Universidad de Minnesota, el exfiscal general de Nebraska Christian A. Sorensen y el Honorable Hugo Srb, secretario de la Legislatura del Estado de Nebraska, fueron útiles para proporcionar la correspondencia inédita de George Norris y los documentos pertinentes de la Legislatura del Estado de Nebraska.

El profesor Jules Davids, de la Universidad de Georgetown, contribuyó materialmente en la preparación de varios capítulos, al igual que mi calificado amigo James M. Landis, que se complace en traer la precisión del abogado a los misterios de la historia.

Los capítulos II al X fueron mejorados notablemente gracias a las críticas de los profesores Arthur N. Holcombe y Arthur Meier Schlesinger hijo, ambos de la Universidad de Harvard; y del profesor Walter Johnson, de la Universidad de Chicago. Las sugerencias editoriales, la ayuda comprensiva y el estímulo inicial que recibí de Evan Thomas de Harper & Brothers hicieron posible este libro.

Mi agradecimiento a Gloria Liftman y a Jane Donovan por sus esfuerzos más allá del llamado del deber al escribir y reescribir este manuscrito.

La mayor deuda es con mi investigador asociado, Theodore C. Sorensen, por su inestimable ayuda en el montaje y preparación del material sobre el que se basa esta obra.

Este libro no habría sido posible sin el apoyo, la asistencia y las críticas brindadas desde un principio por mi esposa Jacqueline, cuya ayuda durante todos los días de mi convalecencia nunca podré reconocer adecuadamente.

—JOHN F. KENNEDY

1955

Él sabe bien las trampas que se extienden en su camino, desde la animosidad personal... y, posiblemente, el engaño popular. Pero ha arriesgado su tranquilidad, su seguridad, su interés, su poder, incluso su... popularidad... Él es calumniado e insultado por sus supuestos motivos. Él recordará que la calumnia es un ingrediente necesario en la gestación de toda verdadera gloria: recordará... que la injuria y los insultos son parte esencial del triunfo... Él puede vivir mucho tiempo, puede hacer mucho. Pero esta es la cumbre. Él nunca puede exceder lo que hace hoy.

—Panegírico de Edmund Burke a Charles James Fox por su ataque contra la tiranía de la Compañía Británica de las Indias orientales Cámara de los Comunes, 1 de diciembre de 1783

PERFILES
DE CORAJE

I

El coraje y la política

Este es un libro sobre la más admirable de las virtudes humanas: el coraje. Ernest Hemingway lo definió como «gracia bajo presión». Y estas son las historias de las presiones que padecieron ocho senadores de Estados Unidos y la gracia con que las soportaron: los riesgos para sus carreras, la impopularidad de su gestión, la difamación de sus personalidades y, a veces, pero por desdicha solo a veces, la reivindicación de su reputación y sus principios.

Una nación que ha olvidado la cualidad del coraje que ha sido llevada a la vida pública en el pasado, no es muy probable que insista ni retribuya actualmente dicho atributo en sus líderes elegidos y, de hecho, lo hemos olvidado. Podemos recordar cómo llegó John Quincy Adams a la presidencia a través de las intrigas políticas de Henry Clay, pero hemos olvidado que cuando era joven renunció a una prometedora carrera senatorial para defender a la nación. Podemos recordar a Daniel Webster por su subordinación al Banco Nacional durante gran parte de su carrera, pero hemos olvidado su sacrificio por el bien nacional al cierre de esa carrera. No lo recordamos y es probable que no nos importe.

«A la gente le importa un comino», les dijo un columnista sindicado a millones de lectores no hace muchos años, «lo que diga el senador o congresista promedio. La razón por la que no les importa es que ellos saben que lo que se oye en el Congreso es noventa y nueve por ciento tonterías, ignorancia y demagogia, y que no es de fiar…».

Anteriormente, un miembro del consejo de ministros anotó en su diario:

> Aunque me resisto a creer en la depravación total del Senado, tengo apenas un poco de confianza en la honestidad y veracidad de gran parte de los senadores. La mayoría de ellos son poco iluminados, mentalmente débiles y absolutamente inaptos para ser senadores. Algunos son demagogos vulgares... algunos son hombres acaudalados que han comprado su posición… [algunos son] hombres de intelecto estrecho, comprensión limitada y con viles prejuicios partidistas...

E incluso con mayor anterioridad, un miembro del propio Senado les dijo a sus colegas que «el pueblo está dejando de confiar en nosotros, debido a nuestras demoras irrazonables».

El Senado sabe que hoy muchos estadounidenses comparten esos sentimientos. Los senadores —escuchamos—, deben ser políticos, y los políticos deben preocuparse únicamente por obtener votos, no por el arte de gobernar ni por el coraje. Es posible que las madres quieran aún que sus hijos favoritos lleguen a ser presidentes, pero de acuerdo a una famosa encuesta de Gallup de hace algunos años, no quieren que se conviertan en políticos en el proceso.

¿Significa esta profusión actual de crítica y falta de respeto que la calidad del Senado ha disminuido? Ciertamente no. De las tres declaraciones arriba mencionadas, la primera fue hecha en el siglo veinte, la segunda en el siglo diecinueve, y la tercera en el dieciocho (cuando el primer Senado, apenas en marcha, debatía dónde debía estar emplazado el Capitolio).

¿Quiere decir entonces que el Senado ya no puede presumir de hombres valerosos?

Walter Lippmann, después de casi medio siglo de observación cuidadosa, emitió en su reciente libro un juicio severo tanto sobre el político como sobre el electorado:

> Con excepciones tan raras que son consideradas como milagros y fenómenos de la naturaleza, los políticos democráticos exitosos son hombres inseguros e intimidados. Avanzan en términos políticos solo cuando aplacan, apaciguan, sobornan, seducen, engatusan o se las arreglan de otra manera para manipular los elementos exigentes y amenazantes en sus distritos electorales. La consideración decisiva no es si la propuesta es buena, sino si es popular; no si funcionará bien y se lo demostrará a sí misma, sino si les agradará de inmediato a ciertos electores.

No estoy tan seguro, después de vivir y trabajar en medio de «políticos democráticos exitosos» por casi diez años, de que todos ellos sean «hombres inseguros e intimidados». Estoy convencido de que la complejidad de los asuntos públicos y la competencia por la atención del público han oscurecido innumerables actos de coraje político —grandes y pequeños— realizados casi a diario en el pleno del Senado. Estoy convencido de que la decadencia —si es que ha ocurrido acaso—, ha sido menor en el Senado que en la apreciación del público sobre el arte de la política, sobre la naturaleza y la necesidad de compromiso y equilibrio, y sobre la naturaleza del Senado como cámara legislativa. Y, por último, estoy convencido de que hemos criticado a los que han seguido a las multitudes —y al mismo tiempo, criticado a aquellos que las han desafiado—, porque no hemos comprendido a plenitud la responsabilidad que tiene un senador con sus electores, ni hemos reconocido la dificultad que enfrenta un político que quiera de manera consciente —y en palabras de Webster—, «empujar, solitario, [su] bote desde la orilla» hacia un mar hostil y turbulento. Tal vez si el pueblo estadounidense comprendiera de manera más cabal las terribles presiones que disuaden los actos de coraje político, que impulsan a un senador a abandonar o a someter su conciencia, entonces podría ser menos crítico con quienes toman el camino más fácil, y valorar más a quienes aún son capaces de seguir el camino del coraje.

La *primera* presión en ser mencionada es una cuya forma es raramente reconocida por el público en general. Los estadounidenses anhelan ser queridos y los senadores no son la excepción. Son por naturaleza —y por necesidad—, animales sociales. Nos gusta la camaradería y la aprobación tanto de nuestros amigos como de nuestros colegas. Preferimos los elogios antes que los insultos, la popularidad antes que el desprecio. Al darnos cuenta de que el camino de los insurgentes concienzudos debe ser solitario con frecuencia, nos sentimos ansiosos por llevarnos bien con nuestros compañeros legisladores, con nuestros colegas miembros del club, por cumplir las normas y esquemas del grupo, y por no perseguir un rumbo único e independiente que avergonzaría o irritaría a los demás miembros. Nos damos cuenta, además, de que nuestra influencia en el club —y el grado en que podemos lograr nuestros objetivos y los de nuestros electores—, dependen en cierta medida de la estima con la que somos considerados por otros senadores. «La manera de llevarse bien», me dijeron cuando entré al Congreso, «es llevarse bien».

Llevarse bien significa más que solo un buen compañerismo; incluye apelar a la transigencia, a la sensación de que todo es posible. No debemos apresurarnos demasiado a condenar toda transigencia como moralmente repudiable, porque la política y la legislación no son cuestiones de principios inflexibles ni de ideales inalcanzables. La política, como señaló agudamente John Morley, «es un campo donde la acción es con mucho lo segundo mejor, y donde la capacidad de elección se encuentra constantemente entre dos equivocaciones»; y la legislación, bajo la forma de vida democrática y el sistema federal de Gobierno, requiere un compromiso entre los deseos de cada individuo y cada grupo, y quienes los rodean. Henry Clay, que debería haber sabido eso, afirmó que el acuerdo era el cemento que mantenía soldada a la Unión:

> Toda la legislación... está basada en el principio de la concesión mutua... Dejemos que aquel que se eleva a sí mismo por encima de la humanidad, por encima de sus debilidades, sus flaquezas, sus deseos, sus necesidades, diga, si le place: «Nunca me comprometeré»; pero no dejemos que nadie que no está por encima de las debilidades de nuestra naturaleza común menosprecie las concesiones.

Las concesiones son lo que impiden que cada grupo de reformistas —como los antiprohibicionistas y los prohibicionistas, los que proclaman la unión con el resto del mundo y los aislacionistas, los viviseccionistas [los que practican la disección en seres vivos] y los antiviviseccionistas— aplaste al colectivo que está en el extremo opuesto del espectro político. Los fanáticos y los extremistas, e incluso aquellos dedicados concienzudamente a principios inflexibles, siempre se decepcionan por el fracaso de su gobierno para apresurarse a implementar sus principios y denunciar los de sus oponentes. Sin embargo, el legislador tiene cierta responsabilidad en cuanto a conciliar esas fuerzas opuestas dentro de su estado y de su partido, y representándolos en el conflicto más grande de intereses a nivel nacional; y solo él sabe que hay pocos o ningún problema en que toda la verdad, toda la rectitud y todos los ángeles se encuentran en un solo lado.

Algunos de mis colegas que son criticados actualmente por falta de principios francos —o que son vistos con desprecio como «políticos» acomodaticios—, simplemente están enfrascados en el delicado arte de conciliar, equilibrar e interpretar las fuerzas y facciones de la opinión pública, un arte esencial para mantener unida a nuestra nación y hacer que nuestro gobierno funcione. Sus conciencias pueden llevarlos de vez en cuando a adoptar una posición más rígida a manera de principio, pero su intelecto les dice que un proyecto de ley regular o malo es mejor que ningún proyecto de ley en absoluto, y que solo a través del forcejeo propio de las concesiones, cualquier proyecto de ley recibirá la aprobación sucesiva del Senado, de la Cámara, del presidente y de la nación.

Pero la pregunta es cómo vamos a comprometernos y con quién. Porque es fácil aprovechar las concesiones innecesarias, no como un medio para resolver conflictos de manera legítima, sino como métodos para «concordar».

En la advertencia de que yo debía «llevarme bien» había otras implicaciones, como por ejemplo, las de las recompensas derivadas del cumplimiento de mi obligación al seguir las directrices del partido a las que yo había ayudado a elegir. Todos en el Congreso somos plenamente conscientes de la importancia de la unidad del partido (¡los pecados que se han cometido en ese nombre!), y del efecto adverso que podría tener cualquier conducta rebelde en las posibilidades de nuestro partido durante las próximas elecciones. Por otra parte, actualmente en la administración pública, los panes y los peces del patrocinio a la disponibilidad del legislador —para distribuir a esos activistas fervientes cuyos esfuerzos fueron inspirados por algo más que la mera convicción—, son comparativamente pocos; y aquel que rompe con las filas del partido puede descubrir que no hay ninguno en absoluto. Incluso el éxito de la legislación que le interesa a él, depende en parte de la medida en que su respaldo a los programas de su partido le haya ganado el apoyo de los líderes del mismo. Por último, el senador que sigue el curso independiente de la conciencia, probablemente descubra que se ha ganado el desprecio no solo de sus colegas en el Senado y de sus copartidarios, sino también el de los electores, que son de suma importancia para el financiamiento de su campaña.

El hecho de pensar en esa próxima campaña —el deseo de ser reelegido-, es lo que supone la *segunda* presión para el senador concienzudo. No debe asumirse de manera automática que se trata de un motivo completamente egoísta —aunque no es anormal que aquellos que han elegido la política como profesión deberían tratar de continuar con sus carreras—, pues los senadores que sufren la derrota tras la defensa inútil de un solo principio no estarán disponibles para luchar por ese principio ni por ningún otro en el futuro.

Por otra parte, la derrota no solo es un revés para el senador en sí; también está obligado a considerar el efecto que tiene esta en el partido al que apoya, en los amigos y en los simpatizantes que se han «arriesgado» por él o invertido sus ahorros en su carrera, e incluso en la esposa e hijos cuya felicidad y seguridad —que a menudo dependen al menos en parte de su éxito en el cargo—, pueden significar más para él que cualquier otra cosa.

¿Dónde más, en un país que no sea totalitario, sino en la profesión política, se espera que el individuo lo sacrifique todo —incluyendo su propia carrera— por el bien nacional? En la vida privada, como en la industria, esperamos que el individuo avance en pro de su interés —en el marco de la ley—, a fin de lograr un progreso global. Pero en la vida pública, esperamos que los individuos sacrifiquen sus intereses privados para permitir que el bien nacional progrese.

En ninguna otra profesión, salvo en la política, se espera que el hombre sacrifique su honra, su prestigio y su carrera elegida por un solo asunto. Los abogados, los empresarios, los maestros, los médicos, todos ellos enfrentan decisiones personales difíciles que implican su integridad pero pocos, si acaso alguno, las enfrentan bajo el resplandor de la atención pública como lo hacen quienes tienen cargos oficiales. Pocos, si acaso alguno, afrontan la decisión trascendental que toma un senador al participar en una votación importante. Tal vez quiera un poco más de tiempo para tomar su decisión —quizás piense que ambas partes tienen algo que decir—, puede que piense que una ligera enmienda podría eliminar todas las dificultades, pero cuando llega el momento de la votación, no se puede esconder, no se puede equivocar, no se puede demorar, y siente que su distrito electoral, como el cuervo en el poema de Poe, está posado allí en su escritorio del Senado, graznando: «Nunca más», mientras emite el voto que pondrá en juego su futuro político.

Pocos senadores «se retiran a Pocatello» por voluntad propia. El virus de la fiebre del Potomac, que hace estragos en todos los lugares de Washington, en ningún sitio se engendra de forma más cáustica que en el Senado. La perspectiva de la jubilación forzosa del «club más exclusivo del mundo», las posibilidades de abandonar el trabajo interesante, el boato fascinante y las impresionantes prerrogativas de la oficina del Congreso, pueden hacer que incluso el político más valiente pierda seriamente el sueño. Por lo tanto, y tal vez sin darse cuenta, algunos senadores tienden a tomar el camino más fácil y menos problemático para armonizar o racionalizar lo que al principio parece ser un conflicto entre su conciencia —o el resultado de sus deliberaciones—, y la opinión mayoritaria de sus electores. Esos senadores no son cobardes en términos políticos: simplemente han desarrollado el hábito de llegar a conclusiones de manera sincera, e inevitablemente de acuerdo con la opinión popular.

Sin embargo, otros senadores no han desarrollado ese hábito —ni han condicionado ni subyugado sus conciencias—, pero sienten, con sinceridad y sin cinismo, que deben dejar a un lado los exámenes de conciencia si han de ser eficaces. Estarían de acuerdo con el escritor político Frank Kent, en cuanto a que la profesión de la política no es inmoral; es simplemente amoral:

> Es probable que el logro más importante para el hombre políticamente ambicioso sea el buen arte de parecer decir algo sin hacerlo... Lo importante no es estar en el lado correcto del asunto actual, sino en el lado popular... independientemente de sus convicciones o de los hechos. Este asunto de conseguir votos es seriamente práctico, por lo que no se debe permitir que se inmiscuyan aspectos como la moral, ni como el bien y el mal.

Y Kent cita el consejo supuestamente ofrecido durante la campaña de 1920 por el exsenador Ashurst de Arizona a su colega Mark Smith:

> Mark, el gran problema contigo es que te niegas a ser demagogo. No renunciarás a tus principios

con el fin de resultar elegido. *Debes saber que hay momentos en que un hombre de la vida pública se ve obligado a elevarse por encima de sus principios.*

No todos los senadores estarían de acuerdo, pero pocos podrían negar que el deseo de ser reelegido suponga un freno considerable al coraje independiente.

La *tercera* y más importante fuente de presiones que desalientan el coraje político en el senador o congresista concienzudo —y prácticamente la totalidad de los problemas descritos en este capítulo se aplican igualmente a los miembros de ambas cámaras—, es la presión de sus electores, los grupos de interés, los escritores organizados de cartas, los bloques económicos e incluso el votante promedio. Hacer frente a tales presiones, desafiarlas o incluso satisfacerlas, requiere una tarea formidable. Todos nosotros sentimos de vez en cuando la tentación de seguir el ejemplo del congresista John Steven McGroarty de California, quien le escribió a un elector en 1934:

> Uno de los innumerables inconvenientes de estar en el Congreso es que me veo obligado a recibir cartas impertinentes como las de un imbécil como usted, en la que dice que prometí reforestar las montañas de la Sierra Madre y que llevo dos meses en el Congreso y no lo he hecho. Por favor, ¿por qué no da dos saltos y se va al infierno?

Por suerte o por desgracia, pocos siguen esa tentación, pero la provocación está ahí, no solo las de las cartas irrazonables y las peticiones imposibles, sino también las de las exigencias irremediablemente incompatibles y las de las quejas insatisfechas hasta la saciedad.

Por ejemplo, hoy estuvo en mi oficina una delegación que representa a las fábricas textiles de Nueva Inglaterra, una industria esencial para nuestra prosperidad. Quieren que rebajemos el arancel a la lana importada que le compran a Australia y que se aumente el de los artículos de lana importados de Inglaterra, con los que deben competir. Uno de mis colegas sureños me dijo que un grupo similar lo visitó no hace mucho tiempo con las mismas peticiones, pero instándolo además a que se tomaran medidas para: (1) acabar con la competencia de los salarios bajos en Japón, y (2) evitar que el Congreso ponga fin —a través de un salario mínimo más alto—, a la ventaja de los bajos salarios de la que ellos mismos disfrutan, para consternación de mis electores. Solo ayer, dos grupos me llamaron al pleno del Senado; el primero era uno de empresarios que tratan de suprimir una actividad del gobierno local por competencia desleal con la empresa privada, y el otro era un grupo que representa a los hombres que trabajan en la instalación del gobierno, que están preocupados por sus puestos de trabajo.

Todos en el Senado nos encontramos con interminables ejemplos de presiones contradictorias como esas, que solo reflejan las incongruencias inevitables en nuestra economía compleja. Si les decimos con franqueza a nuestros electores que no podemos hacer nada, pensarán que somos indiferentes o incompetentes. Si lo intentamos y fracasamos —enfrentando, por lo general, cierta neutralización por parte de otros senadores que representan diversos intereses—, dirán que somos como el resto de los políticos. Todo lo que podemos hacer es ir al guardarropa y llorar en el hombro de un compañero solidario, o a casa y gruñirles a nuestras esposas.

Podemos decirnos a nosotros mismos que esos grupos de presión y escritores de cartas representan solo un pequeño porcentaje de los votantes, lo cual es cierto. Pero son esos pocos grupos e individuos articulados cuyos puntos de vista no pueden ser ignorados, y quienes constituyen la mayor parte de nuestros contactos con el público en general, cuyas opiniones no podemos conocer, cuyo voto debemos obtener y, sin embargo, quienes con toda probabilidad tienen una idea limitada de lo que estamos tratando de hacer. (Un senador, ya jubilado, dijo que votaba a favor de los intereses especiales en todos los temas, con la esperanza de que al momento de las elecciones todos ellos sumados constituyeran casi una mayoría que lo recordaría favorablemente, mientras que los otros miembros del público nunca conocerían —y mucho menos recordarían— el voto emitido en contra de su bienestar. Es tranquilizador saber que esta fórmula aparentemente invencible no funcionó en su caso).

Estas son, pues, algunas de las presiones que enfrenta un hombre con conciencia. Él no puede ignorar los grupos de presión, sus electores, su partido, la camaradería de sus colegas, las necesidades de su familia, su propio orgullo en el cargo, la necesidad de hacer concesiones y la importancia de permanecer en el cargo. Debe juzgar por sí mismo qué camino elegir, qué pasos favorecerán o dificultarán más los ideales con los que se ha comprometido. Se da cuenta de que una vez que empieza a sopesar cada asunto en términos de sus posibilidades de reelección, una vez que comienza a negociar sus principios en un tema tras otro por temor a que hacer lo contrario perjudique su carrera y le impida luchar por sus principios en el futuro, ha perdido la misma libertad de conciencia que justifica su continuidad en el cargo. Pero decidir en qué punto y por cuál tema arriesgará su carrera es una decisión difícil, que requiere un profundo examen de conciencia.

Pero eso no es un problema real, dirán algunos. Siempre hay que hacer lo que es correcto, sin importar si es popular o no. Hay que ignorar las presiones, las tentaciones, las falsas concesiones.

Esa es una respuesta fácil, pero lo es solo para aquellos que no tienen las responsabilidades propias de los cargos de elección popular. Porque lo que está en juego es más que la presión, la política y las ambiciones personales. ¿Tenemos un derecho legítimo a ignorar las demandas de nuestros electores, aunque seamos capaces y estemos dispuestos a hacerlo? Hemos tomado nota de las presiones que hacen que el coraje político sea un camino difícil —pasemos ahora a las obligaciones constitucionales y más teóricas que ponen en duda la conveniencia de dicho camino—, que suponen obligaciones con nuestro estado y sección, con nuestro partido y, sobre todo, con nuestros electores.

La principal responsabilidad de un senador —suponen la mayoría de las personas—, es representar los puntos de vista de su estado. El nuestro es un sistema Federal —una Unión de Estados relativamente soberanos cuyas necesidades difieren mucho—, y mis obligaciones constitucionales como senador parecerían requerir por lo tanto que yo represente los intereses de mi estado. ¿Quién hablará por Massachusetts si sus propios senadores no lo hacen? Sus derechos, e incluso su identidad, habrán desaparecido. Su representación equitativa en el Congreso se habrá perdido. A sus aspiraciones, por mucho que de vez en cuando se sitúen en la minoría, se les niega esa igualdad de oportunidad de ser escuchadas, a la que tienen derecho todos los puntos de vista de las minorías.

Cualquier senador no necesita pensar mucho para darse cuenta de que sus colegas están representando *sus* intereses locales. Y si dichos intereses son abandonados en favor del bien nacional, hay que dejar que los electores —no el senador— decidan cuándo lo hacen y en qué medida. Porque él es su agente en Washington, el protector de sus derechos, reconocido por el vicepresidente de la Cámara del Senado como «senador por Massachusetts» o «senador por Texas».

Pero cuando todo esto está dicho y admitido, lo cierto es que todavía no hemos contado la historia completa.

Porque en Washington somos «Senadores de Estados Unidos» y miembros del Senado de los Estados Unidos, así como senadores por Massachusetts y por Texas. Nuestro juramento del cargo es administrado por el vicepresidente, no por los gobernadores de nuestros respectivos estados; y llegamos a Washington, parafraseando a Edmund Burke, no como embajadores hostiles o litigantes especiales de nuestro estado o sección, en oposición a los defensores y funcionarios de otras áreas, sino como miembros de la asamblea deliberante de una nación con un solo interés. Por supuesto, no debemos pasar por alto las necesidades de nuestra región —ni podríamos hacerlo fácilmente como productos de esa región—, pero no podríamos encontrar a ninguno que buscara el interés nacional si los intereses locales dominaran totalmente el papel de cada uno de nosotros.

Hay otras obligaciones adicionales a las del estado y la región: las obligaciones del partido, cuyas presiones ya han sido descritas. Incluso si pudiera ignorar esas presiones, ¿no tengo la obligación de respaldar al partido que me llevó al cargo? En este país creemos en el principio de la responsabilidad partidaria, y reconocemos la necesidad de adherirnos a las plataformas del partido, si es que la etiqueta del mismo ha de significar algo para los votantes. Solo de esta manera puede nuestra nación, básicamente bipartidista, evitar las trampas de múltiples partidos disidentes, cuya pureza y rigidez de principios, debo añadir —si se me permite sugerir una especie de Ley de Gresham acerca de la política—, aumentan inversamente con el tamaño de su membresía.

Y, sin embargo, no podemos permitir que las presiones de la responsabilidad del partido sofoquen en todos los asuntos el llamado a la responsabilidad personal. Porque el partido que, en plena campaña por la unidad, la disciplina y el éxito, decida excluir las nuevas ideas, las conductas independientes o los miembros rebeldes, está en peligro. En palabras del senador Albert Beveridge:

> Un partido puede existir solo cuando crece, la intolerancia de las ideas [acarrea su] muerte... Una organización que solo dependa de la reproducción por sus votos, del hijo tomando el lugar del padre, no es un partido político, sino una camarilla china; no ciudadanos unidos por el pensamiento y la conciencia, sino una tribu indígena unida por la sangre y los prejuicios.

El sistema bipartidista prevalece no porque ambos sean rígidos, sino porque son flexibles. Cuando entré al Congreso, el Partido Republicano era lo suficientemente grande como para albergar, por ejemplo, a Robert Taft y a Wayne Morse, y la facción demócrata del Senado en la que ahora sirvo, puede incluir por ejemplo a Harry Byrd y a Wayne Morse sin el menor problema.

Por supuesto, los dos grandes partidos actuales tratan de servir al interés nacional. Lo harían con el fin de obtener la más amplia base de apoyo, si no por una razón más noble. Pero cuando el partido y el funcionario electo difieren acerca de cómo se debe servir al interés nacional, tenemos que anteponer la responsabilidad que no debemos a nuestro partido o incluso a nuestros electores, sino a nuestras conciencias individuales.

Pero es un poco más fácil desestimar las propias obligaciones con los intereses locales y los lazos del partido que encarar de frente el problema de la propia responsabilidad con la voluntad de sus electores. Un senador que evite esta responsabilidad no parecería rendirle cuentas a nadie, y las garantías básicas de nuestro sistema democrático habrían desaparecido por lo tanto. Ya no es un representante en el verdadero sentido, pues ha traicionado su confianza pública, ha traicionado la confianza mostrada por los que votaron por él para materializar sus ideas. «¿Cuál es la criatura», como le preguntó John Tyler a la Cámara de representantes en su discurso inaugural, «que se opone a su Creador? ¿Acaso el siervo ha de desobedecer los deseos de su amo?».

> ¿Cómo se puede considerar que él representa al pueblo cuando habla, no el idioma de este, sino el suyo propio? Por tanto, deja de ser su representante cuando hace eso, y solo se representa a sí mismo.

En resumen, según esta escuela de pensamiento, si he de ser adecuadamente sensible a la voluntad de mis electores, es mi deber anteponer sus principios, no los míos, por sobre el de todo lo demás. Esto no siempre es fácil, pero es sin embargo la esencia de la democracia, la fe en la sabiduría del pueblo y en sus puntos de vista. Sin duda, el pueblo comete errores —no tendrá ningún gobierno mejor del que merece—, pero eso es mucho mejor que el hecho de que el representante del pueblo se arrogue para sí el derecho de decir que sabe más que ellos lo que les conviene. ¿Acaso no fue elegido él, concluye el argumento, para votar como lo harían ellos si estuvieran en su lugar?

Es difícil aceptar un enfoque tan estrecho acerca del papel de un senador de los Estados Unidos, una visión que asume que el pueblo de Massachusetts me envió a Washington para servir simplemente como un sismógrafo, a fin de registrar los cambios en la opinión popular. Rechazo esa opinión no porque carezca de la fe en la «sabiduría del pueblo», sino porque este concepto de democracia realmente deposita muy poca fe en el pueblo. Aquellos que niegan la obligación del representante a estar sujeto a cada impulso del electorado —independientemente de las conclusiones de sus propias deliberaciones directas—, confían en la sabiduría del pueblo. Tienen fe en su concluyente sentido de la justicia, fe en su capacidad para honrar el coraje y respetar el juicio, y fe en que actuarán desinteresadamente por el bien de la nación a largo plazo. Es esa clase de fe en la que se basa la democracia, no solo la esperanza —a menudo frustrada— de que la opinión pública actuará en todo momento —bajo todas las circunstancias— para identificarse rápidamente con el interés público.

En pocas palabras, los votantes nos eligieron porque tenían confianza en nuestro juicio y en nuestra capacidad para ejercerlo desde una posición en la que pudiéramos determinar cuáles eran sus propios intereses, como parte de los de la nación. Esto puede significar que en ciertas ocasiones debemos liderar, informar, corregir y a veces hasta ignorar la opinión de los electores, si queremos ejercer plenamente ese juicio para el que fuimos elegidos. Pero al actuar sin motivos egoístas o sesgos privados, quienes siguen los dictados de una conciencia inteligente no son aristócratas, demagogos, excéntricos ni políticos indiferentes e insensibles a los sentimientos del público. Ellos esperan —no sin cierta inquietud considerable—, que sus electores sean los jueces por excelencia de la sabiduría de su rumbo; pero confían en que esos electores —hoy, mañana o incluso en otra generación—, respetarán al menos los principios que motivaron su posición independiente.

Si sus carreras están sepultadas temporal o incluso permanentemente bajo una avalancha de editoriales abusivos, de cartas que destilan veneno, y de votos de la oposición en las urnas -como a veces lo están, porque ese es el riesgo que toman-, esperarán el futuro con esperanza y confianza, conscientes del hecho de que los votantes padecen con frecuencia lo que el excongresista T. V. Smith llamó el rezago «entre nuestra forma de pensamiento y nuestra forma de vida». Smith lo comparó con el tema del poema anónimo:

Había una vez, hace mucho tiempo,
Un perro salchicha,
Que no sabía cuánto tiempo
Tardaba en transmitir
Su emoción a la cola;
Y ocurrió que, mientras sus ojos
Estaban llenos de dolor y tristeza,
Su colita comenzó a moverse
A causa de la alegría anterior.

Por otra parte, me pregunto si algún senador, antes de votar sobre una medida, puede afirmar con certeza qué piensan exactamente la mayoría de sus electores al respecto mientras es presentada al Senado. Todos nosotros en el Senado vivimos en un pulmón de acero: el pulmón de acero de la política, no es tarea fácil salir de esa atmósfera enrarecida para respirar el mismo aire fresco que respiran nuestros electores. Es dificil, también, ver en persona a un número apreciable de votantes, además de esos parásitos profesionales y elementos vocales que se reúnen en torno al político cuando regresa a su tierra. En Washington, con frecuencia me encuentro creyendo que cuarenta o cincuenta cartas, seis visitas de políticos y cabilderos profesionales, y tres editoriales de periódicos de Massachusetts constituyen la opinión pública sobre un tema específico. Sin embargo, en verdad rara vez sé cómo se sienten la gran mayoría de los votantes, o incluso cuánto saben de los temas que parecen tan candentes en Washington.

* * *

Hoy, el reto del coraje político parece más importante que nunca. Porque nuestra vida diaria se está saturando tanto con el enorme poder de los medios de comunicación que cualquier rumbo impopular o poco ortodoxo despierta una tormenta de protestas que John Quincy Adams —que fue atacado en 1807—, no podría haber imaginado nunca. Nuestra vida política se está volviendo tan inasequible, tan mecanizada y dominada por los políticos profesionales y por los relacionistas públicos, que el idealista que sueña con un arte de gobernar que sea independiente, es despertado bruscamente por las necesidades de la elección y los logros. Y nuestra vida pública cada vez se está centrando tanto en esa guerra aparentemente interminable a la que le hemos dado el curioso calificativo de «fría», que tendemos a fomentar la unidad ideológica rígida y los patrones ortodoxos de pensamiento.

Y así, en los próximos días, solo los muy valientes podrán tomar las decisiones difíciles e impopulares que son necesarias para nuestra supervivencia en la lucha contra un enemigo poderoso, un enemigo con líderes que necesitan pensar poco en la popularidad de su forma de actuar, que necesitan rendir muy pocos tributos a la opinión pública que ellos mismos manipulan, y que pueden obligar a sus ciudadanos —sin temor a sufrir represalias en las urnas—, a sacrificar la risa presente por la gloria futura. Y solo los muy valientes podrán mantener vivo el espíritu del individualismo y la disensión que dio origen a esta nación, que la nutrió como a un bebé y la sostuvo a través de sus pruebas más severas tras alcanzar su madurez.

Por supuesto, sería mucho más fácil si todos pudiéramos seguir pensando en los modelos políticos tradicionales, en el liberalismo y en el conservadurismo, como republicanos y demócratas, desde el punto de vista del Norte y del Sur, gerencia y trabajo, empresas y consumidores, o de algún marco igualmente estrecho. Sería más cómodo seguir avanzando y votar en grupos, uniéndonos a todos aquellos de nuestros colegas que estén igualmente esclavizados por alguna moda actual, prejuicio insidioso o movimiento popular. Pero hoy, esta nación no puede tolerar el lujo de unos hábitos políticos tan perezosos. Solo la fuerza, el progreso y el cambio pacífico que provienen del juicio independiente y de las ideas individuales —e incluso las poco convencionales y excéntricas—, pueden permitirnos superar esa ideología extraña que le teme al libre pensamiento más que a las bombas de hidrógeno.

Necesitaremos transigir en los próximos días, sin lugar a dudas. Pero estas serán, o deberían ser, transigencias en términos de asuntos, no de principios. Podemos comprometer nuestras posiciones políticas, pero no con nosotros mismos. Podemos resolver el conflicto de intereses sin renunciar a nuestros ideales. E incluso la necesidad del tipo adecuado de transigencia no elimina la necesidad de aquellos individuos idealistas y reformadores que nos obligan a seguir transigiendo, quienes impiden que todas las situaciones políticas correspondan a la descripción ofrecida por Shaw: «manchadas por la transigencia, podridas por el oportunismo, enmohecidas por la conveniencia, distorsionadas por el enchufismo y podridas por la permeabilidad». La transigencia no tiene por qué significar cobardía. De hecho, son los transigentes y los conciliadores quienes se enfrentan con frecuencia a las pruebas más duras del coraje político, ya que se oponen a los puntos de vista extremistas de sus electores. Fue debido a que Daniel Webster favoreció concienzudamente el compromiso en 1850 que obtuvo una condena sin igual en los anales de la historia política.

La suya es una historia que vale la pena recordar hoy. Y creo que lo mismo sucede con las historias de otros senadores valientes, hombres cuya lealtad permanente a su nación prevaleció sobre todas las consideraciones personales y políticas, hombres que demostraron el verdadero significado del coraje y de una fe real en la democracia; hombres que hicieron del Senado de los Estados Unidos algo más que una mera colección de robots que registran obedientemente las opiniones de sus electores, o un conglomerado de servidores mediocres, calificados solo en la predicción y el seguimiento de los vaivenes del sentimiento público.

Algunos de esos hombres, cuyas historias describo a continuación, tenían razón en sus creencias; otros no la tenían tal vez. Unos fueron reivindicados en última instancia por un retorno a la popularidad; muchos no lo fueron. Algunos mostraron coraje durante toda su vida política; otros navegaron con el viento hasta el momento decisivo, cuando su conciencia, y los eventos, los empujaron al centro de la tormenta. Unos fueron valientes en su devoción inquebrantable a unos principios absolutos; otros fueron condenados por su disposición a transigir.

Pese a sus diferencias, los políticos estadounidenses cuyas historias son narradas de nuevo aquí, compartieron esa cualidad heroica: el coraje. En las siguientes páginas, he tratado de exponer sus vidas, los ideales por los que vivieron y los principios por los que lucharon, sus virtudes y pecados, sus sueños y desilusiones, los elogios que recibieron y los insultos que sufrieron. Todo ello se puede registrar por escrito en la página impresa. Podemos escribir al respecto o leer igualmente. Pero hubo algo en la vida de cada uno de esos hombres que es difícil captar en una página impresa y, sin embargo, es algo que ha llegado a los hogares y enriquecido el patrimonio de todos los ciudadanos en todos los rincones de la tierra.

Primera parte

El momento y el lugar

Al comenzar nuestra primera historia, en 1803, Washington no era más que un pueblo campestre y tosco. Cuenta la leyenda que un nuevo enviado francés, luego de mirar a su alrededor tras su llegada, exclamó: «¡Dios mío! ¿Qué he hecho yo para ser condenado a vivir en este pueblo?». En el Capitolio aún sin terminar se encontraba el Senado de los Estados Unidos, muy diferente ya de aquel primer Senado, ubicado en la vieja alcaldía de la ciudad de Nueva York en 1789, y aun más diferente del órgano previsto inicialmente por los creadores de la Constitución en 1787.

Los padres fundadores no podrían haber pronosticado el servicio en el Senado como una oportunidad para el «coraje político», por la cual los hombres pondrían en peligro o verían terminadas sus carreras al resistirse a la voluntad de sus electores. Porque su propio concepto del Senado, a diferencia de la Cámara, era el de un órgano que no estaría sujeto a las presiones de los electores. Cada estado, independientemente de su tamaño y población, debía tener el mismo número de senadores, como si fueran embajadores de gobiernos estatales, soberanos e individuales, ante el gobierno federal, no representantes de los votantes. Los senadores no se presentarían a la reelección cada dos años; de hecho, Alexander Hamilton sugirió que su cargo debía ser vitalicio, y se pensó en un período de seis años para aislarlos de la opinión pública.

Los senadores tampoco serían elegidos siquiera por el voto popular; esta función fue asignada a las legislaturas estatales, pues se esperaba que representaran los intereses conservadores de propiedad de cada estado y que se resistieran a los «caprichos de las masas». De esa manera, dijo el delegado John Dickinson a la convención constitucional, el Senado «constará de los personajes más distinguidos, distinguidos por su rango en la vida y el monto de sus bienes, y tendrá una semejanza tan grande con la Cámara de los Lores británica como sea posible».

Por otra parte, el Senado no sería tanto un órgano legislativo —en el que los acalorados debates sobre cuestiones vitales serían seguidos con ansiedad por el público—, sino más bien un consejo ejecutivo, que aprobaría los nombramientos y tratados, y asesoraría generalmente al presidente, sin galerías públicas ni incluso un registro de sus propios actos. Los prejuicios locales, dijo Hamilton, serían ignorados en el pleno del Senado, pues de lo contrario, sería simplemente una repetición del Congreso Continental, en el que «la primera pregunta ha sido "¿cómo afectará esta medida a mis electores y... a mi reelección?"».

Los veintidós senadores originales de Estados Unidos, reunidos en Nueva York en 1789, parecían cumplir inicialmente con las expectativas de los autores de la Constitución, en particular en cuanto a su semejanza con la Cámara de los Lores. El Senado, con una concurrencia distinguida y brillante de estadistas eminentes y experimentados en comparación con la Cámara de representantes, era mucho más pomposo y formal en términos generales, sus cámaras mucho más elaboradas, y sus miembros mucho más preocupados por la elegancia en el vestir y el rango social. El Senado, con reuniones a puerta cerrada y sin el uso de comités permanentes, consultaba personalmente con el presidente Washington, y actuaba casi como una parte integral de la administración.

Pero, como sucede con todos los órganos legislativos, la política llegó al Senado de los Estados Unidos. A medida que el Partido Federalista se dividió en lo referente a la política exterior y Thomas Jefferson renunció al Gabinete para organizar a sus seguidores, el Senado se convirtió en un foro para la crítica de la rama ejecutiva, y el papel del consejo ejecutivo fue asumido por un gabinete al que podría recurrir el presidente para compartir sus puntos de vista y rendirle cuentas. Otros precedentes ya habían dividido al Senado y a la Casa Blanca. En 1789, Benjamin Fishbourne fue rechazado por la «Cortesía Senatorial» como oficial del puerto de Savannah porque era inaceptable para los senadores de Georgia. Poco después, los comités especiales iniciaron las primeras investigaciones del Senado sobre las políticas y prácticas del gobierno. Y en ese mismo año, la imposibilidad en la función del Senado como un consejo ejecutivo se hizo evidente cuando Washington y su secretario o ministro de Guerra estaban discutiendo personalmente el Tratado de los Indios del Noroeste con el Senado. El Senador Maclay y otros, temerosos (como lo expresó él en su diario) de que «el presidente quiere pisarle el cuello a los del Senado», trataron de remitir el tratado a un comité restringido. El presidente, señaló Maclay,

> se levantó presa de una gran furia... [y se retiró] con un aire de descontento. Si hubiera sido cualquier otro hombre y no aquel a quien quiero considerar como el primer personaje en el mundo, lo habría dicho con una dignidad hosca.

Poco a poco, el Senado adquirió un aspecto más semejante al de un órgano legislativo. En 1794, se autorizaron galerías públicas para las sesiones legislativas habituales; en 1801, se admitieron corresponsales de periódicos; y para 1803, el Senado estaba debatiendo quién debía tener el privilegio de ingresar a sus instalaciones. Los congresistas, embajadores, jefes de departamentos y gobernadores podrían hacerlo, pero ¿qué pasaba con «las damas»? El senador Wright sostuvo «que su presencia brinda una animación agradable y necesaria para debatir, puliendo los argumentos de los oradores y suavizando sus modales». Pero John Quincy Adams, cuyo candor puritano en dichas ocasiones será señalado más adelante, replicó que las damas «llevaban ruido y confusión al Senado, por lo que los debates se prolongarían para llamar su atención». (La moción para admitir a las «damas» fue derrotada por 16 a 12, aunque esta política de exclusión se revocaría posteriormente, solo sería restaurada en los tiempos modernos).

Aunque a los senadores se les pagaba la generosa suma de seis dólares al día, y sus privilegios incluían el uso de grandes cajas de rapé de plata en el pleno del Senado, los modales aristocráticos que caracterizaron al primer Senado estaban extrañamente fuera de lugar cuando la aldea en apuros de Washington se convirtió en la ciudad capital en 1800, pues su entorno escarpado contrastaba fuertemente con el que tenían las capitales temporales en Nueva York y Filadelfia. Sin embargo, la formalidad de los procedimientos del Senado se mantuvo, aunque el vicepresidente Aaron Burr, que fuera objeto de cierto descrédito después de matar a Hamilton en un duelo, a menudo consideró necesario llamar a los senadores al orden por «estar comiendo manzanas y pasteles en sus asientos» y por caminar entre aquellos que estaban enfrascados en discusiones. Y John Quincy Adams anotó en su diario que algunos de los discursos de sus colegas «eran tan furibundos y expresados de manera tan brusca que solo se explicaban por el hecho innegable de que el miembro estaba enardecido por la bebida». Pero, sin duda, el Senado conservó una mayor dignidad que la Cámara, en la que los miembros podían sentarse con el sombrero en sus cabezas y los pies sobre el escritorio, viendo a John Randolph de Roanoke pasearse con espuelas de plata, llevando un grueso látigo de caballería, seguido de un perro de caza que dormía debajo de su escritorio, y pidiéndole más licor a la portera mientras lanzaba ataques despiadados contra sus opositores.

Sin embargo, la Cámara, aún lo suficientemente pequeña para ser un órgano verdaderamente deliberativo, eclipsó al Senado en términos de poder político durante las tres primeras décadas de nuestro gobierno. Madison dijo que «al ser un hombre joven y deseoso de mejorar su reputación como estadista, no podía permitirse el lujo de aceptar un escaño en el Senado», cuyos debates tenían poca influencia en la opinión pública. Muchos senadores renunciaron a sus escaños para ser miembros de la Cámara, o para ocupar otros cargos estatales y locales; además, el Senado levantaba la sesión con frecuencia para permitir que sus miembros oyeran un importante debate en la Cámara.

El senador Maclay, cuyo diario ofrece el mejor testimonio —aunque distorsionado ligeramente por su mordacidad—, de aquel Senado incipiente, se quejaba con frecuencia de las sesiones aburridas y triviales, como lo atestigua esta entrada del 3 de abril de 1790: «Fui al salón. Se leyó el acta. Se recibió un mensaje del presidente de los Estados Unidos. Se entregó un informe a la presidencia de este órgano. Nos miramos, nos reímos unos con otros durante media hora, y levantamos la sesión».

Pero a medida que el Senado se despojó de su papel como consejo ejecutivo y obtuvo una posición de mayor igualdad con la Cámara en el proceso legislativo, también se hizo evidente que ninguna garantía constitucional, por más noble que fuera, podría evitar que las presiones políticas y de los electores hicieran parte de esas deliberaciones. Maclay se disgustaba porque, en lugar del «honor más delicado, la sabiduría más exaltada y la generosidad más refinada» que rige todos los actos y hechos de sus colegas, como lo esperaba él, encontró que «el egoísmo más vil... Nuestro gobierno es un mero sistema de opiniones fraudulentas: "Vota de esta manera por mí y votaré de esa manera por ti"». Los prejuicios locales que Hamilton esperaba excluir se intensificaron simplemente, en particular cuando los federalistas de Nueva Inglaterra y los jeffersonianos de Virginia se dividieron a lo largo de líneas seccionales, y también partidistas. Las legislaturas estatales, que cada vez serían más sensibles a las «masas» anteriormente despreciadas cuando se eliminaron los requisitos de propiedad para la votación, transmitieron las presiones políticas de sus propios electores a sus senadores a través de «instrucciones» (un dispositivo que se había originado en este país, al parecer en los viejos cabildos puritanos, que daban instrucciones a sus diputados ante la Corte General de Massachusetts sobre medidas como «la eliminación de la capital de la horrible ciudad de Boston», tomaron todas las medidas posibles «para exterminar la profesión jurídica», y para impedir que los deudores pagaran sus deudas «con viejos barriles oxidados de armas de fuego que no son útiles para nadie, salvo para utilizarse como chatarra»). Se requirió también que algunos senadores regresaran con regularidad a sus legislaturas estatales, a reportarse como embajadores venecianos a su gestión en la capital.

Fueron tiempos de cambio en el Senado; en el concepto de nuestro gobierno, en el desarrollo del sistema bipartidista, en la propagación de la democracia a las granjas, a las fronteras y a los Estados Unidos de América. Los hombres que eran flexibles, los hombres que podían seguir las corrientes variables de la opinión pública, los hombres que buscaban la gloria en la dignidad del Senado en vez de sus logros legislativos, eran los hombres de aquellos tiempos. Pero el joven John Quincy Adams de Massachusetts, no era tal clase de hombre.

II

John Quincy Adams

«El juez no es siervo… de las personas, sino de su Dios».

El joven senador de Massachusetts se agitó inquieto en su silla mientras el debate seguía su curso. La cámara del Senado a medio llenar resonaba considerablemente con los gritos de su colega de Massachusetts, el senador Pickering, que estaba denunciando el embargo comercial de 1807 del presidente Jefferson por lo que parecía ser la centésima vez. Afuera, una lluvia inhóspita de enero había convertido el triste pueblo de Washington en un mar de lodo. Mientras clasificaba el correo de Massachusetts que estaba desordenado en su escritorio, John Quincy Adams fijó sus ojos en una escritura desconocida, en un sobre sin remitente. Adentro había una sola hoja de fino papel de lino, por lo que el senador leyó sombríamente su mensaje anónimo por segunda vez antes de arrojar la carta y el sobre a la canasta de su escritorio:

> Oh Lucifer, hijo de la mañana, ¡cuán bajo has caído!
> No esperamos que haya sido irremediablemente.
> Oh Adams, recuerda

> quién eres. ¡Regresa a Massachusetts! Regresa a tu tierra. ¡No ayudes a su destrucción! ¡Piensa en las consecuencias! Despierta: ¡despierta a tiempo!
>
> UN FEDERALISTA

¡Un federalista! Adams reflexionó amargamente sobre esta palabra. ¿Acaso no era él hijo del último presidente federalista? ¿No había trabajado en administraciones federalistas en el servicio diplomático en el extranjero? ¿No había sido elegido como federalista a la Legislatura de Massachusetts y luego al Senado de los Estados Unidos? Ahora, simplemente porque había antepuesto el interés nacional al del partido y la sección, los federalistas lo habían abandonado. Sí, pensó, no los abandoné tal como me acusan: son ellos los que me han abandonado.

> Mis perspectivas políticas están disminuyendo [escribió en su diario esa noche] y a medida que mi período de servicio llega a su fin, me estoy acercando continuamente a la certeza de ser restaurado a la condición de un ciudadano privado. Para este evento, sin embargo, espero tener mi mente suficientemente preparada. Mientras tanto, le imploro al Espíritu, del que proviene todo don bueno y perfecto, que me permita prestarle un servicio esencial a mi país, y que nunca pueda regirme en mi conducta pública por cualquier otra consideración distinta a la de mi deber.

Estos no son simplemente los sentimientos de un senador valiente; son también las palabras de un estadista puritano. Porque John Quincy Adams fue uno de los grandes representantes de esa estirpe extraordinaria que ha dejado una huella memorable en nuestro gobierno y en nuestro estilo de vida. Duro e intratable, como la rocosa zona rural de Nueva Inglaterra que impregnaba su actitud hacia el mundo en general, el puritano le dio sentido, coherencia y carácter a los primeros días de la república estadounidense. Cada etapa de su vida diaria reflejaba su sentido adusto de la responsabilidad para con su Creador. Creía que el hombre había sido creado a imagen de Dios y, por lo tanto, creía lo mismo en cuanto a las extraordinarias demandas del gobierno autónomo. El puritano amaba la libertad y la ley; tenía cierta genialidad para determinar el punto exacto donde podían reconciliarse los derechos del estado y los derechos del individuo. El intelecto del puritano —de John Quincy Adams y sus antepasados— era, como afirmó George Frisbie Hoar:

> apto para la estricta discusión ética, claro para ver verdades generales, activo, incansable, aficionado a la investigación y al debate, pero penetrado y contenido por un sentido común afinado... Él tenía una tenacidad de propósito, una valentía grandiosa e inflexible, una voluntad inquebrantable que nunca se alteró ni titubeó frente a ningún antagonista humano, ni ante el exilio, la tortura o la muerte.

En John Quincy Adams, esas mismas características estaban tristemente fuera de sintonía con las intrigas partidarias y las pasiones políticas de la época. Mucho antes de aquellos meses desalentadores en el Senado cuando los federalistas de Massachusetts le enviaban cartas llenas de insultos, mucho antes de que hubiera entrado siquiera al Senado, ya había registrado en su diario los peligros que enfrentaba un puritano al entrar en la política: «Siento una fuerte tentación de sumergirme en la controversia política», había escrito, «pero... el político en este país debe ser hombre de un partido. Yo quisiera ser hombre de todo mi país».

Abigail Adams les dijo con orgullo a sus amigas —cuando John Quincy era todavía un niño—, que ella y su marido, quien dirigió por completo su educación y formación, prepararon a su hijo para el liderazgo futuro «en el Gabinete o en la política... como guardián de las leyes y libertades de su país». Muy pocos estadounidenses —o ninguno—, han nacido con las ventajas de John Quincy Adams: un apellido famoso, un padre brillante que trabajó sin cesar para desarrollar los talentos naturales de su hijo, y una madre extraordinaria. De hecho, nació con todo lo necesario para tener una vida feliz y exitosa con excepción de aquellas cualidades que ofrecen paz mental. A pesar de una existencia de logros extraordinarios, constantemente se sentía corroído por un sentimiento de insuficiencia, de frustración, de fracaso. Aunque su sólida conciencia de Nueva Inglaterra y sus talentos notables lo llevaron siempre por la senda de un éxito sin precedentes, desde el principio tuvo un sentido casi morboso del fracaso constante.

Sus primeros sentimientos de insuficiencia, así como su mente precoz, se evidenciaron en la carta que le escribió a su padre a los nueve años:

> Estimado señor:
>
> Me gusta mucho recibir cartas; mucho más que escribirlas. No redacto bien. Mi cabeza es demasiado voluble. Pienso en huevos de pájaros, en juegos y bagatelas, hasta que me enojo conmigo mismo. Mamá tiene dificultades para hacerme estudiar. Reconozco que me avergüenzo de mí. Recientemente comencé a leer el tercer volumen de la Historia de Rollin, aunque ya debería ir por la mitad. Estoy decidido a ser más diligente esta semana. Me he propuesto leer la segunda mitad del volumen. De ser así, al final de la semana podría presentar un

> mejor informe de mis actividades. Me gustaría, señor, que me diera algunas instrucciones por escrito con respecto al uso de mi tiempo, y que me aconsejara cómo equilibrar mis estudios con el juego; tendré presentes sus consejos y trataré de aplicarlos.
>
> Con la presente determinación de crecer mejor soy, querido señor, su hijo,
>
> John Quincy Adams

Una vez más, treinta y seis años más tarde, después de haber fungido como senador de los Estados Unidos, como profesor de Harvard y como ministro estadounidense en las principales potencias europeas, pudo escribir con tristeza en su diario:

> Tengo cuarenta y cinco años de edad. Han transcurrido ya dos tercios de una larga vida, y no hecho nada útil por mi país ni por la humanidad... las pasiones, la indolencia, la debilidad y las enfermedades me han hecho desviar a veces de mi mejor conocimiento de lo correcto, y han paralizado casi constantemente mis buenos esfuerzos.

Y, por último, a los setenta años de edad, después de haberse desempeñado como un ministro de estado brillante, como un presidente independiente y como un miembro elocuente del Congreso, Adams habría de registrar sombríamente que su «vida entera ha sido una sucesión de decepciones. Apenas puedo recordar un solo caso de éxito en cualquier tarea que alguna vez emprendí».

Sin embargo, la vida que fue tan amargamente desaprobada por su propio dueño, no ha tenido paralelo en la historia estadounidense. John Quincy Adams —hasta su muerte a los ochenta años en el Capitolio— desempeñó los cargos más importantes y participó en los eventos más significativos que ninguna otra persona en la historia de nuestra nación, como ministro en La Haya, emisario en Inglaterra, ministro en Prusia, senador estatal, senador de los Estados Unidos, ministro en Rusia, jefe de la misión estadounidense para negociar la paz con Inglaterra, ministro en Inglaterra, secretario o ministro de estado, presidente de los Estados Unidos y miembro de la Cámara de representantes. Su nombre figuró, de una forma u otra, en la Revolución Americana, en la Guerra de 1812 y en el preludio de la Guerra Civil. Entre los conocidos y colegas que desfilan por las páginas de su diario están Sam Adams (un pariente), John Hancock, Washington, Jefferson, Franklin, Lafayette, John Jay, James Madison, James Monroe, John Marshall, Henry Clay, Andrew Jackson, Thomas Hart Benton, John Tyler, John C. Calhoun, Daniel Webster, Lincoln, James Buchanan, William Lloyd Garrison, Andrew Johnson, Jefferson Davis y muchos otros.

Aunque fue uno de los hombres más talentosos en servir a su nación, tenía también algunas de las características personales que normalmente dan colorido y encanto a la personalidad. Pero hay una fascinación y una nobleza en esta imagen de hombre inflexible, cerrado e intratable, que se juzgaba a sí mismo con mayor severidad que aquella con la que lo juzgaban sus enemigos más acérrimos, teniendo una integridad sin igual entre las principales figuras políticas de nuestra historia, e impulsado constantemente hacia adelante por su conciencia y su obligación sentida de ser digno de sus padres, de su ejemplo y de sus preceptos.

Sus frustraciones y derrotas en los cargos públicos —como senador y presidente—, fueron resultado inevitable de esa intransigencia para ignorar los acontecimientos políticos de la vida. Es importante señalar que los dos Adams, padre e hijo, fueron los únicos mandatarios no elegidos para un segundo mandato en los primeros cincuenta años de la historia de nuestra nación. Sin embargo, sus fracasos —si se les puede llamar así—, fueron resultado de su propia devoción inquebrantable a lo que ellos consideraban el interés público, y de la incapacidad de sus contemporáneos para alcanzar los altos estándares de honor y rectitud que llevaron ellos a la vida pública.

La historia del hijo no es totalmente separable de la del padre. Porque John Quincy Adams fue, como lo ha descrito Samuel Eliot Morison, «sobre todo un Adams»; por lo que su devoción conmovedora por su padre y la lealtad inquebrantable de este último a su hijo, independientemente de las disputas políticas, arrojan un solo rayo de calidez en lo que de otra manera fue una existencia dura y fría. («¡Qué familia tan extraña!», escribió el líder federalista Harrison Otis años después. «Creo que ellos constituyen todas las variedades de una especie peculiar de nuestra raza, mostrando una combinación de talentos y de buen carácter moral con pasiones y prejuicios calculados para derrotar sus propios objetivos y avergonzar a sus amigos»). Como hijo de una familia puritana muy unida, John Quincy fue enseñado por su madre a emular a su famoso padre; y como senador, cuando todos sus colegas y amigos lo abandonaron, fue a su padre a quien recurrió en busca de apoyo y aprobación.

Incluso después de la muerte del anciano Adams, John Quincy mantuvo una lealtad conmovedora a la memoria de su padre. Al leer en la obra de Jefferson las cartas escritas por este más de treinta y cinco años atrás, cuando su padre y Jefferson habían sido rivales políticos (aunque posteriormente reanudarían su temprana amistad), podía llenarse de cólera ante lo que consideraba como una perfidia de Jefferson. «Su trato para con mi padre», escribió Adams en su diario, «era intrigante, traicionero y falso, intolerable». Después de pasar toda una vida en nuestro complicado sistema federal de controles y contrapesos, John Quincy no atinaba a comprender la manera cómo funcionaba; ni entendía tampoco que lo que consideraba como «maquinaciones» de Jefferson, eran simplemente una faceta del genio de este último aplicada con éxito al arte y la ciencia del gobierno.

El fracaso de John Quincy Adams en reconocer los hechos políticos de la vida se hizo inicialmente evidente durante sus años en el Senado, que no fueron los más productivos de su vida, ni aquellos en los que su contribución fue especialmente significativa. Sin embargo, su único término en el Senado de los Estados Unidos nos da una visión clara de la suerte de un hombre que llevó unas facultades notables al servicio público, un nombre respetado y una ambición singular por lo correcto. Su experiencia ilustra, como casi ninguna otra, que incluso este conjunto extraordinario de cualidades no es suficiente para tener éxito en la vida política estadounidense.

Era natural que John Quincy, al regresar a Boston después de prestar servicio diplomático en el extranjero tras la derrota de su padre frente al presidente Thomas Jefferson, participara activamente en los asuntos del partido de su progenitor. Admiraba a los federalistas por ser los fundadores de la Constitución, los adalides del poder naval, y un baluarte contra las influencias revolucionarias francesas.

Pero tan pronto el joven exdiplomático fue elegido como federalista a la Legislatura de Massachusetts, demostró su desdén audaz por el partidismo estrecho. Sin consultar a sus colegas mayores, propuso —solo cuarenta y ocho horas después de haberse convertido en miembro de ese augusto órgano legislativo— que al Partido Republicano (Jeffersoniano o Demócrata) le fuera concedida una representación proporcional en el consejo del gobernador. (Adams señaló posteriormente que ese acto de independencia no partidista «marcaba el principio que ha gobernado mi vida pública en conjunto desde ese día hasta hoy»).

Al elegir luego al joven Adams para el Senado, sus colegas en la legislatura estatal pudieron haber asumido que el honor para alguien relativamente joven como él, ayudaría a convencerlo de sus obligaciones con su partido.

Pero mientras que por una parte la legislatura acercó al joven John Quincy a su visión de servicio a la nación, por la otra rasgó bruscamente el tejido de su sueño y puso obstáculos reales y desagradables en su camino. Porque poco después de su elección, el celoso y antagónico Timothy Pickering (que fuera destituido como secretario de estado por su padre) fue elegido como colega senatorial de Adams para cubrir una vacante de corto plazo. Ni Pickering ni Adams albergaron ningún tipo de ilusiones acerca de la antigua y amarga enemistad con toda la familia Adams, y John Quincy comprendió que, como federalista conocido y poderoso, el senador Pickering sería capaz de descargar sobre su joven colega todos los disgustos y sospechas que los otros senadores federalistas habían albergado por la independencia mostrada por el padre de Adams como presidente. Tampoco podía esperar la simpatía de los senadores republicanos de Jefferson, que habían adelantado recientemente una campaña encarnizada contra su padre y contra las leyes de extranjería y sedición, que contaban con su aprobación. Registrando en su diario que, «las cualidades mentales más necesarias son la firmeza, la perseverancia, la paciencia, la serenidad y la tolerancia», John Quincy Adams, como cualquier caballero puritano, partió hacia Washington decidido a cumplir con las normas de la autodisciplina que se había impuesto a sí mismo.

Al llegar a Washington, Adams manifestó rápidamente su desprecio por las afiliaciones partidistas y por la reticencia habitual de los novatos. Aunque una enfermedad en su familia le había impedido llegar a tiempo para votar sobre la ratificación del tratado del presidente Jefferson para la compra del Territorio de Luisiana, despertó de inmediato una tormenta de controversia al convertirse en el único federalista en apoyar una adquisición que rompía con todos los precedentes, y en votar además por una asignación de 11 millones de dólares para llevarla a cabo. Sus principios democráticos también lo hicieron oponerse a las medidas administrativas para imponer un gobierno y unos impuestos a los residentes del territorio, lo que también le valió la oposición de sus colegas republicanos. Pero, como soñaba con que Estados Unidos se expandiera hasta sus límites continentales, Adams consideraba que la notable hazaña de Jefferson al excluir a Napoleón de nuestras fronteras mientras que enriquecía a nuestra nación, era mucho más importante que el asombro indignado de sus colegas federalistas. Preocupados principalmente por mantener la hegemonía de Nueva Inglaterra, ellos temían que la expansión hacia el oeste disminuiría la influencia política y económica de las ciudades comerciales del noreste, reduciría el coraje de las tierras orientales en las que estaban interesados financieramente, y proporcionaría a los jeffersonianos una mayoría permanente en el Congreso. El joven federalista de Massachusetts, como si fuera ajeno a su actitud, ¡le echó más leña al fuego de la ira federalista tras asistir a un banquete en el que los jeffersonianos celebraron la compra!

«La cena era mala y los brindis demasiado numerosos», se quejó sombríamente Adams en su diario esa noche. Pero es dudoso que incluso una fiesta que recordaba a las mejores casas de huéspedes de Boston hubiera justificado su asistencia, pues esto fue considerado por sus amigos federalistas como la prueba final de la perfidia.

«Maldito sea ese mozuelo, ¡cómo imita a su padre!», escribió Theodore Lyman, un federalista prominente que se había alineado con Pickering en la pelea que este entablara con el padre de Adams. Pero solo había un político federalista cuya opinión el joven John Quincy valoraba por encima de la suya: John Adams. Así que buscó ansiosamente la opinión de su padre, y la tranquilidad que recibió del anciano estadista a comienzos de 1804 compensó todos los insultos recibidos a manos del partido de su padre. «No desapruebo su conducta en el negocio de Luisiana», le escribió John Adams a su hijo, «aunque sé que se convertirá en un tema muy impopular en los estados del norte... ¡Creo que ha tenido razón!».

En su diario, el joven Adams resumió sus primeros meses en el Senado:

> Ya he tenido ocasión de experimentar, tal como antes tuve toda la razón para esperar, el peligro de la adhesión a mis propios principios. El país está tan totalmente entregado al espíritu partidista que no seguir con los ojos vendados al uno o al otro es un delito imperdonable... Entre tanto, veo la imposibilidad de seguir los dictados de mi propia conciencia sin sacrificar todas las perspectivas, no solo de fomentar, sino aun de conservar el carácter y la reputación de las que he disfrutado. Sin embargo, he tomado una decisión y, si no puedo esperar darle una satisfacción a mi país, he decidido por lo menos contar con la aprobación de mis propias reflexiones.

El hecho de tener el orgulloso apellido Adams no pudo evitar —y bien pudo haber acelerado—, la aparición gradual del joven senador como el único en tener esa opinión. Si su filosofía política hubiera sido más popular, su forma de ser le habría dificultado forjar alianzas estrechas. Después de todo, era «un Adams... frío, falto de tacto y rígidamente concienzudo». El hijo de un padre impopular, un renegado en su partido y bastante presuntuoso para ser un senador novato, John Quincy no buscaba ni le ofrecieron alianzas o influencia política.

Solo diez días después de haber llegado al Senado, ya había irritado a sus superiores y precipitado un debate de tres horas por oponerse a una resolución rutinaria en la que se les pedía a los senadores llevar un lazo negro por un mes para honrar a tres patriotas recientemente fallecidos. Dicha resolución, argumentó él de una forma un tanto impertinente, era impropia, y también inconstitucional por «tender a discusiones inadecuadas, y a debates completamente ajenos a los temas apropiados» en el Senado. Luego, asombró a sus colegas al tratar de descalificar a cualquier senador para participar en un juicio político por cuya realización hubiera votado anteriormente como miembro de la Cámara. Y a fin de mostrar su terca independencia intelectual, se opuso en solitario a la moción para celebrar una sesión ejecutiva cuando su único propósito, pensaba él, era dar en el *Diario* de sesiones la apariencia de estar trabajando, cuando en realidad no había nada que hacer.

Pero si el Partido Federalista aprendió a tener por el «mozuelo» una antipatía aun más grande que la que había tenido por «su padre», hay que decir que cualquier amor federalista por John Quincy habría sido un desperdicio de todos modos. Porque él fue cada vez más despectivo con ese partido. Él, un nacionalista estadounidense que había vivido gran parte de su corta vida en el extranjero, no podía renunciar a su devoción por el interés nacional a causa de la perspectiva estrictamente partidista, parroquial y probritánica que dominaba al primer partido político de Nueva Inglaterra. Sus excolegas en la legislatura estatal lo acusaron públicamente de una ingrata «conducta digna de Maquiavelo»;

pero él le escribió a su madre que sentía que, como senador, podía determinar mejor cuáles eran los mejores intereses de Massachusetts, y «si el federalismo consiste en mirar a la marina británica como la única garantía de nuestra libertad, debo ser entonces un hereje político».

Muchos senadores, antes y después de 1804, han combatido los efectos derivados de ser llamados herejes políticos por parte de sus jefes de partido luego de granjearse una fuerte popularidad personal entre sus electores. Esto fue cada vez más posible a medida que el sufragio universal masculino se generalizó a principios del siglo diecinueve. Pero no John Quincy Adams. Él consideraba todas las medidas públicas que recibía —observó un compañero senador—, como si se trataran de proposiciones abstractas de Euclides, exentas de consideraciones de tipo político. Él negó el deber de los representantes electos «de estar paralizados por la voluntad de sus electores» y se negó a alcanzar el éxito al convertirse en lo que llamaba un «patriota de profesión», fingiendo «una extraordinaria preocupación por el pueblo, halagando sus prejuicios, satisfaciendo sus pasiones, y complaciendo sus opiniones transitorias y cambiantes». Su estrella rectora era el principio del estadista puritano que había establecido su padre muchos años antes: «*El magistrado es servidor, no de sus propios deseos, ni siquiera de los del pueblo, sino de su Dios*».

Admiraríamos el coraje y la determinación de John Quincy Adams si actualmente trabajara en el Senado. Respetaríamos su enfoque no partidista y no seccional. Pero no estoy tan seguro de que nos agradara como persona; y es evidente que muchos de sus colegas, a ambos lados del pasillo, no lo hicieron. Su aislamiento de cualquier partido político, y los antagonismos que despertaba, anularon prácticamente el impacto de sus propias proposiciones independientes y eruditas. Su diario revela que el joven senador no era del todo insensible a su creciente aislamiento político: Se quejaba de que no tenía «otra cosa que hacer salvo una oposición infructuosa». «Ya he visto lo suficiente para asegurar que ninguna enmienda propuesta por mí no estaría vigente en el Senado tal como está conformado ahora». No tengo ninguna duda de incurrir en la censura y el oprobio por esta medida». Y se refiere a aquellos «que me odian a mí mucho más de lo que aman principio alguno». Resentía particularmente la conducta despectiva de Pickering hacia él, pensaba que su colega «abandona en conjunto la base de lo correcto, y recurre a lo que es conveniente».

Pero no fue hasta 1807 que la división entre el partido y el senador se hizo irreparable, y Adams fue denunciado por la gran mayoría de sus electores, así como por los jefes del partido. La ruptura definitiva, como es natural, estuvo relacionada con la política exterior de esta nación. A medida que nuestras relaciones con Gran Bretaña empeoraron, nuestros barcos fueron incautados, nuestros cargamentos confiscados, y nuestros marineros «reclutados» por los cruceros británicos y obligados a servir —como presuntos súbditos británicos— en la Armada del Rey. Miles de marineros estadounidenses fueron raptados de manera concertada, los barcos se perdieron en el mar por falta de hombres, e incluso a quienes podían «demostrar» la ciudadanía estadounidense se les negó con frecuencia permiso para regresar. Los instintos patrióticos de Adams despertaron, y se sintió indignado de que los mismos comerciantes federalistas cuyos barcos habían sido atacados, hubieran decidido que el apaciguamiento de Gran Bretaña era la única respuesta a sus problemas. Sus colegas federalistas intentaron incluso racionalizar tales medidas agresivas hablando vagamente de las dificultades de Gran Bretaña en su guerra con Francia y de nuestro tono amistoso hacia este último país. Con un desprecio no disimulado por esa actitud, Adams introdujo e impulsó la promulgación en 1806 —de manera exitosa—, una experiencia única para él, anotó en su diario, de una serie de resoluciones que condenaban las agresiones británicas a los barcos estadounidenses, y solicitaban al presidente exigir la restauración y la indemnización de los navíos confiscados. Los federalistas, por supuesto, se habían opuesto firmemente a sus medidas, como lo hicieron también con una ley administrativa apoyada por Adams que limitaba las importaciones británicas. Adams era ahora, a todos los efectos prácticos, un hombre sin partido.

Al fin, en el verano de 1807, la fragata estadounidense *Chesapeake* fue atacada rápidamente con fuego y expulsada de los cabos de Virginia por el *Leopard*, un buque de guerra británico, después de que la fragata norteamericana se negara a un registro y a entregar cuatro marineros que los ingleses afirmaban ser súbditos británicos. Varios tripulantes estadounidenses resultaron muertos o heridos. El indignado Adams estaba convencido de que, con partido o sin él, había llegado el momento para una acción contundente contra semejantes actos tan intolerables. Habló con funcionarios locales federalistas para convocar a una reunión en Boston con el fin de protestar por el incidente. Rechazado, e indignado cuando un federalista prominente intentó justificar incluso el ataque del *Leopard*, descubrió para su amarga satisfacción que el Partido Republicano estaba organizando una reunión masiva similar que tendría lugar esa misma semana en la Cámara de representantes estatal.

El federalista *Repertory* advirtió a los fieles que la reunión representaba simplemente un «modo irregular y tumultuoso de proceder», a la que «ningún hombre justo u honorable» debía asistir. Pero John Quincy Adams asistió; y, aunque se negó a servir como moderador, fue instrumental sin embargo en la redacción de la resolución de lucha del grupo, que ofreció al presidente las vidas y fortunas de los participantes en apoyo a «cualquier medida, por grave que sea».

Ahora fueron los federalistas quienes se sintieron indignados. Aunque habían convocado una reunión urgente para prometer también hipócritamente su apoyo al presidente, manifestaron en público que John Quincy Adams, por su asociación franca con las reuniones y las causas republicanas, debería «ser decapitado por apostasía... y ya no debe considerarse que tenga ninguna comunión con el partido». Fue ese episodio, comentó posteriormente el senador: «lo que me enajenó desde ese día y para siempre de los consejos del partido federalista».

Cuando Jefferson exhortó al Congreso el 18 de septiembre de 1807 a tomar represalias contra los británicos mediante la promulgación de un embargo que suprimía de manera efectiva todo el comercio internacional —una medida aparentemente ruinosa para Massachusetts, el estado comercial líder en la nación—, fue John Quincy Adams de Massachusetts quien se levantó en el Senado y pidió la remisión del mensaje a un comité selecto, quien fue nombrado como presidente del comité; y quien informó que tanto el proyecto de ley de embargo como otro de su autoría, impedían a los buques británicos la entrada a aguas americanas. «Esta medida les costará a ustedes y a mí nuestros escaños», le comentó el joven Adams a un colega, mientras el comité selecto completaba su trabajo y sus miembros se dirigían al pleno del Senado, «pero el interés privado no se debe oponer al bien público».

Sus palabras fueron infaliblemente proféticas. A medida que el proyecto del embargo se convirtió en ley con su ayuda, una tormenta de protestas estalló en Massachusetts, las cuales recordaron los días del «Motín del té», de Boston. En ese estado se encontraba una parte sustancial de la flota mercante de Estados Unidos, y prácticamente la totalidad de las industrias de construcción naval y pesquera. El embargo paralizó por completo la industria naval, devastó el comercio marítimo e inmovilizó los buques pesqueros; y el estancamiento, la quiebra, la angustia, y la migración desde este territorio se hicieron comunes. Ni los comerciantes ni los marineros pudieron ser convencidos de que eso era por su propio bien. Incluso los agricultores de Nueva Inglaterra encontraron un mercado saturado para sus productos, pues las vías de exportación habían sido cerradas.

Los dirigentes federalistas insistieron en que el embargo era un intento de Jefferson por arruinar la prosperidad de Nueva Inglaterra, provocar Inglaterra a una guerra y ayudar a los franceses. A pesar de que los republicanos de Nueva Inglaterra se negaron a defender el proyecto de ley de su presidente, el Partido Federalista, que tuvo un gran éxito en ese tema, regresó triunfalmente al poder en ambas cámaras de la Legislatura de Massachusetts. Los rumores de una secesión de Nueva Inglaterra se hicieron comunes.

Pero por grande que fuera su odio por Jefferson y su embargo, los federalistas de Massachusetts, los comerciantes y otros ciudadanos estaban más enojados aún por la «deserción» de su senador a las filas enemigas. «¡Un carroñero del partido!», resopló la *Hampshire Gazette* de Northampton, «uno de esos políticos ambiciosos que vive en la tierra y en el agua, y que en ocasiones recurre a cada una, pero que finalmente se establece en el fango». Adams, señaló la *Gazette* de Salem, es «un buscador de popularidad... cortejando al partido ganador», y uno de «los senadores de Bonaparte». La *Gazette* de Greenfield lo llamó un apóstata «asociado con los asesinos de la personalidad de su padre. Sus propios círculos sociales de Boston —los ricos, los cultivados e influyentes—, se volvieron todos en su contra. «No me sentaría en la misma mesa con ese renegado», replicó uno de los principales ciudadanos de Boston al negarse a asistir a una cena en la que Adams estaría presente. Y un líder federalista escribió con regocijo a los incondicionales del partido de Washington: «Él llega a la calle State Street a la hora acostumbrada, pero parece totalmente desconocido».

John Quincy Adams estaba solo, aunque no del todo. «Fui especialmente abandonado por mis amigos, en Boston y en la legislatura estatal», escribió a su madre. «Nunca estaré suficientemente agradecido con la Providencia de que mi padre y mi madre no se unieran a esta deserción general». Porque cuando inicialmente lanzaron insultos despiadados contra él en su estado natal, John Quincy recurrió de nuevo a su padre y le expresó sus sentimientos. Y su padre respondió que la situación de su hijo era «clara, simple y obvia»:

> Usted no es apoyado por ninguna de las partes; usted tiene un corazón demasiado honesto, una mente demasiado independiente, y unos talentos demasiado brillantes como para que cualquier hombre que esté bajo el dominio de las máximas o de los sentimientos del partido pueda confiar en usted de manera sincera y confidencial... Usted puede estar seguro entonces de que su suerte está echada... Debe saber y contar con eso y no lamentarlo en absoluto. El consejo que le doy es que mantenga con firmeza su rumbo actual, aunque con moderación y cautela, pues creo que es el camino de la justicia.

Pero toda la familia Adams estaba condenada a los ojos de los antiguos partidarios del expresidente debido a un acto de valentía de su hijo. «Su apostasía [la de John Quincy] ya no es motivo de duda para nadie», exclamó el representante Gardenier de Nueva York. «Ojalá que la noble casa de Braintree hubiera sido arrojada a un hoyo, y a uno bien profundo, ¡veinte años atrás!». Pero los Adams —el padre y el hijo—, permanecieron unidos. «Parton le ha denunciado como no federalista», le escribió su padre, «y me gustaría que me denunciara de la misma manera, porque desde hace mucho tiempo he renunciado, abdicado y negado el nombre, el carácter y los atributos de esa secta, tal como parece ser hasta ahora».

Con el apoyo de su padre —¡en una pelea en la que él estaba del lado del presidente que había derrotado a su padre!—, John Quincy mantuvo una postura firme e inflexible, la que provenía de sus ancestros puritanos. Cuando fue abordado en Boston por un predicador políticamente orientado, que atacó su punto de vista «de una manera grosera e indecente, le dije que en consideración a su edad, yo solo debía señalar que él aún tenía que aprender una lección: la caridad cristiana». Cuando su colega Pickering lo denunció en una carta abierta a la legislatura, y que fue distribuida por decenas de miles a lo largo de Massachusetts, Adams escribió una respuesta magistral, en la que criticó al Partido Federalista como seccional, obsoleto y antipatriótico; insistiendo en que los asuntos críticos de la guerra y la paz no podían decidirse basado en «la posición geográfica, el sesgo partidista o la ocupación profesional»; y desmintió el comunicado servil de Pickering de que: «A pesar de que Gran Bretaña, con sus miles de barcos de guerra, podría haber destruido nuestro comercio, realmente no nos ha causado ningún perjuicio esencial».

La legislatura federalista se convocó a finales de mayo de 1808 —como escribiera Jefferson, el gobernador republicano de Massachusetts—, con un solo «objetivo principal: la destrucción política e incluso personal de John Quincy Adams». Tan pronto como ambas cámaras se organizaron, la legislatura eligió inmediatamente al sucesor de Adams, ¡nueve meses antes de la expiración de su mandato! Y como su próxima orden del día, la legislatura aprobó rápidamente resoluciones instruyendo a sus senadores para instar a la revocación del embargo.

«La elección», comprendió Adams, «fue precipitada con el único propósito de estigmatizarme. Porque, según el orden normal, no se debía haber celebrado hasta la sesión invernal de la legislatura». Y las resoluciones, pensaba él, imponían «una línea de conducta a sus senadores», que ni mi juicio podría aprobar ni mi espíritu tolerar.

Adams tenía apenas una sola posibilidad: renunció a su escaño en el Senado para defender las políticas del hombre que había sacado a su padre de la presidencia.

Era «imposible», escribió Adams, conservar su escaño «sin ejercer la más libre libertad de mis acciones, bajo el control único y exclusivo de mi propio sentido de lo que es correcto».

> Solo añadiré que, lejos de lamentar cualquiera de esos actos por los que he sufrido, los haría otra vez, si tuviera que hacerlo, a riesgo de sufrir calumnias, impopularidad y rechazo diez veces mayores.

Pero si su propio voto en el Senado hubiera sido necesario para salvar la política exterior de Jefferson, escribió Adams a los que criticaban su partida en un momento tan crucial, entonces, «tanto como yo reverenciaba la autoridad de mis electores, y tan amarga como hubiera sido la copa de la resistencia a su voluntad declarada... habría defendido sus intereses en contra de sus inclinaciones, e incurrido en cada adición posible a su resentimiento, para salvarlos del vasallaje de sus propias ilusiones».

Odiado por los federalistas y mirado con recelo por los republicanos, John Quincy Adams regresó a la vida privada. Su estrella estaba a punto de elevarse nuevamente, pero nunca olvidó este incidente ni abandonó el coraje de su conciencia. (Cuenta la leyenda que durante el mandato político independiente de Adams como presidente, y en respuesta al brindis presidencial —que decía: «¡Ojalá que confunda a sus enemigos!»—, Daniel Webster comentó secamente: «Como ya lo ha hecho con sus amigos»). Poco después de su retiro de la Casa Blanca en 1829, los votantes del distrito Plymouth le pidieron a Adams que los representara en el Congreso. Haciendo caso omiso de los consejos de sus familiares y amigos, y de su propio deseo de tener tiempo libre para escribir la biografía de su padre, accedió aceptar el cargo si resultara elegido. Pero precisó, en primer lugar, que no fomentaría su propia candidatura ni trataría de conseguir votos; y, en segundo lugar, que seguiría un camino en el Congreso completamente independiente del partido y de las personas que lo eligieran. Adams fue elegido por un voto abrumador basado en esa premisa, y sirvió en la Cámara de representantes hasta el día de su muerte. Allí, escribió quizás el capítulo más brillante de su historia, pues como un «Anciano elocuente» dedicó su notable prestigio y energías incansables a la lucha contra la esclavitud.

Su restitución, sobre estas bases de independencia, al Congreso del que había salido de una manera tan ignominiosa veintidós años atrás, fue una experiencia profundamente conmovedora para el valiente exsenador. «Soy miembro electo del vigesimosegundo Congreso», escribió con orgullo en su diario. «Ninguna elección o nombramiento conferido en mi nombre me ha brindado tanto placer. Mi elección como presidente de los Estados Unidos no fue ni la mitad de gratificante en lo más profundo de mi alma».

Segunda parte

El momento y el lugar

Las grandes crisis producen grandes hombres y grandes hazañas valerosas. Este país no ha conocido ninguna crisis mayor que la que culminó en la guerra fratricida entre el Norte y el Sur en 1861. Por lo tanto, y sin intención de desestimar otros períodos de la historia de Estados Unidos, ninguna obra de esta naturaleza podría pasar por alto tres actos de extraordinario coraje político —de vital importancia para el mantenimiento eventual de la Unión—, acaecidos en la fatídica década antes de la Guerra Civil. En dos de los casos —en los que estaban implicados los senadores Sam Houston por Texas y Thomas Hart Benton por Misuri, que disfrutaron el dominio político en sus estados por muchos años—, la derrota fue su recompensa. En el tercero —en el que estuvo implicado Daniel Webster de Massachusetts, incluida su muerte ocurrida dos años después de su gran decisión—, no logró detener las calumnias proferidas contra él por sus enemigos, y que habían amargado tristemente sus últimos días.

No es de extrañar que este período de diez años de crisis recurrentes, cuando los lazos que fusionaban a la Unión fueron deshaciéndose, deberían haber engendrado lo mejor —como lo hicieron con lo peor—, de nuestros líderes políticos. Todos los que tenían un cargo de responsabilidad se vieron obligados a decidir entre mantener su lealtad a la nación, a su estado o a su región. Para muchos en ambos lados —los abolicionistas del Norte, los partisanos militantes del Sur, hombres que estaban totalmente convencidos de la rectitud de la causa de su región—, la decisión se produjo con facilidad.

Pero para aquellos que sentían una doble lealtad a su estado y a su país, a los que buscaban acuerdos que aplazaran o eliminaran por completo la sombra de la guerra que se cernía sobre ellos, la decisión fue agónica, pues la elección final implicaba la ruptura con viejas lealtades y amistades, y la perspectiva de una derrota política humillante.

El recinto en el que se libró esta lucha entre el Norte y el Sur fue la Cámara del Senado de Estados Unidos. El sur, enfrentado a la creciente población del norte, tal como se reflejaba en el aumento de las mayorías en la Cámara de representantes, comprendió que su única esperanza de mantener su poder y prestigio estaba en el Senado. Fue por esa razón que la admisión de nuevos estados en la Unión, que amenazaba continuamente con alterar el precario equilibrio de poder entre los estados libres y esclavos, entre las regiones agrícolas y manufactureras, estuvo en el centro de algunos de los grandes debates del Senado en la primera mitad del siglo diecinueve.

En 1820 se aprobó una ley que admitía conjuntamente a Maine y a Misuri en la Unión —el primero era libre y el segundo era esclavo—, como parte del primer gran compromiso de Henry Clay. En 1836 y 1837, Arkansas y Michigan, y en 1845 y 1846, la Florida y Iowa, fueron admitidos mediante una legislación que los acoplaba en pares. Pero las costuras del compromiso ya se estaban deshaciendo en 1850, a medida que los territorios nuevos y vastos adquiridos tras la guerra con México aceleraron el ritmo de la controversia en torno a la esclavitud. La atención de la nación se centró en el Senado, especialmente en los tres líderes parlamentarios más dotados de la historia estadounidense: Clay, Calhoun y Webster. De estos, solo Daniel Webster habría de compartir con Benton y Houston la ignominia de la ira de los electores y la humillación de la ruina política a manos de los estados que habían amado y defendido. Debemos señalar también la valentía de Webster, Benton y Houston; pero si hemos de entender los tiempos que hicieron que sus hazañas fueran heroicas, lo primero que debemos señalar es el liderazgo de los dos gigantes del Senado, que formaron con Webster el triunvirato más destacado que haya conocido este órgano: Henry Clay y John C. Calhoun.

Henry Clay, natural de Kentucky, audaz, autocrático y carismático, fogoso y con un atractivo tan irresistible que un oponente se negó a un encuentro en el que se vería sometido a los encantos del Harry del Oeste. Para Abraham Lincoln, «Él era mi tipo ideal»; para el medio loco y medio genio de John Randolph de Roanoke, Clay era, en lo que es quizás la frase más memorable y maligna en la historia del insulto personal, «un ser tan brillante y tan corrupto que, como una caballa podrida, brilla y apesta a la luz de la luna». Ni siquiera John Calhoun, que se le había opuesto por años, fue ajeno a su fascinación: «No me agrada Henry Clay. Es un hombre malvado, un impostor, un creador de intrigas. No hablaría con él pero, por Dios, lo amo».

Otros, además de John Calhoun, también lo amaban. Al igual que Charles James Fox, Clay sentía un gran amor por la vida, y tenía un don inigualable para ganarse y conservar el corazón de sus compatriotas; tanto de los hombres como de las mujeres. Elegido para el Senado cuando estaba todavía por debajo de la edad constitucional de treinta años, fue enviado posteriormente a la Cámara donde, en una medida que no se ha replicado antes ni después, fue elegido inmediatamente como presidente de ese órgano a los treinta y cinco años.

A pesar de que carecía de los recursos intelectuales de Webster y Calhoun, Henry Clay tenía sin embargo visiones de una Norteamérica más grande, que trascendían las de sus famosos colegas. Y así, en 1820, 1833 y 1850, emprendió, atacado y fascinado en medio de congresos reacios, los tres grandes compromisos que preservaron la Unión hasta 1861, año en el cual la fortaleza del Norte era tal que la secesión estaba condenada al fracaso.

El segundo miembro, y tal vez el más extraordinario del triunvirato, era John C. Calhoun, de Carolina del Sur. Con pelo erizado y ojos que ardían como grandes brasas, «el hombre de hierro fundido», como lo llamaba la solterona inglesa Harriet Martineau, «el que mira como si nunca hubiera nacido y nunca pudiera extinguirse». Calhoun, pese a su apariencia, nació en 1782, el mismo año que Webster y cinco años después de Clay. Medía un metro ochenta, se había graduado de la Universidad de Yale, fue miembro del Congreso a los veintinueve años, un halcón bélico que se unió a Henry Clay para llevar a Estados Unidos a la Guerra de 1812, un nacionalista que resultó ser seccionalista en la década de 1820 a medida que las presiones económicas de las tarifas comenzaron a afectar la economía agrícola de Carolina del Sur. Calhoun tenía una mente fría, cerrada, concentrada y poderosa. Webster lo considera «con mucho, el hombre más capaz del Senado», el más grande que había conocido de hecho en toda su vida pública. «Gracias a su lógica, él podría», declaró, «haber demolido a Newton, a Calvino o incluso a John Locke».

Sus discursos, desprovistos de todo exceso de verborrea, rugían a través del pleno del Senado en columnas uniformes; medidos, disciplinados, arrasando todo a su paso. Curiosamente, a pesar de que parecía un fanático, sobre todo en sus últimos días, Calhoun era un hombre de un encanto y una personalidad infinitos. Tenía fama de ser el mejor conversador de Carolina del Sur, y se ganó el aprecio de hombres que no podían comprender sus argumentos minuciosamente razonados. Su dominio sobre la imaginación y el afecto de todo el Sur creció de manera constante, y fue llorado universalmente tras su muerte en medio del gran debate de 1850.

Calhoun creía que la convención constitucional no había nacionalizado nuestro gobierno; que los estados soberanos aún conservaban «el derecho de juzgar... cuando el Congreso usurpara el poder y la libertad de los estados individuales».

Al igual que otros sureños, Calhoun creía que la geografía y el clima del territorio del Oeste hacían que fuera poco probable que la esclavitud pudiera prosperar algún día en muchos de los territorios que buscaban convertirse en estados, y que solo en el Suroeste podían esperar equilibrar la creciente marea de estados occidentales libres al asegurar nuevos estados y senadores esclavistas de las tierras confiscadas a México. El «Compromiso de Clay» de 1850, que pretendía conciliar las diferencias entre el Norte y el Sur en referencia al destino final de esas tierras, cobró por lo tanto una importancia trascendental.

Todas las corrientes de los conflictos y la desunión, del crecimiento y la decadencia, de la fortaleza y la debilidad, alcanzaron su punto culminante en 1850.

Los tres protagonistas principales en el drama de Washington de 1850 ya habían sido colegas en el Congreso en 1813. En aquel entonces eran jóvenes, llenos de orgullo, pasión y esperanzas, por lo que el mundo esperaba mucho de ellos. Ahora, casi cuarenta años después, en el ocaso de sus vidas —pues todos morirían en un lapso de dos años—, con su juventud e ilusiones desvanecidas, pasaron de nuevo al centro del escenario.

Pero no eran los únicos en su lucha. Ni el senador Thomas Hart Benton ni Sam Houston se amilanaron tampoco por las reputaciones imponentes de sus tres colegas. Cada uno era una leyenda en vida, y como residían respectivamente en los estratégicos estados fronterizos de Misuri y Texas, era inevitable que la decisión que tomara cada uno haría que el país se dividiera lentamente, afectando así la naturaleza y el resultado de la lucha general.

Que la secesión no ocurriera en 1850 sino en 1861, se debe en gran parte a Daniel Webster, que fue en gran medida responsable de que el país aceptara el compromiso de Henry Clay. Las razones por las que apoyó el compromiso, el efecto de su apoyo y las calumnias que sufrió, se detallan en el capítulo III.

Que el estado fronterizo y clave de Misuri no se uniera a la Confederación en 1861, se debió en buena medida a la memoria de su antiguo senador Thomas Hart Benton. Ningún hombre contribuyó más que el senador Benton a la preservación de la Unión. Sus esfuerzos y su destino se narran en el capítulo IV.

Texas se unió a la Confederación, pero no sin una lucha que hizo que la edad avanzada del senador Houston se convirtiera en un naufragio. Su historia se relata en el capítulo V.

III

Daniel Webster

«... no como un hombre de Massachusetts...
sino como un estadounidense...»

La noche tempestuosa del 21 de enero de 1850 en Washington, no era para que un anciano enfermo estuviera afuera. Sin embargo, jadeando y tosiendo esporádicamente, Henry Clay se abrió paso a través de la ventisca de nieve hacia la casa de Daniel Webster. Tenía un plan, uno para salvar la Unión, y sabía que debía lograr el apoyo del más renombrado orador y estadista del Norte. Sabía que no tenía tiempo que perder, pues esa misma tarde, el presidente Taylor, en un mensaje al Congreso pidiendo la admisión de California como estado libre, le había echado gasolina al fuego ardiente que amenazaba con consumir la Unión. ¿Por qué el presidente no había mencionado a Nuevo México?, preguntó el Norte. ¿Qué pasaba con la aplicación de la ley de esclavos fugitivos?, reclamó el Sur. ¿Qué pasaba con el comercio de esclavos en el Distrito de Columbia, en Utah, y en los límites de Texas? Los ánimos se caldearon, se urdieron conjuras y la desunión se propagó por el territorio.

Pero Henry Clay tenía un plan, un plan para otro «gran compromiso» a fin de preservar la nación. Durante una hora esbozó su contenido a Daniel Webster al calor de la cómoda casa de este último, y hablaron de salvar la Unión. Pocos encuentros en la historia de Estados Unidos han sido tan productivos o tan irónicos en cuanto a sus consecuencias. Porque el «Compromiso de 1850» se sumó a las guirnaldas de Henry Clay como el gran pacificador; pero el apoyo de Daniel Webster, que aseguró su éxito, resultó en su crucifixión política y, por medio siglo o más, en su condena histórica.

El hombre a quien Henry Clay llamó esa noche invernal fue una de las figuras más extraordinarias en la historia política estadounidense. Daniel Webster es conocido actualmente por muchos de nosotros como el personaje que lucha contra el diablo por el alma de Jabez Stone en la historia de Stephen Vincent Benét. Pero en su propia vida, libró muchas batallas contra el diablo por su alma y perdió algunas. Webster, escribió uno de sus amigos íntimos, era «una mezcla de fortaleza y debilidad, de polvo y divinidad», o en palabras de Emerson: «un gran hombre con una pequeña ambición».

No cabía duda de que era un gran hombre; así lo parecía, hablaba como tal, fue tratado como tal e insistió en que lo era. Con todos sus defectos y fallas, Daniel Webster fue, sin duda, la figura más talentosa en la historia del Congreso: no por su capacidad de ganar hombres para una causa, pues no rivalizaba en eso con Henry Clay; no por su capacidad de concebir una filosofía de gobierno, pues Calhoun lo eclipsaba en ese aspecto, sino por su capacidad de dar vida y supremacía al sentimiento latente de la unidad, de la Unión que todos los estadounidenses sentían pero que pocos podían expresar.

Pero, ¡cómo podía expresarlo Daniel Webster! ¡Cómo podía expresar casi cualquier sentimiento! Desde su primer discurso en el Congreso —atacando la Guerra de 1812—,captó la atención de la Cámara de representantes como ningún novato lo hiciera antes; fue el orador más destacado de su tiempo; es más, de todos los tiempos: en el Congreso, ante multitudes silenciosas en Massachusetts y como abogado ante la Corte Suprema. Se dice que John Marshall, el adusto presidente de la Corte Suprema, se emocionó visiblemente con la famosa defensa realizada por Webster en el caso del Dartmouth College: «Como he dicho, señor, es una pequeña universidad y, sin embargo, hay personas que la aman». Después de su discurso sobre el segundo centenario de la fundación de la colonia de Plymouth, el joven estudiante de Harvard escribió:

> Nunca antes me emocionó tanto hablar en público. En tres o cuatro ocasiones creí que mis sienes iban a estallar por el ímpetu de la sangre... Me sentí fuera de mí y todavía lo estoy.

Y el razonamiento de su respuesta al senador Hayne por Carolina del Sur, cuando la secesión amenazara veinte años antes, fue un grito de guerra nacional memorizado por cada niño escolar: «¡Libertad y unión, ahora y siempre, una e indivisible!».

Webster, que era un orador muy lento —pronunciaba apenas un promedio de cien palabras por minuto—, combinaba el encanto musical de su voz —tan profunda como un órgano—, una vívida imaginación, la capacidad de aplastar a sus oponentes con un aluvión de hechos, un hablar seguro y deliberado y, además, un aspecto atractivo para hacer de sus oraciones un imán que atraía a las multitudes que se apresuraban a la cámara del Senado. Preparaba sus discursos con el máximo cuidado, pero rara vez los escribía en un texto. Se ha dicho que podía pensar un discurso frase por frase, corregirlo mentalmente sin usar un lápiz y pronunciarlo exactamente como lo había pensado.

En verdad, ese aspecto llamativo era la mitad del secreto de su poder, por lo que convenció a todos los que contemplaban su rostro que había nacido para gobernar a los hombres. Aunque tenía menos de un metro ochenta de estatura, el cuerpo esbelto de Webster le daba una presencia astral pero formidable al contrastarse con la magnífica extensión de sus hombros. Sin embargo, era su cabeza extraordinaria lo que a sus contemporáneos les parecía tan memorable, con las características descritas por Carlyle para que todos las recordaran: «La tez bronceada, la cara amorfa como un peñasco; los ojos negros apagados bajo el precipicio de las cejas, como hornos sofocados de antracita que solo necesitaran ser soplados; la boca de mastín cerrada con precisión». Un contemporáneo llamó a Webster «una mentira viviente, porque ningún hombre en la tierra podría ser tan grande como lo parecía él».

Y Daniel Webster no era tan grande como parecía. El defecto de su firmeza fue el fracaso en cuanto a desarrollar su moral tan agudamente como sus otras facultades. No veía nada impropio al escribirle al presidente del Banco de Estados Unidos —en la misma época en que el Senado estaba enfrascado en el debate sobre la renovación de los estatutos del banco—, señalando que «no he recibido mi anticipo, ni ha sido renovado como de costumbre». Sin embargo, Webster aceptó favores no como regalos, sino como servicios que creía que le debían justamente. Cuando intentó renunciar al Senado en 1836 para ejercer su profesión de abogado y recuperar el dinero que había perdido, sus amigos empresarios de Massachusetts se unieron para pagar sus deudas con el fin de retenerlo en el cargo. Incluso en su lecho de muerte, nos dice la leyenda, alguien tocó su puerta y un gran fajo de billetes fue lanzado por un caballero anciano, que dijo: «En un momento como este, no debería escasear el dinero en la casa».

Webster tomó todo eso y más. Lo que es difícil de comprender es que no veía nada malo en ello, ya fuera en términos morales u otros. Tal vez creía que le pagaban muy mal, por lo que nunca se le ocurrió que había vendido sus servicios y su talento —aunque fuesen extraordinarios—, de modo espontáneo y por libre elección, al pueblo estadounidense y a nadie más, aun cuando recibía su sueldo como senador de Estados Unidos. No obstante el apoyo de Webster a los intereses comerciales de Nueva Inglaterra no fue resultado del dinero que obtuvo, sino de sus convicciones personales. El dinero significaba poco para él, excepto como medio para satisfacer sus gustos peculiares. Nunca amasó una fortuna. Nunca estuvo libre de deudas. Y nunca se preocupó por su condición de deudor. A veces pagaba, y siempre lo hizo cuando era conveniente pero, como dice Gerald W. Johnson: «Por desdicha, a veces pagaba con la moneda equivocada —no con la de curso legal—, sino con la confianza que el pueblo depositaba en él».

Pero cualesquiera que fueran sus defectos, Daniel Webster siguió siendo el más grande orador de su época, el miembro principal del Colegio de Abogados, uno de los líderes más reconocidos del Partido Whig, y el único senador capaz de controlar a Calhoun. Por lo tanto, Henry Clay sabía que debía reunir esos talentos extraordinarios en nombre de su gran compromiso. El tiempo y los acontecimientos demostraron que tenía razón.

Mientras que un Daniel semejante a Dios escuchaba en silencio reflexivo, el enfermizo Clay desplegó su último gran esfuerzo para mantener a la Unión cohesionada. Sus elementos principales eran cinco: (1) California sería admitido como un estado libre (no esclavista); (2) Nuevo México y Utah habrían de organizarse como territorios sin una legislación a favor ni en contra de la esclavitud, yendo en contravía de la muy debatida cláusula de Wilmot que pretendía prohibir la esclavitud en los nuevos territorios; (3) Texas sería indemnizado por los territorios que serían cedidos a Nuevo México; (4) el comercio de esclavos sería abolido en el Distrito de Columbia; y (5) una ley de esclavos fugitivos más estricta y aplicable debía ser promulgada para garantizar que los esclavos fugitivos capturados en los estados del norte fueran devueltos a sus amos. El «compromiso» sería condenado por los extremistas sureños como entreguismo, principalmente en cuanto a las disposiciones primera y cuarta; y por los abolicionistas norteños como noventa por ciento de concesiones al Sur con un insignificante diez por ciento arrojado al Norte, sobre todo por las disposiciones segunda y quinta. Pocos norteños podían soportar el más mínimo fortalecimiento de la ley de esclavos fugitivos, la medida más odiada —y hasta la prohibición, la más flagrantemente desobedecida—, que había jamás aprobara el Congreso. ¡Massachusetts promulgó incluso una ley castigando como delito el hecho de que cualquier persona hiciera cumplir las disposiciones de la ley en ese estado!

¿Cómo podría Henry Clay esperar entonces que Daniel Webster, que era de Massachusetts, aprobara dicho plan? ¿No había constancia concreta de que fuese enemigo declarado de la esclavitud y partidario de la cláusula de Wilmot? ¿No le había dicho al Senado en el debate de Oregón:

> Me opondré a toda extensión de la esclavitud y a todo aumento de la representación de esclavos en todo lugar, en todo momento y en cualquier circunstancia, incluso en contra de todos los alicientes, en contra de toda la supuesta limitación de los grandes intereses, en contra de todas las combinaciones, en contra de todos los compromisos?

Esa misma semana le había escrito a un amigo: «Desde mi más temprana juventud, he considerado la esclavitud como un gran mal moral y político... Usted no debe temer que yo vaya a votar a favor de cualquier compromiso o de hacer algo incompatible con el pasado».

Pero Daniel Webster temía que la violencia civil «solo remacharía las cadenas de la esclavitud con más fuerza». Y la preservación de la Unión era mucho más cara a su corazón que su oposición a la esclavitud.

Así, en esa fatídica noche de enero, Daniel Webster le prometió a Henry Clay su apoyo condicional, e hizo un inventario de la crisis que había a su alrededor. Al principio, compartió la opinión de los críticos e historiadores que se burlaban de la posibilidad de la secesión en 1850. Pero mientras hablaba con los líderes sureños y observaba «la condición del país, pensé que las inevitables consecuencias de no resolver las controversias existentes equivaldrían a una guerra civil». «Estoy casi destrozado debido al trabajo y a la ansiedad», le escribió a su hijo. «No sé cómo abordar la actual emergencia o con qué armas vencer las insensateces del Norte y del Sur que ahora azotan en extremos iguales... me siento abatido y con muy poco coraje».

Dos grupos amenazaban con fracturar a Estados Unidos de América en 1850. En Nueva Inglaterra, Garrison proclamaba públicamente: «Soy abolicionista y, por lo tanto, estoy a favor de la disolución de la Unión». Y una reunión masiva de abolicionistas norteños declaró que «la Constitución es un pacto con la muerte y un acuerdo con el infierno». En el Sur, Calhoun le escribió a un amigo en febrero de 1850: «La desunión es la única alternativa que nos queda». Y en su último gran discurso ante el Senado, leído en su nombre el 4 de marzo, solo unas pocas semanas antes de su muerte, pues se sentía demasiado débil para hablar, declaró: «El Sur se verá obligado a elegir entre la abolición y la secesión».

Una convención preliminar de sureños, también instigada por Calhoun, incitó a una convención sureña a gran escala en Nashville para junio de ese año fatídico a fin de popularizar la idea de la disolución.

El momento era propicio para la secesión y pocos estaban dispuestos a hablar en nombre de la unión. Aun Alexander Stephens, de Georgia, ansioso por preservar la Unión, les escribió a sus amigos en el Sur, quienes simpatizaban con sus puntos de vista que: «la sensación entre los miembros sureños con respecto a la disolución de la Unión... se está haciendo mucho más general. Los hombres que hace apenas doce meses se permitían pensar en ella están comenzando a hablar en serio... la crisis no está muy lejos... Ahora considero inevitable un desmembramiento de esta república». En el crítico mes anterior al discurso de Webster, seis estados sureños, cada uno de los cuales se separaría diez años más tarde, aprobaron los objetivos de la Convención de Nashville y designaron delegados. Horace Greeley escribió el 23 de febrero:

> Hay sesenta miembros del Congreso que este día desean y están conspirando para concretar la idea de una disolución de la Unión. No tenemos dudas de que la Convención de Nashville se celebrará y que el propósito principal de sus autores es la separación de los estados esclavistas... con la formación de una confederación independiente.

Tal era el peligroso estado de la nación en los primeros meses de 1850.

A finales de febrero, el senador por Massachusetts había determinado su rumbo. Solo el compromiso de Clay, decidió Daniel Webster, podría evitar la secesión y la guerra civil; y le escribió a un amigo que tenía previsto «pronunciar un discurso honesto diciendo la verdad, y otro discurso a favor de la Unión, para así dejar su conciencia tranquila». Mientras se disponía a preparar sus notas, recibió numerosas advertencias de los ataques que podría provocar su mensaje. Sus electores y los periódicos de Massachusetts le aconsejaron encarecidamente no vacilar en su postura firme contra la esclavitud, y muchos lo instaron a emplear un tono aun más enérgico contra el Sur. Pero el senador de Massachusetts ya había decidido, como les dijo a sus amigos el 6 de marzo, «empujar solitario mi bote desde la orilla». Actuaría según el credo con el que había desafiado al Senado varios años atrás:

> Las contradicciones de opinión derivadas de la evolución de las circunstancias suelen ser justificables. Pero hay un tipo de contradicción que es culpable: la que existe entre la convicción de un hombre y su voto, entre su conciencia y su conducta. Ningún hombre podrá acusarme jamás de una contradicción de ese tipo.

Y así, llegó el 7 de marzo de 1850, el único día en la historia que se convertiría en el título de un discurso pronunciado en el pleno del Senado. Nadie recuerda hoy —ni nadie lo recordó en 1851—, el título formal que Webster le dio a su disertación, pues se convirtió en el discurso del «Siete de Marzo» así como al Día de la Independencia se le conoce como el Cuatro de Julio.

Al darse cuenta después de varios meses de insomnio de que ese podría ser el último gran esfuerzo que le permitiría su salud, Webster estimuló sus fuerzas para pronunciar el discurso con óxido de arsénico y otros medicamentos, y dedicó la mañana entera a pulir sus notas. Fue interrumpido por el sargento de armas, que muy emocionado le dijo que incluso entonces —dos horas antes de que se reuniera el Senado—, la cámara, las galerías, las antesalas y hasta los pasillos del Capitolio estaban abarrotados de personas que habían viajado varios días desde todas las partes de la nación para escuchar a Daniel Webster. Muchos diplomáticos extranjeros y la mayoría de los representantes de la cámara se encontraban entre los que competían por estar de pie. A medida que el Senado se reunía, sus miembros apenas podían dirigirse a sus asientos a través de la multitud de espectadores y de las sillas improvisadas con documentos públicos apilados unos encima de otros. La mayoría de los senadores cedieron sus asientos a las damas, y permanecieron en los pasillos esperando la explosiva apertura de Webster.

Mientras el mazo del vicepresidente daba inicio a la sesión, el senador Walker por Wisconsin, quien se encontraba en la sala para terminar un discurso comenzado el día anterior, le dijo al presidente que «esta vasta audiencia no ha venido a escucharme, y no hay más que un hombre que pueda reunir a semejante audiencia. Esperan oírlo y siento que es mi deber —ya que es un placer para mí—, darle la palabra al senador de Massachusetts».

La multitud permaneció en silencio mientras Daniel Webster se ponía lentamente de pie, con todos los impresionantes poderes de su apariencia extraordinaria —sus ojos grandes, oscuros y melancólicos, su tez maravillosamente bronceada, su majestuosa frente abovedada—, induciendo la misma admiración que infundiera por más de treinta años. Vestido con su familiar abrigo de cola azul y botones dorados, un chaleco de piel de gamuza y sus pantalones, hizo una pausa deliberada mientras observaba a su alrededor al mayor número de senadores que se habían reunido en esa cámara: Clay, Benton, Houston, Jefferson Davis, Hale, Bell, Cass, Seward, Chase, Stephen A. Douglas y otros. Sin embargo, faltaba una de las caras: la del enfermo John C. Calhoun.

Todas las miradas estaban fijas en el orador; ningún espectador, salvo su propio hijo, sabía lo que iba a decir. «Nunca antes», escribió el corresponsal de un periódico, «he sido testigo de una ocasión en la que hubiera un sentimiento más profundo, o una expectativa más universal para captar el eco más distintivo de la voz del orador».

En sus momentos de magnífica inspiración, como lo describió Emerson una vez, Webster tenía en verdad, «el verbo apropiado a flor de labios». Reuniendo por última vez esa fascinante capacidad oratoria, abandonó su anterior oposición a la esclavitud en los territorios, renunció a la aversión de sus electores por la ley de esclavos fugitivos, descuidó su propio lugar en la historia y en los corazones de sus compatriotas, y abandonó su última oportunidad para alcanzar el objetivo que le había sido esquivo durante más de veinte años: la presidencia. Daniel Webster prefirió arriesgar su carrera y su reputación en lugar de poner en riesgo a la Unión.

«Señor presidente», comenzó, «quiero hablar hoy, no como un hombre de Massachusetts, ni como un hombre del Norte, sino como un estadounidense y un miembro del Senado de Estados Unidos... Hablo hoy por la preservación de la Unión. Escuchen mis razones».

Había hablado, aunque por poco tiempo, cuando Calhoun, delgado e inclinado, y envuelto en un manto negro, fue llevado a su asiento, donde permaneció tembloroso, casi sin poder moverse, y sin ser visto por el orador. Después de que Webster expresara en varias ocasiones su pesar porque la enfermedad le había impedido al distinguido senador por Carolina del Sur estar presente, Calhoun se esforzó para ponerse en pie, agarrando los brazos de su silla, y con una voz clara y fantasmal anunció con orgullo: «El senador por Carolina del Sur *está* en su asiento». Webster se conmovió, y con lágrimas en los ojos, hizo una venia en dirección a Calhoun, que se dejó caer agotado y débil, mirando al orador de Massachusetts con una expresión de esfinge que no revelaba ningún indicio de aprobación o desaprobación.

Por espacio de tres horas y once minutos, y con solo unas pocas referencias a sus extensas notas, Daniel Webster intercedió por la causa de la Unión. Narrando las quejas de cada facción, pidió la conciliación y el entendimiento en nombre del patriotismo. La principal preocupación del Senado, insistió, no era promover la esclavitud ni abolirla, sino preservar a Estados Unidos de América. Y con una lógica contundente y una notable previsión, atacó duramente la idea de la «secesión pacífica»:

> Señor, tus ojos y los míos no están destinados a ver ese milagro. ¡El desmembramiento de este vasto país sin convulsión! ¿Quién es tan tonto... como para esperar ver una cosa así?... En vez de hablar de la posibilidad o la utilidad de la secesión, en lugar de detenerme en esas cavernas de la oscuridad... disfrutemos el aire fresco de la libertad y la unión... Hagamos de nuestra generación uno de los eslabones más fuertes y brillantes en esa cadena de oro que está destinada, creo yo con afecto, a ceñir a los pueblos de todos los estados a esta Constitución por los siglos venideros.

No hubo aplausos. Rumores y susurros de sorpresa, sí, pero sin aplausos. Tal vez sus oyentes estaban demasiado absortos o demasiado asombrados. Un reportero se apresuró a la oficina de telégrafos. «El señor Webster ha asumido una gran responsabilidad», telegrafió a su periódico, y «aunque tenga éxito o fracase, el coraje con el que ha hablado le da derecho al menos al respeto del país».

Daniel Webster tuvo éxito. A pesar de que su discurso fue repudiado por muchos en el Norte, el hecho mismo de que quien representaba un distrito electoral tan beligerante apelara al entendimiento en nombre de la unidad y el patriotismo, fue reconocido en Washington y en todo el Sur como una garantía *bona fide* de los derechos sureños. A pesar de la intransigencia de Calhoun, el *Mercury* de Charleston —un medio que era de su propiedad—, elogió el discurso de Webster como «noble en su lenguaje, generoso y conciliador en su tono. La exposición clara y potente del señor Calhoun habría tenido una especie de efecto decisivo si no hubiera estado seguido tan pronto por la intervención magistral del señor Webster». Y el *Picayune* de Nueva Orleans aclamó a Webster por «la valentía moral de hacer lo que él cree que es justo en sí mismo y necesario para la paz y la seguridad del país».

Y así, el peligro de la secesión inmediata y el derramamiento de sangre quedó atrás. Como señaló el senador Winthrop, el discurso de Webster había «desarmado y calmado al Sur [y] dejado a la Convención de Nashville en una posición precaria». El *Journal of Commerce* habría de señalar en meses posteriores que «Webster hizo más que cualquier otro hombre en todo el país y con un mayor riesgo de popularidad personal, para detener y hacer retroceder el torrente de seccionalismo que amenazaba en 1850 con derrocar los pilares de la Constitución y la Unión».

Algunos historiadores —particularmente los que escribieron en la segunda mitad del siglo diecinueve, influidos por la honestidad moral de los enemigos abolicionistas y articulados de Webster—, no están de acuerdo con Allan Nevins, Henry Steele Commager, Gerald Johnson y otros, que han elogiado el discurso del Siete de Marzo como «la habilidad política suprema... El último gran servicio de Webster a la nación». Muchos niegan que la secesión se habría producido en 1850 sin dichos compromisos, y otros sostienen que los acontecimientos posteriores demostraron que la eventual secesión era inevitable, independientemente de los compromisos que se hicieran. Pero hay otros que insisten en que dilatar la guerra por diez años redujo los problemas entre el Norte y el Sur y ayudó a preservar la Unión a largo plazo. El espíritu de conciliación del discurso de Webster le dio al Norte la sensación justa de que había hecho todo lo posible para tratar al Sur con justicia, y los defensores de la Unión se unieron por lo tanto con más fuerza contra lo que pensaban que eran las violaciones sureñas de esos compromisos diez años después. Incluso desde el punto de vista militar norteño, el aplazamiento de la batalla por diez años permitió a esos estados aumentar enormemente su ventaja en términos de población, poder de voto, producción y ferrocarriles.

Sin lugar a dudas, eso lo entendieron muchos de los partidarios de Webster, incluidos los hombres de negocios y profesionales de Massachusetts que ayudaron a distribuir cientos de miles de copias del discurso del Siete de Marzo en todo el país. Así lo entendió Daniel Webster, que dedicó las copias impresas al pueblo de Massachusetts con estas palabras: «La necesidad me obliga a decir la verdad en lugar de cosas agradables... De hecho, me gustaría complacerlos; pero prefiero salvarlos, cualquiera que sea su actitud hacia mí».

Pero los abolicionistas y los del Partido Free Soil [llamados *free soilers*] de 1850 no lo entendieron así. Pocos políticos han tenido la distinción de ser hostigados por unos electores tan talentosos. Sin prestar atención a los peligros de la secesión, el reverendo Theodore Parker, que se jactaba de albergar a un esclavo fugitivo en su bodega y de escribir sus sermones con una espada sobre el soporte de su tintero y una pistola en su escritorio «cargada y lista para su defensa», denunció a Webster de manera implacable desde su púlpito, un ataque que continuaría incluso después de la muerte de este: «Ningún hombre vivo ha hecho tanto», exclamó, «para corromper la conciencia de la nación... No conozco ningún acto en la historia estadounidense realizado por un hijo de Nueva Inglaterra con el que pueda comparar esto, a excepción del perpetrado por Benedict Arnold». «Webster», señaló Horace Mann, «¡es una estrella caída del cielo! ¡Lucifer descendiendo del cielo!». Longfellow le preguntó al mundo: «¿Es posible? ¿Es este el titán que le arrojó montañas a Hayne años atrás?». Y Emerson proclamó que «cada gota de sangre en las venas de ese hombre tiene ojos que evaden la mirada... La ausencia de facultad moral de Webster es degradante para el país». Para William Cullen Bryant, Webster era «un hombre que ha abandonado la causa que defendía en última estancia, y la abandonó en unas circunstancias que hacen recaer sobre él la imputación de un motivo sórdido». Y para James Russell Lowell era «el hombre más mezquino y estúpidamente traicionero del que tenga noticia».

Charles Sumner, que llegaría al Senado tras su partida, inscribió el nombre de Webster en «la lista oscura de los apóstatas. La tradición elaborada del señor Webster ha hecho más que cualquier otra cosa para fracturar al Norte». El senador William H. Seward, la conciencia «brillante» de los *whigs* [o antibritánicos], llamó a Webster «traidor a la causa de la libertad». Una reunión masiva en Faneuil Hall condenó el discurso como «indigno de un estadista sabio y de un buen hombre», y resolvió que «con Constitución o sin Constitución, con ley o sin ley, no permitiremos que un esclavo fugitivo sea sacado del estado de Massachusetts». A medida que la Legislatura de Massachusetts promulgaba otras resoluciones totalmente contrarias al espíritu del discurso del Siete de Marzo, un miembro calificó a Webster como «un hijo desleal de Massachusetts, indigno de representar a este estado en el Senado»; y otro señaló que «Daniel

Webster será un hombre afortunado si Dios, en su misericordia compasiva, preserva su vida el tiempo suficiente para que se arrepienta de este acto y borre esta mancha en su nombre».

El *Courier* de Boston afirmó que era «incapaz de encontrar a un solo miembro norteño del Partido Whig en el Congreso que esté de acuerdo con el señor Webster»; y su viejo defensor, el *Atlas* de Boston, señaló: «Sus sentimientos no son los nuestros, ni nos atrevemos a decir que sean los de los *whigs* de Nueva Inglaterra». El *Tribune* de Nueva York consideró «que no está a la altura de la ocasión y es indigno de su autor»; el *Evening Post* de Nueva York habló en términos de un «abandono traicionero... un hombre que desertó de la causa que había defendido hasta hace poco»; y la prensa abolicionista lo llamó «la infamia escarlata de Daniel Webster... Un discurso indescriptiblemente vil y perverso».

Edmund Quincy habló amargamente de la «mezquindad inefable del león convertido en perro, con sus zalamerías para con los amos cuyas manos estaba lamiendo por los pudines sucios que pudieran arrojarle». Y, por último, el nombre de Daniel Webster fue humillado por siempre en la literatura de nuestra tierra por las palabras mordaces del generalmente afable John Greenleaf Whittier en su poema inmortal «Ichabod»:

¡Tan caído! ¡Tan perdido!, ¡la luz alejada
que una vez encarnó!
¡La gloria de sus canas desaparecida
para siempre!...

Por todos nosotros amado y honrado, no queda nada
salvo los restos de poder;
El pensamiento soberbio del ángel caído,
encadenado pero todavía fuerte...

Muestra entonces el respeto de los viejos tiempos
tu fama cxtinguida;
Camina hacia atrás, con la mirada desviada,
¡Y oculta tu vergüenza!

Años después, Whittier habría de recordar que escribió ese verso ácido «en uno de los momentos más tristes de mi vida». Y para Daniel Webster, el gigante desdeñoso y arrogante de las épocas en que creía estar por encima de los rencores políticos, el ataque de Whittier fue especialmente virulento. Había intentado ignorar a sus atacantes hasta cierto punto, señalando que esperaba ser difamado y maltratado, en particular por los abolicionistas y los intelectuales que lo habían despreciado anteriormente, del mismo modo en que George Washington y otros antes que él habían sido atacados. A aquellos que lo instaban a responder pronto, se limitó a comentar la historia del viejo diácono en una situación similar, quien dijo a sus amigos: «Siempre tengo por regla no limpiar el camino hasta que la nieve deje de caer».

Pero Webster estaba triste porque ningún otro *antibritánico* de Nueva Inglaterra hubiera salido en su defensa, y comentó que estaba

> enfrascado en una controversia en la que no tengo ni un líder ni un seguidor entre mis propios amigos inmediatos... Estoy cansado de estar aquí, casi solitario en Massachusetts, batallando por medidas prácticas que son absolutamente esenciales para el bien del país... Durante cinco meses... ninguno de mis colegas ha manifestado la menor conformidad con mis sentimientos... Desde el 7 de marzo, no ha habido una sola hora en la que no haya sentido el peso aplastante de la ansiedad. No he podido

> sentarme despreocupado y tranquilo mientras ceno o desayuno.

Pero, a pesar de que intentó explicar sus objetivos y tranquilizar a sus amigos por su continua oposición a la esclavitud, insistió sin embargo en que

> permaneceré fiel hasta el final de mi discurso... Si es necesario, pronunciaré discursos en cada pueblo de Nueva Inglaterra... No puedo prever lo que pueda ocurrir debido al estado de conmoción que se ha apoderado de los hombres; pero mis propias convicciones del deber son fuertes e inamovibles, y continuaré siendo fiel a ellas sin vacilar... En tiempos de tanta exaltación es mucho más fácil avivar y alimentar las llamas de la discordia que sofocarlas, y el que aconseja moderación se arriesga a ser considerado que no cumple su deber con su partido.

Y al año siguiente, a pesar de sus setenta años, Webster continuó haciendo giras prolongadas en las que defendía su posición: «Si las posibilidades hubieran sido una entre mil de que la Guerra Civil sería el resultado, de todos modos habría pensado que esa milésima oportunidad debía ser evitada por cualquier sacrificio razonable». Cuando sus esfuerzos —y los de Clay, Douglas y otros— en nombre del compromiso resultaron efectivos, Webster señaló sarcásticamente que muchos de sus colegas dicen ahora: «Ellos siempre tenían la intención de apoyar la Unión hasta el final».

Pero Daniel Webster estaba condenado a decepcionarse con las esperanzas de que ese apoyo latente podría permitirle otra vez buscar la presidencia, pues su discurso había estropeado fuertemente las posibilidades de que la popularidad ocasional de su posición no fuera del agrado de las grandes masas de votantes en Nueva Inglaterra y el Norte. No podía recibir la nominación presidencial que había deseado tanto tiempo; pero tampoco podía aplacar la afirmación, que no solo era expresada por sus críticos contemporáneos, sino también por varios historiadores posteriores del siglo diecinueve, de que su verdadero objetivo en el discurso del Siete de Marzo era una puja por el apoyo del Sur para la presidencia.

Sin embargo, ese «profundo egoísmo», que Emerson estaba tan seguro de que representaba el discurso, no podría haber entrado en las motivaciones de Daniel Webster. «Si él hubiera pujado por la presidencia», como señala el profesor Nevins, «habría recortado sus frases e insertado palabras ambiguas sobre Nuevo México y los esclavos fugitivos. La primera precaución de cualquier aspirante a la presidencia es asegurarse de su propio estado y sección; y Webster sabía que su discurso enviaría ecos de denuncia desde el monte Mansfield hasta el faro Monamoy». Por otra parte, Webster era lo suficientemente agudo en términos políticos para saber que un partido dividido como el suyo, se apartaría de las figuras políticamente controvertidas y apoyaría a un candidato neutral y sin compromisos, un principio aplicado de manera congruente hasta este día. Y la Convención Whig de 1852 siguió exactamente ese curso. Después de que la votación a favor del compromiso se había dividido en cincuenta y dos papeletas entre Webster y el presidente Fillmore, la convención recurrió al popular general Winfield Scott. Ni un solo whig sureño apoyó a Webster. Y cuando los antibritánicos de Boston instaron a que la plataforma del partido recibiera el crédito por el compromiso de Clay —del cual, dijeron: «Daniel Webster era el autor, con el consentimiento de Henry Clay y de otros estadistas brillantes»—, se informó que el senador Corwin de Ohio comentó sarcásticamente: «Y yo, con el consentimiento de Moisés y un poco de ayuda adicional, escribí los Diez Mandamientos».

Así que Daniel Webster, que no podría haber previsto que su discurso pudiera mejorar su popularidad política ni permitido que sus ambiciones debilitaran su alegato en favor de la Unión, murió decepcionado y desanimado en 1852, con los ojos fijos en la bandera que ondeaba en el mástil del velero que había anclado para verlo desde la ventana de su habitación. Sin embargo, fue fiel a su carácter hasta el final, pidiendo en su lecho de muerte: «Esposa, hijos, doctor, confieso en esta ocasión que no he dicho nada indigno de Daniel Webster». Y al final, le había sido fiel a la Unión, y a su mayor acto de principio valeroso; porque en sus últimas palabras al Senado, Webster escribió su propio epitafio:

> Apoyaré a la Unión... con absoluta indiferencia por las consecuencias personales. ¿Qué son estas... en comparación con el bien o con el mal que puede ocurrirle a un gran país en una crisis como esta?... Dejemos que las consecuencias sean lo que quieran, no me importa. Ningún hombre puede sufrir demasiado, ni ningún hombre puede caer demasiado pronto, si sufre o cae en defensa de las libertades y la Constitución de su país.

IV

Thomas Hart Benton

«Desprecio la popularidad efímera...»

«Señor Presidente...». Un senador corpulento y de pelo negro estaba hablando ante una cámara casi vacía en 1850. Aquellos que permanecían allí, incluido un senador nervioso que acababa de calificar al orador de pendenciero, vieron cómo se contraían sus grandes músculos y sus amplios hombros se volvían fríamente erectos, y oyeron su voz fría y dura carraspear la palabra «señor» como un dardo envenenado saliendo de su cabeza enorme y románica.

«Señor Presidente... Nunca discuto, señor. Pero a veces peleo, señor; y cada vez que peleo, señor, lo que sigue es un entierro, señor».

Nadie consideró eso como una fanfarronada por parte de Thomas Hart Benton, un anciano senador de Misuri. Es cierto que no había matado a un hombre desde sus primeros días en St. Louis, cuando un fiscal distrital de Estados Unidos tuvo la desgracia de retar a duelo al rudo político de Misuri (¡a una distancia de dos metros setenta y cinco centímetros!). Pero todo el Senado sabía que Thomas Hart Benton era un peleador rudo y violento en el pleno; ya no con pistolas, sino con una oratoria punzante, mordaz e injuriosa, aunque erudita, y una forma de debatir implacablemente acalorada. Era inmune a las heridas de los enfrentamientos políticos de los que sus adversarios se retiraban maltrechos y ensangrentados. Porque su gran ego y su salud vigorosa lo habían endurecido mental y físicamente. (El aspecto curtido de su piel se debía a que todos los días se la frotaba con un cepillo de pelo de caballo «porque, señor, los gladiadores romanos lo hacían, señor». Cuando le preguntaron si el cepillo era realmente duro, rugió: «¿Cómo, señor? Si yo lo tocara con el cepillo, señor, usted gritaría: asesinato, ¡señor!»).

Pero ahora, completando treinta años en el Senado con su último término, Benton fue atacado hasta el último instante en su gran lucha final, por lo que esta vez el entierro político que siguió fue el suyo. Desde 1821 hasta 1844, imperó como el supremo personaje político de Misuri, como su primer senador y como su ídolo más querido. En palabras de uno de sus oponentes, «cualquiera que lanzara siquiera un soplo contra el "viejo Lingote" (apodo derivado de la lucha de Benton por el dinero "duro"), figuraba su «muerte política». Aunque inexperto en la política, haciendo constantemente las veces de defensor de asuntos impopulares dentro de su estado, y progresivamente fuera de contacto con la mayoría de los políticos más jóvenes, Benton ni siquiera tuvo que buscar su reelección durante ese período privilegiado. El hecho de que solo él desdeñara el clientelismo, los sobornos mezquinos del Congreso y los favores de los grupos de presión, podía haber molestado a los políticos, ¡pero no al pueblo de Misuri! Se les exigió a los candidatos demócratas a la Legislatura de Misuri que se comprometieran a votar por su reelección bajo pena de sufrir una derrota humillante en sus propias campañas. Thomas Hart Benton, el primer senador en servir treinta años consecutivos, alcanzó una prominencia que ningún otro senador de un nuevo estado podría reclamar, y defendió al Oeste con una energía ilimitada que ningún candidato opositor podía igualar. El Pony Express, la línea del telégrafo y las carreteras del interior se encontraban entre sus logros orgullosos, así como también un ferrocarril transcontinental y un Oeste completamente desarrollado, rico en población y en recursos, fueron algunos de sus sueños. ¿Derrotar a Benton, padre del Senado y defensor del pueblo? «Nadie se opone a Benton, señor», solía rugir. «Nadie más que unos leguleyos rapaces; esos son los únicos opositores de Benton. Benton y el pueblo, Benton y la democracia son una y la misma cosa, señor; términos sinónimos, señor, términos sinónimos».

Sin embargo para 1844, la escritura de la derrota inevitable ya había aparecido en el muro. Misuri, un estado esclavista, sintió de manera gradual, y con más fuerza, que debía su lealtad a los estados hermanos del Sur. Tendía a mirar con creciente desconfianza a su rebelde senador cuya lealtad primaria no era ni a su partido ni a su sección, sino a la Unión por la que había luchado —en el frente de batalla y en el Congreso— y por la independencia agreste de sus puntos de vista por los que tenía la intención de luchar, dentro o fuera del Congreso. Su devoción por la Unión fue mucho mayor que la que tenía por el Sur o por el Partido Demócrata. (Sus opositores denunciaron que Benton había dicho en la Convención Nacional Demócrata de 1844, mientras se preparaba para abandonar a Van Buren, que él «vería al Partido Demócrata hundirse a cincuenta brazas [noventa metros] de profundidad en medio del fuego del infierno antes de que yo esté de acuerdo en algo con el señor Van Buren»).

A medida que la campaña por la legislatura que consideraría su reelección comenzó en 1844, Benton rompió abruptamente con su estado y su partido al maquinar la derrota del tratado para la anexión de Texas. Convencido de que el tratado era un complot urdido por Calhoun sin consideración por los derechos o la resistencia mexicanos, y que estaba animado por fines secesionistas, políticos y esclavistas, Benton —que en realidad favorecía la expansión del Oeste sobre la base nacionalista del «destino manifiesto»—, les estaba dando a sus enemigos políticos la oportunidad de atacarlo de modo franco. El Tratado de Texas era popular en Misuri, a pesar de la afirmación de Benton de que él no sabía si sus electores realmente se oponían a su posición:

> si lo hicieran, y yo lo supiera, renunciaría a mi cargo; porque no podría ni traicionar sus deseos conocidos ni votar en contra de ellos, ni traicionar mi propio sentido del deber constitucional o moral al votar por ellos. Si la alternativa debe ser la extinción de mi vida política, tendré que aceptarla.

Calificado como traidor a su partido y a su sección, y como aliado de los *whigs* y de los británicos, Benton perdió de manifiesto el apoyo de los candidatos prominentes para la Legislatura de Misuri y fue víctima de todo tipo de ataques: como no residente, como moroso en sus deudas y como despreciativo de la opinión pública. El senador Benton, declaró el *Register* de Misuri, es «un demagogo y un tirano... el más egoísta de la cristiandad... Dondequiera que vaya, haga lo que haga, muestra solo una característica: la de un demagogo fanfarrón, insolente y sin escrúpulos».

Pero Benton no dudó siquiera en la víspera de la elección para continuar con su denuncia con respecto a la estrategia de su partido en referencia a Texas. Afirmó en el pleno del Senado que la oposición política en Misuri había sido provocada por Calhoun, Tyler y sus amigos, entre ellos «trescientos periódicos a sueldo del Departamento de Estado, muchos de los cuales de manera no muy visible». Su enorme popularidad personal entre los ciudadanos de a pie lo condujo a la legislatura, pero por solo ocho votos en un órgano legislativo controlado por su partido por un margen de veintisiete. Al mismo tiempo, el demócrata y proesclavista Atchison fue elegido para ocupar un término en el Senado que no había expirado, por un margen de treinta y cuatro votos. El senador Benton difícilmente podría confundir las instrucciones ominosas y tácitas de su estado: «modere su lengua independiente, señor, y apoye al Sur, o sufra las consecuencias inevitables».

Pero una juventud dura en la frontera de Tennessee no le había enseñado a Thomas Hart Benton cómo evitar una pelea, ya fuera con bestias salvajes, con vecinos o políticos. (Su pelea brutal con Andrew Jackson, que le hizo abandonar una prometedora carrera jurídica y política en Tennessee para radicarse en Misuri, fue objeto de muchos comentarios cuando los dos se hicieron buenos amigos políticos y personales en Washington. Y años más tarde, cuando un novato le preguntó a Benton si había conocido a Jackson, este respondió con arrogancia: «Sí, señor, lo conocí, señor; el general Jackson era un gran hombre, señor. Le disparé, señor. Después me fue de gran utilidad, señor, en mi batalla contra el Banco de Estados Unidos»). Regresó al Senado como un «búfalo salvaje» —algunos decían que como un «roble nudoso»—, convencido de que toda la nación dependía de él para abordar diariamente todas las cuestiones.

A pesar de sufrir casi una derrota en 1844-1845, el senador Benton se opuso audazmente a su partido y a su estado en la cuestión de la expansión de Oregón. Habiendo generado personalmente una intensa aprobación pública en favor de la expansión —particularmente en Misuri, que había enviado un gran número de sus ciudadanos a Oregón—, ahora pensaba que la posición demócrata de «la totalidad de Oregón o nada», «paralelo cincuenta y cuatro cuarenta o guerra» era exageradamente poco realista. Tras aconsejar al presidente Polk contra la adhesión a esas consignas durante las negociaciones con Inglaterra y Canadá, Benton atacó a sus colegas demócratas en el Senado por su negativa a reconocer el error de sus puntos de vista, especialmente a Lewis Cass de Michigan. Al explicar que la «simpleza» era una especie de enfermedad que hacía que los caballos de Misuri quedaran ciegos física y mentalmente, y que podría ser curada solo cuando el veterinario cortara cierto nervio, anunció que había «cortado a Cass para tratarle la simpleza, y lo curé, señor».

Una vez más fue tildado de cobarde y traidor. Su biógrafo cree que «probablemente ningún hombre en la historia ha sido más vilipendiado que él en esta época».

Benton, sin embargo, siguió su camino independiente y cada vez más solitario. No iba a acudir al partido de los *whigs*, cuyos políticos mezquinos, dijo, «no son más capaces de entenderme... que lo que un conejo —que se reproduce doce veces al año—, podría comprender la gestación de un elefante que tarda dos años». Tampoco iba a buscar ayuda financiera de los grupos de presión que pululaban en Washington, diciéndole al agente de un grupo que buscaba subsidios para barcos que la única condición por la que movería un dedo para ayudar era que «cuando los barcos estén terminados, se utilizarán para enviar a todos esos malditos sinvergüenzas como usted fuera del país, señor». Tampoco haría las paces con los jefes políticos de Misuri, llevando su desagrado por el jefe de correos de St. Louis hasta el punto de recurrir a la compañía de entrega inmediata para cualquier correo que pensaba que pudiera manipular este.

Solo en su casa, Benton estaba en paz con el mundo. Tal como escribió en sus memorias su hija Jessie Benton Frémont: «La casa lo llenaba de paz y de reposo, y nunca tuvo que padecer la atmósfera pública debido a que no trasladó esos asuntos al interior de su hogar». Sin embargo, su vida familiar se vio empañada por la muerte temprana de sus dos hijos, y por la larga enfermedad física y mental de su mujer, con quien siempre fue tierno y abnegado. En una ocasión, que reveló la magnitud de la tierna abnegación que yacía debajo de aquella presunción ruda, Benton estaba recibiendo a un príncipe francés y a otros invitados distinguidos cuando su esposa, que estaba vestida a medias, entró al salón y se quedó mirando embelesada a su marido. Interrumpiendo el embarazoso silencio que siguió, el senador Benton presentó a su esposa con dignidad y majestad al príncipe y a los demás, la sentó a su lado y reanudó la conversación.

Sin embargo, se sentía solo en el Senado, y era duro e inescrupuloso. Con montones de libros y papeles amontonados sobre el escritorio, hablando con frecuencia a unas galerías casi vacías y a una cámara indiferente, Benton recitaba miles de estadísticas, ilustraciones clásicas y espléndidas metáforas a colegas con una educación formal y originalidad de pensamiento muy superiores. Como lo describió una nota fúnebre:

> Con una viveza a menudo sorprendente, Benton podía citar pasajes de derecho romano o a un filósofo griego, las *Geórgicas* de Virgilio, las *Mil y una noches*, a Heródoto o a Sancho Panza, las Alfombras Sagradas, los reformadores alemanes o a Adam Smith; a Fénelon o Hudibras, los informes financieros de Necca, o los hechos del Concilio de Trento; los debates de la aprobación de la Constitución, las intrigas en la cocina del Gabinete, o algún discurso olvidado de un miembro fallecido del Congreso.

Se decía que Benton, con solo un año de estudios en la Universidad de Carolina del Norte, llevaba la Biblioteca del Congreso en su cabeza; y sentía un gran placer, si otro senador olvidaba un nombre o una fecha, al sacar un volumen oscuro de la biblioteca, marcar la página exacta en la que aparecía la información correcta, y enviársela a su colega. Su sed de conocimiento —sobre todo acerca del Oeste sin colonizar—, era insaciable, y lo condujo no solo a los libros, sino también, nos dice un contemporáneo, a «cazadores y tramperos, a exploradores, mestizos salvajes, jefes indios y a misioneros jesuitas».

No obstante ninguna cantidad de información adquirida, persistencia de bulldog ni egoísmo feroz podía salvar a Thomas Hart Benton del maremoto que afectó al Senado y a su estado con respecto a un tema candente: la esclavitud. Por desgracia, Benton se negó a reconocer que la esclavitud era un problema importante hasta que era demasiado tarde; creía que el Compromiso de Misuri de 1820 (que llevó a su estado a la Unión y a Benton al Senado) había eliminado eso del debate político, por lo que se negó a debatirlo en el pleno del Senado. «No puedo degradar el Senado al participar en discusiones sobre la esclavitud y la desunión», señaló. «Mi plegaria es silenciar ese debate; y si eso no es posible, me silenciaré a mí mismo». Uno de los pocos miembros del Congreso que todavía llevaba a sus esclavos a su casa en Washington, se oponía por igual a los abolicionistas y a los secesionistas, a la ampliación permanente de este mal en un nuevo territorio por parte del Sur, y a la explotación partidista de sus miserias por los agitadores del Norte. Por encima de todo, le angustiaba más el hecho de que el asunto lo citaran constantemente ambos bandos como una barrera a la expansión del Oeste y a la admisión de nuevos estados en la Unión.

El comienzo del final de Benton —algo que ya se había insinuado fuertemente debido a los antagonismos que despertara sobre Texas y Oregón—, ocurrió el 19 de febrero de 1847. John C. Calhoun estaba leyendo sus famosas resoluciones ante un Senado preocupado, insistiendo en que el Congreso no tenía derecho a interferir con el desarrollo de la esclavitud en los territorios. Los acontecimientos posteriores indicaron la exactitud de las opiniones de Benton en cuanto a que esas resoluciones no eran más que «teas destinadas para propósitos electorales y de desunión», proporcionando a los estados esclavistas un programa en torno al cual unirse, no solo como una sección, sino alrededor del liderazgo y la candidatura presidencial del mismo Calhoun. Sin embargo, este convocó a una votación inmediata; y en la confusión momentánea que siguió, se sorprendió y enojó al ver al enorme y majestuoso Benton levantarse de su silla, con su rostro destilando un desprecio evidente por Calhoun, por sus resoluciones y por su propio destino político.

Señor Benton: Señor Presidente, tenemos algunos asuntos que tratar, y no tengo intenciones de eludirlos por una serie de abstracciones.

Señor Calhoun: ...Supongo sin duda que el senador de Misuri, el representante de un estado esclavista, habría apoyado estas resoluciones...

Señor Benton: El senador sabe muy bien por mi trayectoria en la vida pública que nunca abandonaría los asuntos públicos para incendiar el mundo con fuego.

Señor Calhoun: Entonces sabré dónde encontrar al caballero.

Señor Benton: Me encontraré en el lugar correcto... al lado de mi país y de la Unión. [«Esa respuesta», escribió Benton años más tarde, «dada en ese día y en ese lugar, es uno de los incidentes de su vida que el señor Benton quisiera que la posteridad recordara».]

Cuando Calhoun inició una serie de reuniones nocturnas y secretas con congresistas de estados esclavistas, fuertemente apoyado por Atchison, su colega por Misuri, Benton se negó a involucrarse. Cuando el colega de Calhoun por Carolina del Sur lo retó a un duelo, se negó a aceptarlo. Cuando le advirtieron que no pronunciara su maravilloso elogio en agradecimiento a John Quincy Adams, ese enemigo de la esclavitud, se negó a prestar atención a esas advertencias. Y finalmente, cuando en 1848 la cuestión de la esclavitud dividió al Partido Demócrata en su convención, Benton, deplorando la división y desvirtuando la importancia del tema, se negó a apoyar a ninguno de los bandos de manera activa. Ahora era un hombre sin partido, un político sin una plataforma reconocida, y un senador sin circunscripción electoral.

La soga se colgó a principios de 1849. Calhoun, que logró que varias legislaturas sureñas aprobaran sus resoluciones, denunció a Benton ante sus enemigos de Misuri como un hombre «falso con el Sur durante los últimos diez años... Él puede hacernos mucho menos daño en el bando de los abolicionistas que en el nuestro. El suyo será el destino de todos los traidores». La Legislatura de Misuri aprobó las resoluciones de Calhoun por un margen abrumador, expresó el deseo de ese estado por cooperar con otros estados esclavistas, e instruyó a sus senadores para que —en consecuencia— votaran. Indignado por ese revés, Benton denunció que las resoluciones se inspiraron en la ciudad de Washington y falsificaron la verdadera opinión en Misuri. Eran, dijo, «la progenie moteada de una conjunción vil, impregnada de una traición acechante a la Unión»:

> Entre ellos y yo, desde ahora y para siempre, hay ¡un muro alto y un foso profundo! Y ninguna comunión, ningún compromiso, ninguna bancada

> con ellos... A partir de esta orden, hago un llamamiento al pueblo de Misuri, y si ellos confirman las instrucciones, les daré la oportunidad de encontrar un senador que lleve sus deseos a la práctica, pues no puedo hacer nada para disolver esta Unión, ni para disponer a la mitad de esta en contra de la otra.

Decidido a ver cuáles resoluciones de la legislatura eran retiradas o repudiadas, Benton emprendió una gira agresiva en su hostil estado. Denunció al principal portavoz sureño de su partido como «John "Cataline" Calhoun» (denuncia que continuaría hasta poco antes de la muerte de este tras una larga enfermedad en 1850. Detuvo su ataque entonces, dijo, porque «cuando Dios Todopoderoso coloca su mano sobre un hombre, señor, yo retiro la mía, señor»). Proclamaba su sarcasmo irónico en ráfagas cortas y rimbombantes de una furia, odio y burla sin igual, día tras día y, en una ciudad tras otra atacaba a sus opositores y sus políticas con amargas invectivas. Su brusquedad arrogante y despiadada, su venganza personal y su enemistad inflexible alejaron de él a muchos cuyo apoyo podría haber ganado mediante la conciliación. Comenzando sus discursos ante públicos atestados con «Mis amigos —y en ese término incluyo a los que vienen a escuchar la verdad y la creen—, y a nadie más», atacó las resoluciones como «falsas en sus hechos, incendiarias en su naturaleza, divisivas en su propósito, altamente traidoras en sus recursos, y usurpadoras en su carácter... Todo el concepto, la mezcla y la aprobación de las resoluciones fueron perfeccionados por el fraude... un complot para sacarme del Senado y del camino de los conspiradores de la desunión». Al atacar a su enemigo político de vieja data —el juez Napton, que supuestamente había redactado las resoluciones—, Benton dijo que cualquier hombre que actuara de acuerdo a las disposiciones de esas medidas «estaría sujeto a ser colgado en virtud de las leyes de Estados Unidos, y si es un juez, *merece* ser colgado».

Un día, mientras leía con amargura y comentaba sobre los nombres de cada miembro de la legislatura, se detuvo al llegar a la letra «D» y dijo que le olía a anulación. Un legislador de apellido Davies se había levantado para protestar y Benton le dijo con el ceño fruncido: «No he dicho su nombre, señor. Muéstrele su perfil a la audiencia... [Davies obedeció como un tonto]... Ciudadanos, ese no es el perfil de un hombre; es el de un perro». Cuando un viejo amigo, que no atinó a quitarse el sombrero, le hizo una pregunta en medio de un discurso, Benton lo reprendió airadamente: «¿Quién es este hombre, ciudadanos, que se atreve a interrumpir a Benton en su discurso?». «Aycock [que en español es Ay gallo], el coronel Aycock», dijeron una docena de voces. «¿Aycock? No, ciudadanos, no; no es un gallo; más bien es una gallina. Quítese el sombrero, señor, y siéntese».

En otro pueblo, al ver desde la plataforma a tres de sus enemigos sentados tranquilamente entre el público mientras denominaba sus resoluciones como «hongos cancerosos», se refirió cáusticamente a ellos por su nombre, y añadió «tan retacados como tres prostitutas en un bautizo». Al dirigir su atención a la crítica de un oponente distinguido, arremetió contra él, «háganle saber que Benton dice que mintió desde el fondo de su vientre hasta la raíz de su lengua». Y cuando, después de ignorar el saludo de un viejo amigo que había desaprobado su conducta, el desafortunado caballero se inclinó y le recordó su nombre, Benton respondió con frialdad: «Señor, Benton conoció una vez a un hombre llamado así, pero está muerto, sí, señor, está muerto». Cuando subió a la plataforma en Fayette, donde lo habían amenazado de muerte si se atrevía a entrar a los límites de la ciudad, un grupo de hombres armados hizo un alboroto. Pero de acuerdo con el *Inquirer* de Jefferson, «en un cuarto de hora, los agresores se acobardaron, y el discurso de cuatro horas fue recibido con respeto y aplausos».

Sin embargo, la gira turbulenta de Benton no pudo detener una marea que era mucho más grande que cualquier hombre o estado. Con alegría manifiesta, Calhoun le escribió a un amigo a finales de verano:

> Se dice que Benton no será capaz de sostenerse en Misuri. Su colega, el general Atchison... dice que tiene tantas posibilidades de ser elegido Papa como las que tiene para ser senador.

Por su parte, un amigo de Benton escribió:

> Lamento que el señor Benton incurra en tanta blasfemia. Sin embargo, en este sentido, sus rivales... no se quedan a la zaga. Nueve de los veintidós periódicos demócratas del estado no escatiman para vilipendiarlo con epítetos como traidor, apóstata, sinvergüenza, quemador de graneros, abolicionista y *free soiler*... Me temo que Benton será derrotado.

Al cierre de su gira, y confiando en las apariencias, Benton dirigió una carta al pueblo de Misuri:

> No conozco ningún motivo para esta conspiración contra mí, salvo que soy el enemigo natural de todos los políticos podridos... Estoy a favor de la Unión tal como es; y por ese motivo, el señor Calhoun me denunció por traicionar al Sur... la señal a todos sus seguidores en Misuri para obrar en contra mía... La conspiración ya está en curso... Las resoluciones de nulidad aprobadas de manera fraudulenta, que se sabía que yo no acataría... Hombres

> contratados para atacarme en todos los lugares del estado... Reuniones concurridas se levantaron para condenarme... Los periódicos prestaron su servicio... y muchos ciudadanos honorables fueron engañados.

Sin embargo, él no podía hacer que sus enemigos se arrepintieran. En diciembre de 1849, los líderes que se oponían a Benton emitieron una declaración llamando al veterano senador «imprudente, deshonesto e inescrupuloso... un mentiroso malvado, deliberado y caprichoso... que intenta traicionar a su partido con fines egoístas».Y cuando el Congreso se reunió de nuevo, Calhoun logró forzar a la bancada demócrata para sacar a Benton de todos sus comités excepto el de relaciones exteriores, en el que permaneció —según un rumor que circuló— porque Atchison había tenido la amabilidad de interceder por él.

A pesar de su ego gigantesco, Thomas Hart Benton no podría haber escapado al hecho inequívoco de que ese era su último término, a menos que hiciera algo. ¿Iniciaría una convención con todos los demócratas de Misuri para resolver sus diferencias con el bando esclavista? «Preferiría», vociferó, «¡sentarme en concilio con las seis mil personas que murieron de cólera en St. Louis que ir a la convención con semejante pandilla de pícaros!». ¿Diría una sola una palabra a favor del Sur en el gran debate de 1850 sobre el compromiso de Clay o permanecería al menos en silencio a fin de salvar su amado escaño para futuras batallas? No, no lo hizo. Como recordó un socio de Misuri: «En un primer período de su existencia, mientras leía a Plutarco, decidió que si alguna vez era necesario —por el bien de su país—, sacrificaría su propia vida política».

A medida que la contienda por la legislatura estatal que nombraría a su sucesor se caldeaba en Misuri, el senador

Benton se mantuvo firme en su cargo de Washington, condenando con franqueza y hasta el final los puntos de vista que sus electores abrazaban ahora. Dispuesto a sufrir una derrota aplastante en lugar de negociar sus principios (porque, como dijo Clay, tratando de ser despectivo, Benton tenía la «piel de un hipopótamo»), estuvo por encima de sus más famosos colegas en términos de puro coraje moral. Aislado ya de sus amigos políticos en el Oeste y el Sur, y conservando sin embargo su disgusto por los abolicionistas, a quienes responsabilizaba igualmente por la división de la Unión, Benton emprendió un rumbo extraordinariamente independiente en sus ataques insultantes al compromiso de Clay. Arremetiendo duramente contra el conjunto de medidas que formaban el «Gran Compromiso», y ridiculizando con desprecio a sus proponentes, se quejó cuando fue llamado constantemente al orden por el presidente. El así llamado compromiso, en opinión de Benton, era una farsa hueca que contenía concesiones demasiado generosas a los secesionistas e involucraba innecesariamente a California, un tema caro a su corazón. Extender la línea de la esclavitud del compromiso de Misuri a California y dividir así al estado, o retrasar su admisión al vincularla al proyecto de ley Omnibus, era censurable para Benton, que era suegro del coronel John Frémont, héroe de la exploración y desarrollo de California. ¿Qué pasaba si la admisión de California era obstaculizada por el fracaso del compromiso?, preguntó él.

Señor Benton: ... ¿Quién tiene la culpa entonces? No hago estas preguntas al senador de Kentucky [señor Clay]. Tal vez sea ilegal hacerlo; según la ley del país, nadie está obligado a incriminarse a sí mismo.

Señor Clay [desde su asiento]: No reclamo el beneficio de la ley.

Señor Benton: Como hombre generoso y honrado que es, le doy el beneficio de la ley, reclámelo o no. Es hora de que empiece a considerar la responsabilidad en la que ha incurrido al entrometer a California en esta confusión, donde está segura de encontrar la muerte... Señor presidente, es hora de poner fin a esta comedia de errores. California está sufriendo por falta de admisión. Nuevo México está sufriendo por falta de protección. El sector público está sufriendo por falta de atención. El carácter del Congreso está sufriendo por la falta de progreso en las negociaciones. Es hora de poner fin a tantos males; y he hecho una moción para que el aplazamiento indefinido de esta masa inmanejable de proyectos de ley incongruentes, en los que cada uno es un impedimento para el otro se consideren, uno por uno, y reciban la decisión que sus respectivos méritos requieran.

En el transcurso del año, otro acontecimiento melodramático —llamado «la mayor indignidad que ha sufrido el Senado»—, sirvió para mostrar los amargos sentimientos del Sur hacia Benton. El mordaz senador Henry Foote de Misisipí, que no era ningún seguidor ciego de Calhoun, pero que Benton sospechaba que estaba ayudando a fraguar su derrota en Misuri, tomó la palabra en varias ocasiones para injuriar la posición de Benton de una manera tan tosca que superaba incluso los excesos retóricos del nativo de Misuri. Burlándose de él por su derrota inminente en Misuri, y replicando con ironía el contragolpe de Benton, Foote lo ridiculizó como alguien «protegido por su edad... y por su propia cobardía comprobada».

Finalmente, Benton anunció que si el Senado no podía protegerlo de ataques como «falso y cobarde», trataría de «protegerse a sí mismo al precio que fuera». El 17 de abril, en medio de otro ataque verbal proferido contra él por Foote, Benton caminó hacia el nativo de Misisipí, pero se dio vuelta cuando un colega lo detuvo. De repente, Foote sacó una pistola y apuntó a Benton, que abrió su abrigo de manera dramática y exclamó: «¡No tengo pistola! ¡Permitan que dispare! ¡Permitan el fuego asesino!».

Nadie disparó. El Senado se sorprendió —aunque su comité especial de censura apenas reprendió a los dos participantes—, pero las agresiones verbales no cesaron entre ellos. Cuando Benton se enteró de que Foote amenazaba con escribir un pequeño libro en el que el caso Benton tendría un papel protagónico, este respondió: «¡Díganle a Foote que voy a escribir un libro voluminoso en el que no lo mencionaré en absoluto!». (Y así lo hizo). Y Foote, refiriéndose burlonamente a la derrota prevista de Benton en Misuri, gritó al Senado: «Si hemos sido objeto de la tiranía, y si la hemos soportado con paciencia durante años, sí señores, por casi 30 años, ¡gracias a Dios!, podemos exclamar finalmente: "He aquí al tirano postrado en el polvo, Roma es libre de nuevo"».

Las expectativas de Foote se cumplieron a cabalidad. El voto de Benton contra la división de California fue su último acto de importancia en el Senado. En enero de 1851, culminando una amarga lucha de doce días entre los tres partidos —los demócratas que apoyaban a Benton, los demócratas que se oponían a él y los *whigs*—, la Legislatura de Misuri eligió un *whig* en la cuadragésima votación. Después de treinta años de una habilidad política excepcional en el Senado de Estados Unidos, Thomas Hart Benton fue ignominiosamente expulsado del cargo y llamado a casa.

Sin desanimarse, y negándose tercamente a seguir el camino fácil a un retiro político distinguido y popular, Benton luchó para volver al Congreso al año siguiente como representante por St. Louis. Su campaña, de acuerdo a *Crescent,* un diario de la oposición de Nueva Orleans, «no escatimó ninguna denuncia pública o personal. Benton se explayó en todo tipo de improperios y ataques. Agotó toda la gama de expresiones de desprecio y burla que hay en nuestro idioma». Elegido tras una explosión final de popularidad personal, lanzó rápidamente a los vientos todas las posibilidades para su futura reelección al pronunciar uno de sus discursos más memorables e insultantes, en oposición a la principal medida de su partido, el proyecto de ley Kansas-Nebraska. Con improperios violentos, denunció las disposiciones que derogaban su querido compromiso de Misuri y abogó por una perspectiva nacional. «Él vota como un hombre sureño», comentó sobre las declaraciones de un miembro de Georgia, «y vota seccionalmente. Yo también soy sureño, pero voto a nivel nacional en los asuntos nacionales... soy sureño de nacimiento, sureño en mis convicciones, intereses y conexiones, y cumpliré el destino del Sur en todo aquello en lo que tenga el *derecho* de su lado».

Derrotado estruendosamente en la reelección de 1854, y afligido por la muerte de su amada esposa, Benton aún no estaba dispuesto a rendirse. Procuró en vano la reelección al Senado en 1855 y, a la edad de 74 años, hizo un último intento infructuoso para ser elegido como gobernador en 1856. Jessie Benton Frémont revela en sus memorias que su padre valiente, padeciendo lo que ya sabía que era un cáncer de garganta fatal, podía hablar en público solo después de guardar silencio absoluto con varios días de antelación. Aun así, le sangraba la garganta durante y después de sus discursos todavía feroces. Y a pesar de eso, recorrió más de mil doscientas millas en una gira desesperada para derrotar a los candidatos *whig* y a los demócratas que se oponían a él, y regresó a casa, derrotado pero orgulloso, para terminar sus monumentales obras históricas.

Ese ego extravagante por el que era amado y despreciado, nunca lo abandonó. Cuando los editores de su libro *Thirty Years' View* enviaron un mensajero para preguntarle por el número de copias que pensaba que debían imprimirse, respondió con altanería: «Señor, ellos podrán determinar a partir del último censo cuántas familias hay en Estados Unidos, señor»; esa fue la única sugerencia que hizo. En la introducción a su obra, Benton señala que «la enumeración escueta de las medidas de las que él era autor y promotor principal, sería casi una historia de la legislación del Congreso... La extensa lista es conocida a todo lo largo y ancho de la tierra, repetida con la familiaridad de las palabras de uso diario... y estudiada por los niños pequeños que sienten una ambición honorable comenzar a moverse dentro de sus pechos...».

Benton murió mientras seguía trabajando con ahínco, recurriendo a un amanuense cuando sus manos débiles ya no podían sostener una pluma, y sin quejarse siquiera en las últimas palabras que susurró: «Me siento cómodo, estoy contento». Su muerte, llorada en todo el país, reveló la escasa fortuna que su carrera honesta le había permitido dejar a sus hijas.

Pero Thomas Hart Benton salió victorioso incluso en la muerte y la derrota. Porque su voz del pasado en nombre de la Unión fue uno de los factores decisivos que impidieron que Misuri cediera a todos los esfuerzos desesperados para impulsar su secesión junto con sus estados esclavistas hermanos. El destino había confirmado la sabiduría del último informe de Benton a sus electores como senador: «Valoro la popularidad sólida, la estima de los hombres de bien por un acto de bien. Desprecio la popularidad efímera que se obtiene sin mérito y se pierde sin delito... He sido senador durante 30 años... A veces tuve que actuar en contra de las opiniones preconcebidas y de las primeras impresiones de mis electores; pero siempre con plena confianza en su inteligencia para entenderme y su equidad para hacerme justicia, *y nunca me he sentido decepcionado*».

V

Sam Houston

«... Puedo olvidar que me llamen traidor».

Los primeros rayos del amanecer se filtraban en la cámara pobremente iluminada del Senado en 1854 mientras el último orador se levantaba en busca de reconocimiento. Los senadores cansados, ojerosos y sin afeitar, se desplomaron desalentados en sus sillas tras los rigores de una sesión que se prolongó toda la noche, murmurando: «Voten, voten» con la esperanza de desanimar a otro orador que presentara un proyecto de ley que sería aprobado con toda seguridad. Pero el senador Sam Houston de Texas, el héroe de San Jacinto, no se desanimó fácilmente por las probabilidades abrumadoras; y mientras su voz profunda y musical contenía las palabras audaces aunque sin pulir de un poderoso mensaje que asombró a sus colegas, estos se sacudieron del estupor embotado que había amortiguado sus cerebros fatigados, y permanecieron erguidos y atentos.

El proyecto de ley sobre el cual había concluido el amargo y agotador debate, era conocido como la ley Kansas-Nebraska, el nuevo dispositivo de la «unidad» del Partido Demócrata, y la última concesión al Sur. Este proyecto derogó el compromiso de Misuri de 1820, y volvió a plantear la cuestión de la extensión de la esclavitud estipulada en el compromiso de 1850, al permitir que los residentes de ese vasto territorio desde Iowa hasta las montañas Rocosas decidieran por sí mismos el tema de la esclavitud, bajo el supuesto de que la parte norte del territorio sería libre y la parte sur sería esclavista. Ese proyecto de ley se había convertido en una legislación «imprescindible» para los demócratas, y también para los sureños.

Sam Houston era un demócrata de vieja data. Y también era sureño por nacimiento, residencia, lealtad y filosofía. Pero Sam Houston era también Sam Houston, uno de los individuos más independientes, peculiares, populares, contundentes y dramáticos que haya pisado la cámara del Senado. El primer senador de Texas, cuyo nombre era muy conocido desde mucho antes como el comandante en jefe de aquellos voluntarios desordenados y diezmados de Texas que aplastaron a todo el Ejército mexicano en San Jacinto, que capturaron a su general y establecieron la independencia de Texas. Había sido aclamado como el primer presidente de la República Independiente de Texas, era miembro de su Congreso, y de nuevo su presidente antes de la admisión de Texas en la Unión como estado. No era un blanco fácil a la edad de sesenta y cuatro años, y ni los lazos seccionales ni partidarios bastaban para sellar sus labios.

Sam Houston consideraba el compromiso de Misuri, que había apoyado en 1820 como joven congresista de Tennessee, cual pacto solemne y sagrado entre el Norte y el Sur, y parte efectiva de la Constitución cuando Texas fue admitido en la Unión. Tampoco estaba dispuesto a descartar el compromiso de 1850, que había apoyado a pesar de la enemistad de los «tragafuegos» tejanos, quienes dijeron que su voto era «la indignación más increíble cometida contra Texas». Con una elocuencia tosca y prosaica, pero sincera, suplicó a sus colegas cansados en una declaración improvisada para no sumir a la nación en nuevas agitaciones sobre el tema de la esclavitud.

Sam Houston debía saber que el proyecto de ley sería aprobado, debía saber que ningún otro demócrata sureño se uniría a él, debía saber que —como el rumor de su postura se había propagado la semana anterior—, el *Enquirer* de Richmond se había manifestado a favor de sus electores al declarar: «Nada puede justificar esta traición; ni nada puede salvar al traidor de la condena profunda que puede merecer dicha traición». Pero, erguido de pie, con la barbilla inclinada hacia adelante, pintoresco si no excéntrico en su capa militar y chaleco de piel de pantera (a veces iba ataviado con un gran sombrero y una manta mexicana), Sam Houston, el «bárbaro magnífico», pronunció uno de sus raros discursos ante un Senado cansado pero atento:

> Esta es una medida eminentemente peligrosa, ¿y ustedes esperan que permanezca aquí en silencio, o que dude de cumplir con mi obligación para advertir al Sur de lo que pienso que serán los resultados? Hablaré a pesar de todas las intimidaciones o amenazas, o de las condenas que puedan proferir contra mí. Señor, la acusación de que estoy con los abolicionistas o con los *free soilers* no me afecta. El cumplimiento del deber consciente me lleva con frecuencia a enfrentar a la multitud unida de la misma sección del país en la que resido, en la que se encuentran mis vínculos, en la que descansan mis afectos... Señor, si esto es una gran ayuda ofrecida para favorecer al Sur, yo, como hombre sureño, la rechazo. No quiero saber nada de ella... Nuestros hijos pueden vivir disfrutando la paz, la armonía y la prosperidad, o seguir teniendo la alternativa de hacerlo en medio de la anarquía, la discordia y los

> conflictos civiles. Podemos evitar esto último. Confío en que lo haremos... Les imploro que consideren el acuerdo que una vez se hizo para armonizar y preservar esta Unión. ¡Mantengan el compromiso de Misuri! ¡No promuevan la agitación! ¡Dennos la paz!

«Fue», señaló Houston posteriormente, «el voto más impopular que he emitido [pero] el más sabio y patriótico». Sin duda, fue el más impopular. Cuando el anciano Sam llegó por primera vez al Senado, el estado recién creado de Texas estaba ocupado principalmente con los asuntos del ferrocarril, la tierra, la deuda y las fronteras, y no tenía lazos particularmente fuertes con el Sur. Pero Texas, ahora con 150.000 esclavos valiosos y con una población mayoritariamente demócrata conformada en gran parte por ciudadanos de otros estados del Sur, identificó sus intereses con los mismos que Houston había atacado, y pidió de manera casi unánime el cuero cabelludo de este por ser alguien que había «traicionado a su estado en el Senado», «unido a los abolicionistas» y «abandonado al Sur». Por una votación de 73 a 3, la legislatura aplaudió al colega de Houston por respaldar la ley de Nebraska, y condenó la postura del que una vez fue el más glorioso héroe que había conocido ese estado. La Convención Estatal Demócrata denunció al gran guerrero como «en desacuerdo con los sentimientos de la democracia de Texas». El *Herald* de Dallas exigió que Houston renunciara al escaño al que los tejanos lo habían elegido con orgullo, en lugar de «retener un cargo que ha perdido al no representarlos debidamente... Dejen que preste atención por una vez a la voz de un electorado indignado, mal representado y traicionado, para que Texas pueda por una sola vez, tener una voz unida y contar con un frente íntegro en el Senado».

Para empeorar las cosas, esa no era la primera ofensa del senador Sam Houston; simplemente —y tal como lo describió el indignado *Standard* de Clarksville—, fue «la gota que colmó el vaso». Houston se había enfrascado en una disputa con John Calhoun sobre la cuestión de Oregón, describiéndose a sí mismo como un sureño para quien «la Unión era su estrella guía», y que no tenía «ningún temor de que el Norte tratara de destruir al Sur a pesar de los documentos firmados por ancianos, mujeres y niñas bonitas». «El Sur ha sido derrotado por el Sur; si estuviera unido, ¡habría sido conquistado!», protestó un influyente periódico de Dixie cuando Calhoun reprendió a Houston y a Benton por ofrecerles el margen de la victoria a sus opositores. Pero Sam Houston se limitó a responder: «No conozco al Norte ni al Sur; solo conozco la Unión».

Adicionalmente, no quería involucrarse en absoluto con las resoluciones «no intervencionistas» sobre la esclavitud y el «Discurso sureño» en las que Calhoun atacaba a ese sabio venerado del Sur por sus «estrategias largamente acariciadas y mal disimuladas contra la Unión», e insistió ante el Senado que él, Sam Houston, estaba «en este pleno como representante de todo el pueblo estadounidense». Pero la Legislatura de Texas aprobó las resoluciones de Calhoun, y miró con sospecha al ambicioso expresidente de Texas, cuyo nombre estaba siendo mencionado, tanto en el Norte como en el Sur, para ocupar la Casa Blanca en 1852 o 1856.

Por último, Houston había sido el primer senador prominente en atacar la oposición de Calhoun al compromiso de Clay de 1850, citando la Biblia para calificar a quienes amenazaban la secesión simplemente como «furiosas olas marinas, que destilan su propia vergüenza...».

> ¿Acaso piensa, señor, después de las dificultades que han encontrado los tejanos para entrar a la

> Unión, que usted puede expulsarlos de ella? No, señor... derramamos nuestra sangre para entrar a ella... Estuvimos entre los últimos en entrar a la Unión y, ya que estamos en ella, seremos los últimos en salir... Hago un llamado a los amigos de la Unión en todos sus rincones, a presentarse como hombres y sacrificar sus diferencias sobre el altar común del bien de su país, y a formar un baluarte en torno a la Constitución que no se pueda debilitar. Requerirá esfuerzos varoniles, señor, y deberían esperar encontrarse con prejuicios que los atacarán desde todos los lados. Deberán mantenerse firmes a la Unión, a pesar de todas las consecuencias personales.

Por lo tanto, su voto solitario contra la ley Kansas-Nebraska, en esa madrugada tormentosa de 1854, fue realmente el «colmo». En todo el Senado se murmuró en voz alta que se trataba del último plazo para el pintoresco general. Aquellos ilustres senadores con los que había servido, cuya elocuencia no podía suscitar la gloria y el romance que rodeaba el nombre de Sam Houston, pueden haber mirado con recelo sus ropas excéntricas y su costumbre de tallar palos de pino en el Senado mientras se quejaba de los largos discursos senatoriales. Pero ellos no podían dejar de admirar su valentía estoica y su individualismo inquebrantable, que su prefacio a una breve semblanza autobiográfica expresó de manera más sencilla: «Este libro me hará perder algunos amigos. Pero si los pierdo a todos y no gano a ninguno, juro por Dios, y como hombre libre que soy, que de todos modos lo publicaría...».

Las contradicciones en la vida de Sam Houston un siglo atrás pueden parecer irreconciliables en la actualidad. Aunque hay interminables colecciones de diarios, discursos y cartas que arrojan luz sobre todas las facetas de su vida y sus logros, aún en el centro de la escena, el mismo Houston sigue siendo ensombrecido y oscurecido, un enigma para sus amigos de su propio tiempo, y un misterio para el historiador cuidadoso de hoy. Podemos leer una carta o un diario en el que por un momento parecía haber dejado caer la guardia, pero al terminar sabemos poco más que antes. Nadie puede afirmar con precisión cuál fue la estrella que guió a Sam Houston: si la suya, la de Texas o la del país.

Era terriblemente ambicioso, pero al final sacrificó por principio todo lo que había conseguido o anhelaba. Era sureño y, sin embargo, mantuvo firmemente su lealtad a la Unión. Era un propietario de esclavos que defendió el derecho de los ministros norteños a pedirle al Congreso que se declarara en contra de la esclavitud; era un bebedor notorio que había hecho voto de templanza; era un hijo adoptivo de los indios cherokee que obtuvo sus primeros honores militares luchando contra los creeks (indígenas sureños); fue gobernador de Tennessee y senador de Texas. Fue a su vez magnánimo aunque vengativo, cariñoso pero cruel, excéntrico aunque tímido, fiel y oportunista a un mismo tiempo. Pero las contradicciones de Sam Houston en realidad confirman su única cualidad básica y coherente: el individualismo indomable, a veces espectacular, otras veces crudo, misterioso en ocasiones, pero siempre valiente. Podía ser todas las cosas para todos los hombres y, sin embargo, cuando se enfrentó a su mayor desafío, fue fiel a sí mismo y a Texas. La confusión de Sam Houston no era más que la misma que sacudió a Estados Unidos en aquellos tormentosos años antes de la Guerra Civil; la singularidad pintoresca de Sam Houston no era más que la expresión primitiva de la frontera que siempre había conocido.

Cuando era todavía un niño soñador e incontrolable, huyó de su casa en la frontera de Tennessee, y fue adoptado por los indios cherokee, quienes lo bautizaron como el Cuervo. Fue oficial de infantería al mando de Andrew Jackson en 1813, y su brazo derecho fue destrozado por las balas enemigas cuando se aventuró solo en sus líneas durante la batalla de Horseshoe, mientras sus hombres permanecían agazapados en las colinas detrás de él. Un actor natural con una figura sorprendentemente apuesta y un instinto para vestir y hablar de un modo pintoresco, Houston alcanzó rápidamente el éxito en Tennessee como fiscal, congresista, y finalmente como gobernador a los treinta y cinco años. La historia de su dimisión repentina como gobernador cuando estaba en la cima de una popularidad que su amigo Jackson esperaba que lo condujera a la presidencia, es todo un misterio. Al parecer, había descubierto pocos días después de su matrimonio que el padre ambicioso de su joven y hermosa novia la obligó a aceptar su mano, cuando en realidad amaba a otro hombre. Con su mente y su espíritu destrozados, Houston abandonó la civilización y buscó refugio en los cherokees, en el exceso de alcohol y en el exilio político y personal. Varios años más tarde, con su equilibrio y propósito restaurados, el general Jackson, a quien siempre le fue fiel, lo envió a Texas, donde sus fantásticas hazañas militares se convirtieron en una parte tan importante del folclor americano como Valley Forge y Gettysburg. Pero ni la aventura, la adulación ni un segundo matrimonio feliz lograron desterrar su tristeza y su melancolía, que a algunos les pareció más evidente que nunca, ahora que la derrota política se acercaba en 1856.

Sam Houston, sin embargo, no era alguien que permaneciera melancólico y en silencio hasta que las murmuraciones de la derrota inminente fueran reemplazadas por la avalancha que lo aplastaría. Ya había realizado varias visitas a Texas durante los recesos del Senado en otoño, comparando a Calhoun con «demagogos irresponsables», calificando a Jefferson Davis como «ambicioso como Lucifer y frío como un lagarto», y denunciando con igual vigor tanto «el fanatismo loco del Norte» como «la ambición loca del Sur». Los muchos años vividos entre tribus indias semicivilizadas no le habían inculcado precisamente un respeto por los altos cargos; en años anteriores había asaltado físicamente a un enemigo en el congreso de su ídolo, Andrew Jackson. (Más tarde les dijo a sus amigos que eso lo hizo sentirse «más malo de lo que me he sentido en mi vida. Pensé que me había encontrado con un gran perro, pero me encontré con un cachorro despreciable y quejumbroso»).

Y entonces se encontró envuelto en medio de una pelea con el oficialismo de Texas al proclamarse como candidato a gobernador en las elecciones de 1857. No se presentaría como demócrata, ni como candidato de ninguna facción o periódico, y ni siquiera renunció al Senado. Se presentaría como Sam Houston, para «regenerar la política del estado. El pueblo quiere emoción y yo se la he dado más que nadie».

Y en efecto, proporcionó una gran cantidad de emoción, en la primera y verdadera batalla sólidamente demócrata que había conocido Texas. Quitándose la camisa con frecuencia durante la campaña de verano, arengó al público en cada rincón de Texas, con su gran acervo de calificativos insultantes y un sarcasmo fulminante. Con una estatura cercana a los dos metros, aun tan recto como una flecha y con sus músculos abultados aunque elegantes, sus ojos penetrantes destilaban desprecio por sus oponentes y burla por sus políticas mientras se deleitaba ejercitando su lengua afilada que las dignidades de la cámara del Senado habían aplacado en buena medida. Uno de sus discursos fue descrito —por un periódico de la oposición, pero sin duda, con cierta exactitud—, como «una mezcla de insultos y egoísmo...

sin la aprobación de la verdad histórica y... sin un lenguaje decente y refinado... Se caracterizó de principio a fin por apelativos como compañeros ladrones, sinvergüenzas y asesinos». Cuando se le negó el derecho a hablar en la corte del condado durante una parada en su gira, le aseguró a la multitud que no había ningún problema:

> No contribuyo con mis impuestos aquí. No he contribuido a comprar un solo ladrillo o clavo en este edificio y no tengo derecho a hablar aquí. Pero si hay un hombre al alcance de mi voz que quisiera oír hablar a Sam Houston y me siguiera a esa ladera, tengo derecho a hablar en el territorio de Texas, porque lo he regado con mi sangre.

Denunciado por un lado como traidor y por otro por ser un «No sé nada», el nombre dado a los miembros del partido que respondían así al ser cuestionados (basado en su breve flirteo con ese partido intolerante pero no seccional), le escribió a su esposa que «su sucio escándalo me resbala como el agua por el lomo de un pato».

No obstante, sus votos en Kansas y otras medidas sureñas no podían explicársele a un electorado enojado, por lo que Texas le propinó a Sam Houston la primera paliza de su carrera política. Debía renunciar ya al Senado, proclamó *Gazette*, un medio antagónico, en lugar de «aferrarse al cargo estéril... solo para recibir su asignación de viáticos». Pero Sam Houston, animado porque el margen de su derrota no fue mayor de tres a dos, regresó a Washington y pasó sus últimos años en el Senado manteniéndose firme en sus creencias. Cuando un antagonista del Sur se burló de él en el Senado al señalar que su voto en contra de la ley Kansas-Nebraska había asegurado su derrota, Houston se limitó a responder con una sonrisa graciosa que era cierto «que he recibido una seguridad gratificante y sincera de mis constituyentes de que tienen la intención de que no quieren que siga ofreciendo mis servicios aquí...». No estaba equivocado. El 10 de noviembre de 1857, Sam Houston fue bruscamente despedido por la Legislatura de Texas, y un portavoz más militante a favor del Sur fue elegido como su sucesor.

Al despedirse de sus compañeros senadores, Houston les dijo que deseaba retirarse «con las manos y la conciencia limpias»:

> No deseo un epitafio más enorgullecedor en la losa que pueda descansar sobre mi tumba que este: «Amaba a su país, fue un patriota y fue fiel a la Unión». Si es por eso que he sufrido el martirio, creo estar en paz con aquellos que han empuñado el cuchillo del sacrificio.

Sin embargo, no podemos concluir nuestra historia sobre el coraje político del senador Sam Houston con su retiro del Senado. De regreso a su rancho en Texas, el valiente exsenador descubrió que era incapaz de retirarse cuando el gobernador que lo había derrotado dos años antes estaba amenazando con llevar al estado a la secesión. Así que en el otoño de 1859, el anciano guerrero se postuló otra vez como candidato independiente para la gobernación, de nuevo sin el respaldo de ningún partido, periódico ni organización, y solo pronunció un discurso de campaña. Recurriría, le dijo a su audiencia con su voz aún fascinante, «a la Constitución y a la Unión, a toda la vieja democracia jacksoniana que he profesado o practicado oficialmente... Soy un vejestorio en la política, porque me aferro con devoción a los principios primitivos en los que se fundó nuestro gobierno».

Aunque sus opositores insistieron en repetidas ocasiones que la secesión y la reapertura del comercio de esclavos de Texas no eran verdaderos problemas, Houston presionó fuertemente por esos asuntos, así como por sus promesas de una mayor protección contra el terrorismo fronterizo llevado a cabo por mexicanos e indios. Fue una campaña amarga, en la que los demócratas y los periódicos atacaron a Houston con pasión enconada, reabriendo viejas acusaciones sobre su inmoralidad y su cobardía. Pero por extraño que parezca, el atractivo de las cuestiones (por prematuras que fueran) que había planteado él, sus seguidores personales entre sus viejos camaradas, disgustados con la administración de sus oponentes, la nueva popularidad que Houston había adquirido inmediatamente antes de su retiro tras denunciar a un juez federal corrupto en el pleno del Senado, y una oleada de sentimientos teñidos de emotividad hacia él tras su regreso a su amada Texas, se conjugaron para elegir a Sam Houston como gobernador en una inversión completa de su derrota dos años atrás. Fue el primer revés para los extremistas sureños en una década, y el gobernador electo fue atacado por los periódicos disgustados de Texas como «un traidor que debía caer para no levantarse de nuevo» y «uno de los mayores enemigos del Sur: un *free soiler* sureño».

El viejo nacionalismo jacksoniano, que había motivado toda su carrera, enfrentó ahora su prueba más dura. Al sostener que la legislatura demócrata abrumadoramente hostil no representaba en realidad al pueblo, el gobernador Houston violó todos los precedentes pronunciando su discurso inaugural directamente ante las personas que estaban en las escalinatas del Capitolio, en vez de hacerlo ante una sesión conjunta de la legislatura. Houston declaró frente a una audiencia multitudinaria reunida en los jardines del Capitolio, que él era el gobernador del pueblo, no de ningún partido, y que «cuando Texas uniera su destino con el de Estados Unidos, no formaría parte del Norte ni del Sur; pues su conexión no era seccional, sino nacional».

No obstante las heridas de su elección no habían sanado; y cuando el nombre de Sam Houston fue propuesto por un neoyorquino en la Convención Nacional Demócrata de 1860 como alguien que «arrasaría en todo el país para una gran victoria», el exgobernador Runnels, líder de la delegación de Texas, se incorporó de un salto: «¡Señor, por Dios! Soy el individuo al que Sam Houston derrotó recientemente en las elecciones para gobernador, y cualquier cosa que sea elogiosa para él es completamente desagradable para mí».

En una referencia obvia a tales enemigos, Houston le dijo a la legislatura en su primer mensaje general en 1860:

> A pesar de los desvaríos de fanáticos engañados, o de las amenazas impías de los fanáticos enemigos de la Unión, el amor de nuestra patria común arde todavía con el fuego de los tiempos antiguos... en los corazones de las personas conservadoras de Texas... Texas mantendrá la Constitución y apoyará a la Unión. Es lo único que nos puede salvar como nación. Si destruimos esto, nos espera la anarquía.

Cuando Carolina del Sur invitó a Texas a enviar delegados a la convención sureña para protestar por los «ataques a la institución de la esclavitud y a los derechos del Sur», Houston transmitió la comunicación a la legislatura como un asunto de cortesía, pero advirtió en un documento magistral: «La Unión estaba destinada a ser perpetua». Luego de hábiles maniobras políticas, Houston impidió aceptar la invitación de Carolina del Sur, haciendo que el senador Iverson de Georgia llamara a un «bruto tejano» a «levantarse y liberar a su país del íncubo de cabeza canosa». A medida que el sentimiento crecía abrumadoramente a favor de la secesión durante la candente campaña presidencial de 1860, el gobernador Houston solo podía implorar a sus electores impacientes que esperaran y vieran cuál sería la actitud del señor Lincoln si resultaba elegido. Pero el hecho de que hubiera recibido unos pocos votos no solicitados en la convención republicana como compañero de fórmula de Lincoln les suministró más munición a sus enemigos. Y cuando la ciudad de Henderson fue víctima de un incendio misterioso en agosto, el gobernador no pudo hacer nada para evitar la ola de linchamientos, los comités de vigilancia y el sentimiento de enojo que siguió a los rumores sobre los levantamientos de los negros y los incendios. El discurso de Houston en Waco denunciando la secesión fue respondido con la explosión de un barril de pólvora detrás del hotel en el que se hospedaba él, aunque resultó ileso. No obstante sin hacer caso del peligro personal o político, se levantó de su lecho de enfermo en septiembre para hacer un llamado final:

> No pido la derrota del seccionalismo por el seccionalismo, sino por la nacionalidad... Estos sentimientos no son nuevos para mí. Los expresé en el Senado de Estados Unidos en 1856, como los expreso ahora. Fui denunciado entonces como traidor. Y también soy denunciado ahora. ¡Que así sea! Los hombres que no han soportado la privación, la fatiga y el peligro que he padecido por mi país, me llaman traidor porque estoy dispuesto a obedecer la Constitución y a las autoridades constituidas. Dejemos que sufran lo que yo he sufrido por esta Unión, y sentirán que se entrelazan tan estrechamente alrededor de sus corazones, que será como romper las cuerdas de la vida para renunciar a ella... ¿Quiénes son las personas que me llaman traidor? ¿Son los que marchan bajo la bandera nacional y están dispuestos a defenderla? ¡Ese es mi

> estandarte!... y siempre y cuando ondee con orgullo sobre mí, aunque haya ondeado incluso en medio de situaciones tormentosas en las que estos hombres no han estado, puedo olvidar que me llamen traidor.

Abraham Lincoln fue elegido presidente e inmediatamente la bandera de la estrella solitaria se izó en todo Texas en un clima de expectativa emotiva y beligerante. La súplica de Houston de que Texas luchaba por sus derechos «en la Unión y por el bien de la Unión» cayó en oídos sordos. «Un sentimiento de servilismo», espetó la prensa; y el gobernador de Houston fue dejado a un lado mientras se convocaba a una convención para la secesión.

Sam Houston, luchando desesperadamente para aferrarse a las riendas del gobierno, convocó a una sesión especial de la legislatura estatal, denunciando a los extremistas del Norte y del Sur, e insistiendo en que él no había «perdido todavía la esperanza de que nuestros derechos puedan mantenerse en la Unión». De lo contrario, sostuvo, es preferible la independencia que unirse al bando sureño.

Pero los líderes de la convención para la secesión, reconocidos por la legislatura y ayudados por la deserción del comandante de la Unión en Texas, no podían ser detenidos y su precipitada carrera hacia la secesión fue perturbada momentáneamente solo por la aparición sorpresiva del gobernador que odiaban y temían. El día en que se adoptó la Ordenanza de Secesión, Sam Houston permaneció en la plataforma, con un sombrío silencio, avivando con su presencia el coraje de los pocos amigos de la Unión que estaban en el recinto. «A los que hablan de su maravilloso ataque a la colina de San Jacinto», dijo el historiador Wharton, «yo les digo que se requirió una y mil veces más coraje cuando marchó solitario a la convención de secesión en Austin, y los retó e impresionó». Cuando, animado por la magia de la presencia de Houston, James W. Throckmorton emitió uno de los siete votos en contra de la secesión, fue silbado con fuerza y amargura; y mientras se levantaba de su asiento, respondió de manera memorable: «Cuando la chusma chifla, los patriotas bien pueden temblar».

Sin embargo, fueron pocos los que temblaron cuando la ordenanza se adoptó y fue presentada al pueblo para su aprobación en las urnas al cabo de un mes. Inmediatamente, el aguerrido exsenador hizo una gira pronunciando discursos en una campaña adelantada solo por él para mantener a Texas en la Unión. En todo el estado se encontró con multitudes hostiles, lanzamiento de piedras y denuncias como traidor. En Waco amenazaron con matarlo. En Belton, un matón armado se puso de pie y se dirigió de repente hacia él. Pero el viejo Sam Houston, mirándolo directamente a los ojos, se llevó las manos a sus pistolas: «Señoras y señores, conserven sus asientos. No es más que un perro callejero ladrándole al león en su guarida». Ileso, recorrió el estado de la forma acostumbrada, confundiendo a sus enemigos con un fuerte sarcasmo. Cuando se le pidió expresar su opinión franca sobre el líder secesionista, Houston respondió: «Tiene todas las características de un perro, excepto la fidelidad». Ahora, con setenta años de edad, pero todavía con una impresionante figura erguida con esos ojos penetrantes y una poblada cabellera blanca, el anciano Sam concluyó su gira en Galveston ante una muchedumbre burlona y hostil. «Algunos de ustedes se burlan al ridiculizar la idea del derramamiento de sangre como resultado de la secesión», exclamó, «pero déjenme decirles lo que ocurrirá. Es posible que ustedes, después del sacrificio de millones de tesoros incontables y de cientos de miles de vidas preciosas, obtengan la independencia del Sur como una mera posibilidad si Dios no está contra ustedes. Pero lo dudo. El Norte está decidido a preservar esta Unión».

Su profecía era letra muerta. El 23 de febrero, Texas votó a favor de la secesión por un amplio margen, y el 2 de marzo —día del cumpleaños de Houston y de la independencia de Texas—, la convención especial se reunió de nuevo en Austin y anunció la separación de Texas. El gobernador Houston, que seguía tratando desesperadamente de recuperar la iniciativa, señaló que divulgaría sus planes con respecto a la legislatura. La convención, disgustada por su insistencia en que su autoridad legal había concluido tras una votación apabullante 109 a 2, declaró que Texas era parte de la Confederación Sureña, y decretó que todos los funcionarios del estado debían tomar el nuevo juramento de lealtad a los catorce días del mes de marzo. El secretario del gobernador se limitó a responder que el gobernador Houston «no reconocía la existencia de la convención y no se debe considerar su acción como obligatoria para él».

El 14 de marzo, tal como lo describió un testigo ocular, el salón de la convención estaba «lleno de gente... electrizada con sentimientos enardecidos, de hombres que temblaban de pasión, y que resplandecían y ardían anhelando la batalla de la venganza. El ambiente destilaba el clamor agitado de una multitud de voces —enojadas, triunfales, desdeñosas, con imprecaciones ocasionales o epítetos llenos de desprecio—, pero la de Sam Houston no fue escuchada».

A la hora señalada, el secretario de la convención se encargó de pasar lista a los funcionarios estatales. El silencio se apoderó del gran público, y todos miraron ansiosamente para ver el vestigio del viejo héroe.

«¡Sam Houston!». No hubo respuesta.

«¡Sam Houston! ¡Sam Houston!». El estruendo y las voces despectivas se escucharon de nuevo. La oficina del gobernador de Texas, de los Estados Confederados de América, fue declarada oficialmente vacante; y el vicegobernador Edward Clark como, «una criatura insignificante, despreciable, activa e impertinente», se acercó a prestar juramento. (Clark, que era amigo personal y un político cercano a Houston, y que había sido elegido junto a él, entraría posteriormente a la oficina ejecutiva para exigir los archivos del estado, solo para que su antiguo mentor avanzara lentamente en su silla hacia él con la pregunta solemnemente desdeñosa: «¿Y cuál es su nombre, señor?»).

En otro lugar del Capitolio, el héroe de San Jacinto, dejando de lado toda una vida de fortuna política, fama y devoción de su pueblo, estaba garabateando su último mensaje como gobernador con el corazón destrozado:

> Conciudadanos, en nombre de sus derechos y de su libertad, los cuales creo que han sido pisoteados, me niego a prestar este juramento. En nombre de mi propia conciencia y de mi propia virilidad... Me niego a prestar este juramento... [Pero] amo a Texas demasiado bien para sumirla en la guerra y el derramamiento de sangre. No haré ningún esfuerzo para mantener mi autoridad como presidente ejecutivo de este estado, salvo por el ejercicio pacífico de mis funciones. Cuando ya no pueda hacer esto, me retiraré tranquilamente de la escena... estoy... afligido porque no renunciaré a los principios por los que he luchado... La punzada más fuerte es que el golpe proviene en el nombre del estado de Texas.

Tercera parte

El momento y el lugar

El fin de la onerosa contienda militar entre el Norte y el Sur no restauró la paz ni la unidad en el frente político. Appomattox había terminado con el fratricidio entre hermanos, pero no detuvo las invasiones políticas, el saqueo económico ni el odio interseccional que todavía asolaba a una tierra dividida. Las animosidades implacables a ambos lados de la línea Mason-Dixon que arrastraran a Daniel Webster, Thomas Hart Benton y a Sam Houston, continuaron sin cesar casi dos décadas después de la guerra. Los habitantes del Norte que buscaban sanar las heridas de la nación y tratar al Sur con misericordia y equidad —hombres como el presidente Andrew Johnson y los senadores que permanecieron a su lado durante su juicio político—, fueron expuestos al suplicio por su falta de patriotismo por aquellos que agitaban la «camisa ensangrentada». Los sureños que trataban de demostrar a la nación que el seccionalismo fanático de su región era asunto del pasado —hombres como Lucio Quinto Cincinato Lamar de Misisipí—, fueron atacados por sus electores como desertores al enemigo conquistador. Cuando le preguntaron al general confederado Bob Toombs por qué no solicitaba su perdón al Congreso, este respondió con una grandeza serena: «¿Perdón por qué? Todavía no he perdonado al Norte».

Sin embargo, poco a poco, los viejos conflictos por la emancipación y la reconstrucción se desvanecieron; además, la explotación del Oeste recién colonizado y del Sur humillado llevó nuevos problemas y nuevas caras al Senado. Ya no era el foro para nuestros más grandes abogados constitucionalistas, pues los asuntos constitucionales ya no dominaban la vida pública estadounidense. El dinero fácil, las fortunas repentinas, las maquinarias políticas cada vez más poderosas y la corrupción descarada transformaron gran parte de la nación; y el Senado, como corresponde a un órgano legislativo democrático, representó con esmero al país. Los abogados corporativos y los jefes políticos, no los oradores constitucionales, fueron los portavoces de esa época tumultuosa; aunque muchos de los hombres talentosos de la nación encontraron fama y fortuna, las cuales abundaban más en el mundo de las altas finanzas y la industria que en las labores aparentemente anodinas e inadvertidas del gobierno. (Si Daniel Webster hubiera vivido en esa época, comentó un editor, no habría estado «endeudado, ni tampoco en el Senado»). Once nuevos estados se sumaron rápidamente a medida que se desarrolló el Oeste; y veintidós nuevos senadores y una enorme y nueva cámara supusieron un desvío de ese viejo ambiente inconfundible. El seccionalismo, el intercambio de favores políticos y una serie de movimientos casi fanáticos —de los que el movimiento de la «plata libre» en el que estaba involucrado Lamar fue solo el comienzo—, plagaron las deliberaciones del Senado con los problemas económicos internos. «Nos estamos convirtiendo en una mera colección de parcelas locales de papa y de cultivos de repollo», se quejó un senador cansado de las discusiones constantes sobre el clientelismo local, los proyectos en ríos y puertos, y la protección arancelaria de las industrias.

Los senadores, señaló William Allen White, representaban no solo a los estados y regiones, sino a los «principados, poderes y empresas»:

> Un senador, por ejemplo, representaba al Union Pacific Railway System, otro al Nueva York

> Central, otro más a los intereses del sector de seguros... El carbón y el hierro tenían una camarilla... el algodón tenía media docena de senadores. Y así sucesivamente... Era un feudalismo plutocrático... eminentemente respetable. El collar de cualquier fuerte interés financiero era utilizado con orgullo.

Y White relató la supuesta conversación en la que el veterano senador Davis le describió a un senador novato las características de sus colegas en aquellos días tumultuosos mientras caminaban por el pasillo: «El chacal, el buitre, el perro que mata ovejas, el gorila, el cocodrilo, el águila ratonera, la gallina vieja que cacarea, la paloma, el devorador de pavos». A continuación, White escribió, «mientras aquel hombre enorme y codicioso del Oeste —burdo, taimado, insolente—, se acercaba balanceándose pesadamente, el juez Davis señaló la criatura con su dedo índice rechoncho y exclamó: "Un lobo, señor; ¡un lobo maldito, hambriento, huidizo y cobarde!"».

Así, a finales del siglo diecinueve, el Senado había llegado casi a su nivel más bajo, en términos de poder como de prestigio. La disminución del poder senatorial había comenzado poco después del final del gobierno de Grant. Antes de esa época, el Senado, que había humillado al presidente Johnson y dominado al presidente Grant, había reinado en lo que era casi una forma de gobierno parlamentario. Los senadores reclamaron incluso un lugar en el comedor por encima de los miembros del Gabinete (quienes los habían eclipsado previamente en las funciones sociales). «Si ellos visitaban la Casa Blanca», recordó George Frisbie Hoar posteriormente, «era para dar consejos, no para recibirlos». (De hecho, la afirmación del poder por ambas cámaras fue ilustrada por la visita del congresista Anson Burlingame a la Cámara de los Comunes inglesa. Cuando un asistente le dijo que debía abandonar su asiento, pues esa galería particular estaba reservada para los pares, un viejo par que estaba sentado cerca repuso: «Deje que se quede, deje que se quede. Él es un par en su país». «Soy un soberano en mi país, señor», respondió el congresista mientras abandonaba su asiento, «y me rebajaría si me asocio con pares»). Pero la cúspide del poder del Congreso llegó a su fin a medida que los presidentes Hayes, Garfield, Arthur y Cleveland resistieron con éxito los intentos senatoriales por dictar los nombramientos presidenciales, y el gobierno regresó al sistema estadounidense más tradicional de pesos y contrapesos establecido por la Constitución.

Por otra parte, la disminución en el poder del Senado había sido prefigurada por una reducción acelerada del prestigio incluso antes de que los problemas económicos hubieran reemplazado al conflicto seccional y constitucional. Los diplomáticos británicos y canadienses sostuvieron que habían asegurado la aprobación del «Tratado de reciprocidad de 1854» al cerciorarse de que «flotara sobre olas de champán... Si tienes que lidiar con cerdos, ¿qué vas a hacer?». Un miembro del Gabinete, recordando posiblemente esa metáfora, le dijo con impaciencia a Henry Adams en 1869: «¡No puede usar el tacto con un miembro del Congreso! ¡El congresista es un cerdo! Tiene que agarrar un palo y pegarle en el hocico». Y en tono de burla apacible Adams, que pensaba que la mayoría de los miembros del Senado eran «más grotescos que lo que el ridículo podría hacerlos», respondió: «Si un congresista es un cerdo, ¿qué es un senador?».

El Senado, no obstante, a pesar de su declive en el poder y en la estima del público durante la segunda mitad del siglo diecinueve, no estaba conformado totalmente por cerdos ni lobos malditos y acechantes. Aún tenía hombres dignos de respeto, hombres valientes. De esos, Edmund Ross, y quienes lo apoyaron en el juicio político a Johnson, se sacrificaron desinteresadamente para salvar a la nación del abuso irresponsable del poder legislativo. Y Lucio Lamar, con su determinación discreta pero firme de ser un estadista, fue clave para reunificar al país en preparación para los nuevos retos que se avecinaban.

VI

Edmund G. Ross

«Miré hacia abajo, a mi tumba abierta».

En una tumba solitaria, olvidada y desconocida, yace «el hombre que salvó a un presidente» y que, en consecuencia, puede haber preservado para nosotros y para la posteridad el gobierno constitucional en Estados Unidos —el hombre que en 1868 llevó a cabo lo que un historiador llamó «el acto más heroico en la historia estadounidense, incomparablemente más difícil que cualquier acto de valentía en el campo de batalla»—, un senador de Estados Unidos cuyo nombre nadie recuerda: Edmund G. Ross de Kansas.

El juicio político contra el presidente Andrew Johnson, el evento en el que el poco conocido Ross habría de desempeñar un papel tan dramático, fue el clímax sensacional de la amarga disputa entre el presidente, decidido a ejecutar las políticas de reconciliación de Abraham Lincoln con el Sur derrotado, y los líderes republicanos más radicales del Congreso, que trataron de administrar los oprimidos estados sureños como provincias conquistadas, pues habían perdido sus derechos en virtud de la Constitución. Fue, además, una disputa entre el ejecutivo y la autoridad legislativa. Andrew Johnson, el valiente aunque poco diplomático ciudadano de

Tennessee, el único congresista sureño que se negó a separarse de la Unión con su estado, se había comprometido con la política del Gran Emancipador a cuya alta posición había llegado solo por la trayectoria de una bala asesina. Johnson sabía que Lincoln, antes de su muerte, ya había chocado con los extremistas del Congreso, el cual se había opuesto a su enfoque para una reconstrucción constitucional y caritativa, y trataba de otorgarle la supremacía a la rama legislativa del gobierno. Además, su propio temperamento belicoso pronto destruyó cualquier esperanza de que el Congreso pudiera aunar esfuerzos ahora en la realización de las políticas de Lincoln, permitiendo que el Sur retomara su lugar en la Unión con la menor demora y controversia como fuera posible.

Para 1866, cuando Edmund Ross llegó por primera vez al Senado, las dos ramas del gobierno ya estaban trenzadas en una fuerte disputa, gruñendo y tensas de cólera. El presidente vetó un proyecto de ley tras otro, arguyendo que eran inconstitucionales, demasiado duros en su trato con el Sur, que suponían una prolongación innecesaria del régimen militar en tiempos de paz, o una interferencia indebida con la autoridad del poder ejecutivo. Y por primera vez en la historia de nuestra nación, se aprobaron importantes medidas públicas ignorando el veto del presidente, y se convirtieron en ley sin su apoyo.

Pero no todos los vetos de Andrew Johnson se anularon; y los republicanos «radicales» del Congreso no tardaron en darse cuenta de que era necesario dar un paso final antes de que pudieran aplastar a su despreciado enemigo (y al fragor de la batalla política, dirigieron su venganza contra su presidente con una firmeza mucho mayor que sus antiguos enemigos militares del Sur). Ese paso restante supuso la garantía de alcanzar una mayoría de dos tercios en el Senado, pues según la Constitución, esta mayoría era necesaria para anular un veto presidencial. Y más importante aun, dicha mayoría se requería constitucionalmente para obtener su principal ambición, ahora un secreto mal guardado: ¡la condena del presidente en virtud de un juicio político y su destitución del cargo!

La mayoría temporal e inestable de los dos tercios que permitió a los republicanos radicales del Senado promulgar leyes por encima del veto presidencial en varias ocasiones era —tal como lo sabían ellos—, insuficientemente fiable como para entablar un juicio político. La consolidación de este bloque se convirtió en el objetivo primordial del Congreso, que regía expresa o tácitamente sus decisiones sobre otros asuntos, en particular, la admisión de nuevos estados, la readmisión de los estados sureños y la determinación de las credenciales senatoriales. Se le negó su escaño a un senador aliado de Johnson, utilizando métodos extremadamente dudosos. Ignorando el veto presidencial, se admitió a Nebraska en la Unión, incorporando así a dos senadores más que se oponían al gobierno. Aunque las maniobras de última hora no lograron la admisión de Colorado, haciendo caso omiso del veto del presidente (Colorado, que estaba escasamente poblado, había rechazado la condición de estado en un referendo), una tragedia inesperada trajo falsas lágrimas y renovadas esperanzas para una nueva votación en Kansas.

El senador Jim Lane de Kansas había sido un «conservador» republicano partidario de los planes de Johnson para llevar a cabo las políticas de reconstrucción de Lincoln. Pero su estado fronterizo era uno de los más «radicales» de la Unión. Cuando Lane votó a favor de mantener el veto de Johnson sobre la ley de derechos civiles de 1866 y presentó el proyecto de ley gubernamental para el reconocimiento del nuevo gobierno estatal de Arkansas, Kansas protestó indignada. Una reunión masiva en Lawrence había denigrado del senador y divulgado rápidamente unas resoluciones condenando enérgicamente su posición. Humillado, mentalmente enfermo, con una salud precaria y trabajando bajo acusaciones de irregularidades financieras, Jim Lane se quitó la vida el 1 de julio de 1866.

Con esa espina sacada, los republicanos radicales en Washington observaron ansiosamente a Kansas y a la selección del sucesor de Lane. Sus más caras esperanzas se hicieron realidad, pues el nuevo senador de Kansas resultó ser Edmund G. Ross, el mismo hombre que había presentado las resoluciones en contra de Lane en Lawrence.

No existía la menor duda en cuanto hacia dónde irían las simpatías de Ross, pues durante toda su carrera se opuso de manera decidida a los estados esclavistas del Sur, a sus prácticas y a sus amigos. En 1854, cuando tenía apenas veintiocho años, participó en el rescate de un esclavo fugitivo realizado por una muchedumbre en Milwaukee. En 1856, se había unido a esa avalancha de inmigrantes antiesclavistas con destino a la Kansas «sangrante», cuya intención era mantenerlo como un territorio libre. Disgustado con el Partido Demócrata de su juventud, lo había abandonado y se ofreció como voluntario en el ejército del Estado Libre de Kansas para repeler a las fuerzas esclavistas que invadían el territorio. En 1862, renunció a su trabajo en un periódico para alistarse en el ejército de la Unión, en el que alcanzó el rango de mayor. Su papel protagónico en la condena de Lane, en Lawrence, convenció a los líderes radicales republicanos del Congreso de que en Edmund G. Ross tenían a un miembro confiable de esa mayoría vital de dos tercios.

Todo estaba listo para la escena final: la remoción de Johnson. A principios de 1867, el Congreso promulgó —a pesar del veto presidencial— el proyecto de ley sobre la permanencia en los cargos, que impedía que el presidente fuera removido de su puesto sin el consentimiento del Senado a todos los nuevos funcionarios públicos cuyos nombramientos debían ser confirmados por este órgano. En esa época, solo bastaba con un grito para pedir más apoyo, pues los miembros del Gabinete estaban específicamente excluidos de esta medida.

El 5 de agosto de 1867, el presidente Johnson —convencido de que Edwin M. Stanton, el secretario o ministro de guerra que había heredado su cargo de Lincoln, era la herramienta subrepticia de los republicanos radicales y quien buscaba convertirse en el dictador todopoderoso del Sur conquistado— pidió su renuncia inmediata; pero Stanton contraatacó con arrogancia, replicando que se negaba a renunciar antes de la próxima reunión del Congreso. El presidente, que no recordaba este tipo de descaros, lo suspendió una semana más tarde, y nombró en su lugar a un hombre al que Stanton no se atrevió a oponerse: el general Grant. El 13 de enero de 1868, un Senado disgustado notificó al presidente y a Grant que no estaba de acuerdo con la suspensión de Stanton, por lo que Grant dejó vacante el cargo tras el regreso de su secretario de guerra. Pero la situación era intolerable. Stanton no pudo asistir a las reuniones del Gabinete ni asociarse con sus colegas de gobierno; y el 21 de febrero, el presidente Johnson, ansioso por obtener una prueba judicial del acto que creía obviamente inconstitucional, le notificó nuevamente a Stanton que había sido retirado sumariamente de su cargo como ministro de guerra.

Mientras Stanton se atrincheró en su oficina, pues se negó a abandonar su cargo, la opinión pública de la nación estaba cada vez más en contra del presidente. ¡Había quebrantado intencionalmente la ley y frustrado de manera dictatorial la voluntad del Congreso! Aunque las resoluciones anteriores para un juicio político habían sido derrotadas en la Cámara, tanto en el comité como en el pleno, una nueva resolución fue presentada y aprobada el 24 de febrero por una votación abrumadora. Todos los republicanos votaron a favor, y Thaddeus Stevens de Pensilvania —la personificación fanática y lisiada de los extremos del movimiento republicano radical, amo y señor de la Cámara de representantes, con una boca como el filo delgado de un hacha—, advirtió con frialdad a ambas cámaras del Congreso: «Déjenme ver al cobarde que pueda votar para permitir una salida tan criminal. Muéstrenme quién se atreverá a hacerlo y yo les mostraré a alguien que se hará acreedor a la infamia por toda la posteridad».

Con el presidente acusado —procesado, de hecho— por la cámara, el juicio frenético que buscaba su condena o absolución en conformidad con los artículos del juicio político comenzó el 5 de marzo en el Senado, dirigido por el presidente de la Corte Suprema. Fue un juicio que estuvo al mismo nivel de todos los grandes juicios de la historia: Carlos I ante el Tribunal Superior de Justicia, Luis XVI ante la Convención francesa, y Warren Hastings ante la Cámara de los Lores. Faltaban dos elementos cruciales del drama: la causa real por la que el presidente estaba siendo juzgado no era fundamental para el bienestar de la nación, y el acusado siempre estuvo ausente.

No obstante, todos los demás elementos del más alto drama judicial estaban presentes. El presidente de la Corte Suprema juramentó a cada senador para «hacer justicia imparcial» (incluyendo al mismísimo Benjamin Wade, el impetuoso senador de Ohio, quien como presidente *pro tempore* del Senado era el siguiente en la fila para la presidencia). El fiscal jefe de la Cámara era el general Benjamin F. Butler, el «carnicero de Nueva Orleans», un congresista talentoso pero ordinario y demagógico de Massachusetts. (Cuando perdió su escaño en 1874, fue tan odiado por su propio partido, así como por sus oponentes, que un republicano envió un cable en relación a la apabullante victoria demócrata, diciendo: «Butler derrotado, todo lo demás se ha perdido»). Se imprimieron alrededor de mil boletos para asistir a las galerías del Senado durante el juicio, y se utilizaron todos los medios concebibles para conseguir uno de los cuatro boletos asignados a cada senador.

El drama se prolongó desde el cinco de marzo hasta el dieciséis de mayo. De los once artículos del juicio político adoptados por la cámara, los ocho primeros se basaron en la remoción de Stanton y en el nombramiento de un nuevo secretario de guerra en violación a la ley de permanencia en el cargo; el noveno estaba relacionado a la conversación de Johnson con un general, de quien se dijo que había propiciado violaciones a la ley de asignaciones del ejército; el décimo señalaba que Johnson había pronunciado «arengas destempladas, inflamatorias y escandalosas... contra el Congreso y contra las leyes de Estados Unidos»; y el undécimo era un conglomerado deliberadamente oscuro de todos los cargos presentes en los artículos anteriores, que habían sido concebidos por Thaddeus Stevens con el objetivo de proporcionar una base común para quienes favorecían la condena pero no estaban dispuestos a identificarse a sí mismos en cuestiones básicas. En oposición a los argumentos inflamatorios de Butler que respaldaban esa acusación redactada con prisa, el capaz y erudito abogado de Johnson respondió con notable eficacia. Insistieron en que la ley de permanencia en el cargo era nula e inválida por ser una clara violación de la Constitución; que aunque fuera válida, no se aplicaría a Stanton por las razones mencionadas anteriormente, y que la única forma en que podría obtenerse una prueba judicial de la ley era que Stanton fuera despedido y demandado por sus derechos en los tribunales.

Pero a medida que el juicio avanzaba, se hizo cada vez más evidente que los impacientes republicanos no tenían la intención de ofrecerle un juicio justo al presidente en cuanto a las cuestiones formales sobre las que se basaba el juicio político, sino que tenían la finalidad de expulsarlo de la Casa

Blanca por cualquier motivo, real o imaginario, tras negarse a aceptar sus políticas. Las pruebas más obvias a favor del presidente fueron excluidas arbitrariamente. El prejuicio por parte de la mayoría de los senadores fue anunciado con descaro. Los intentos de soborno y otras formas de presión fueron aberrantes. El principal interés no estaba en el juicio ni en las pruebas, sino en el recuento de los votos necesarios para la condena.

Veintisiete estados de la Unión (excluyendo a los no reconocidos del Sur) significaban cincuenta y cuatro miembros del Senado, y se requerían treinta y seis votos para constituir la mayoría de dos tercios necesaria para la condena. Obviamente, los doce votos demócratas ya se habían perdido, y los cuarenta y dos republicanos sabían que podían permitirse el lujo de perder solo a seis de sus propios miembros para que Johnson fuera derrocado. Para su consternación, en una reunión republicana preliminar, seis republicanos valientes señalaron que las pruebas exhibidas hasta el momento no eran a su juicio suficientes para condenar a Johnson bajo los artículos del juicio político. «¡Infamia!», protestó el *Press* de Filadelfia. La república ha «¡sido traicionada en casa de sus amigos!».

Pero aunque los treinta y seis republicanos restantes opusieron resistencia, no habría ninguna duda en cuanto al resultado. ¡Todos debían permanecer unidos! Sin embargo, un senador republicano no anunció su veredicto en la encuesta preliminar: Edmund G. Ross, de Kansas. Los radicales se indignaron porque el senador de un bastión tan opuesto a Johnson como Kansas pudiera dudar. «Fue un caso muy claro», dijo furioso el senador Sumner de Massachusetts, «sobre todo para un hombre de Kansas. No creo que ningún hombre de Kansas pudiera ir en contra de su patria».

Los líderes radicales estuvieron seguros de su voto desde el instante en que Ross ocupó su asiento. Todos sus antecedentes, como ya se ha señalado, apuntaban a un firme apoyo a su causa. Uno de sus primeros actos en el Senado consistió en leer una declaración de su adhesión a la política republicana radical, y él había votado en silencio por todas sus medidas. Ross había dejado claro que no simpatizaba con Andrew Johnson en términos personales o políticos; y después de la destitución de Stanton, había votado con la mayoría para adoptar una resolución que declaraba ilícita dicha destitución. Su colega de Kansas, el Senador Pomeroy, era uno de los líderes más radicales del grupo que estaba en contra de Johnson. Los republicanos insistieron en que el voto decisivo de Ross era suyo por derecho propio, y estaban decididos a obtenerlo por cualquier medio. Como señaló De Witt en su memorable *Acusación de Andrew Johnson*, «todo el peso de la disputa recayó en el último senador dudoso: en Edmund G. Ross».

Cuando la resolución del juicio político fue aprobada por la Cámara, el senador Ross le comentó casualmente al senador Sprague de Rhode Island: «Bueno, Sprague, así están las cosas; y, en lo que a mí respecta, aunque soy republicano y me opongo al señor Johnson y a sus políticas, tendrá un juicio tan justo como lo haya tenido cualquier hombre acusado en esta tierra». Inmediatamente se propagó el rumor de que «Ross estaba dudando». «A partir de esa hora», escribió más tarde: «no pasó un solo día en que no recibiera, por correo, telégrafo y en conversaciones personales, llamados a permanecer firme en el juicio político, y no fueron pocas las advertencias de represalias ante cualquier indicio de tibieza».

> En todo el país, y en todos los ámbitos de la vida, como lo indica la correspondencia de los miembros del Senado, el estado de la opinión pública no era diferente al que precede a una gran

batalla. El partido dominante del país parecía ocupar el cargo de fiscal, y escasamente estaba dispuesto a tolerar el retraso del juicio o a escuchar a la defensa. Washington se había convertido durante el juicio en el baluarte de los insatisfechos con la política, y pululaba con representantes de todos los estados de la Unión, exigiendo con una voz prácticamente unida la deposición del presidente. Los republicanos que se oponían al juicio político fueron perseguidos con ruegos, consideraciones y amenazas desde el comienzo del día y hasta bien entrada la noche. Los periódicos publicaban todos los días una profusión de no pocas amenazas de violencia cuando ellos regresaron a sus distritos electorales.

Ross y sus vacilantes compañeros republicanos fueron hostigados, espiados y sometidos diariamente a todas las formas de presión. Sus residencias fueron vigiladas de cerca, sus círculos sociales escrutados con sospecha, y cada uno de sus movimientos y compañeros fueron registrados en secreto en cuadernos especiales. La prensa del partido les advirtió, sus electores lanzaron arengas en su contra, y recibieron advertencias amenazantes de ostracismo político e incluso de asesinato. El propio Stanton, atrincherado en el cuartel general del Ministerio de Guerra, trabajó día y noche para que los inseguros senadores fueran conscientes de sus impresionantes conexiones militares. El *Press* de Filadelfia reportó «una avalancha descomunal de telegramas de todos los sectores del país», una gran oleada de opinión pública de la «gente común» que había dado su dinero y sus vidas al país y que no «aceptarían por ningún medio que su gran sacrificio terminara convertido en nada».

El *Tribune* de Nueva York informó que Edmund Ross, en particular, fue «arrastrado sin piedad de un lado a otro por ambos bandos, cazado noche y día como un zorro y acosado por sus propios colegas, pisoteado por un ejército y luego por otro como el puente de Arcola». Sus antecedentes y su vida fueron investigados minuciosamente, y sus electores y colegas lo persiguieron por todo Washington para obtener algún indicio de su opinión. Fue blanco de todas las miradas, su nombre estaba en boca de todos y sus intenciones fueron comentadas por todos los periódicos. Aunque hay pruebas de que a cada bando le dio leves indicios acerca de su consentimiento, y cada uno trató de reclamar públicamente su apoyo, en realidad los mantuvo a ambos en un estado total de suspenso debido a su silencio judicial.

Sin embargo, como carecía de experiencia en la agitación política, de reputación en el Senado y de ingresos independientes, y tenía además que hacer frente al estado más radical de la Unión, Ross fue juzgado como el senador más sensible a las críticas y el más seguro en dejarse llevar por las tácticas de expertos. Un comité de congresistas y senadores envió a Kansas, y a los estados de los otros republicanos vacilantes, este telegrama: «Gran peligro para la paz del país y para la causa republicana si el juicio político fracasa. Envíen a sus senadores la opinión pública por medio de resoluciones, cartas y delegaciones». Un miembro de la Legislatura de Kansas citó a Ross en el Capitolio. Un general instado por Stanton permaneció en su casa de campo hasta las cuatro de la mañana decidido a verlo. Su hermano recibió una carta ofreciéndole 20.000 dólares si revelaba las intenciones del senador. Ben Butler, un hombre sin pelos en la lengua, exclamó en referencia a Ross: «¡Es un montón de dinero! ¿Cuánto quiere ese maldito sinvergüenza?». Una noche antes de que el Senado emitiera su primer voto a favor de la condena o absolución de Johnson, Ross recibió este telegrama desde su estado:

Kansas ha escuchado las pruebas y exige la condena del presidente.

(firmado) D. R. ANTHONY Y 1000 MÁS

Y en esa fatídica mañana del 16 de mayo, Ross respondió:

Para D.R. Anthony y 1000 más: No reconozco su derecho a exigir que vote a favor o en contra de la condena. He hecho un juramento para hacer justicia imparcial de acuerdo con la Constitución y las leyes, y para confiar en que tendré el coraje de votar de acuerdo a los dictados de mi juicio y por el bien supremo del país.

[firmado] E. G. Ross

Esa mañana, los espías siguieron a Ross mientras desayunaba, y diez minutos antes de la votación, su colega de Kansas le advirtió delante de Thaddeus Stevens que un voto a favor de la absolución resultaría en la formulación de cargos falsos y en su muerte política.

Pero la hora fatídica ya estaba cerca. Ni el escape, el retraso ni la indecisión eran posibles. Tal como el mismo Ross describió posteriormente: «Las galerías estaban llenas. Los boletos de admisión eran solicitados con ahínco. La Cámara había levantado la sesión y todos sus miembros estaban en el pleno del Senado. Cada escaño estaba ocupado por un senador, un oficial del Gabinete, un miembro del consejo del presidente o un miembro de la Cámara». Todos los senadores estaban sentados y Grimes de Iowa, gravemente enfermo, fue cargado en su silla.

Se había decidido dar el primer voto en virtud de ese amplio artículo undécimo del juicio político, el cual se creía que contaría con un apoyo casi absoluto. A medida que el presidente de la Corte Suprema anunció que la votación comenzaría, recordó: «Los ciudadanos y los forasteros en las galerías deben permanecer en silencio absoluto y en perfecto orden». Pero un silencio sepulcral envolvió a la cámara del Senado. Un congresista recordó más tarde que «algunos miembros de la Cámara cerca de mí estaban pálidos y mareados debido al suspenso»; y Ross señaló que hubo incluso «una disminución en los pies que se arrastraban, en el crujir de las sedas, en el revoloteo de los abanicos y en la conversación».

La votación comenzó con mucha tensión. Cuando el presidente de la Corte Suprema dijo el nombre de Edmund Ross, ya se habían pronunciado veinticuatro «culpables». Diez más estaban seguros y otro lo estaba prácticamente. Solo faltaba el voto de Ross para obtener los treinta y seis votos necesarios para condenar al presidente, pero ni una sola persona en la sala sabía cómo votaría ese joven de Kansas. Incapaz de ocultar el suspenso y la emoción en su voz, el presidente de la Corte Suprema le preguntó: «Señor senador Ross, ¿qué dice usted? ¿Es el demandado Andrew Johnson culpable o inocente de un delito grave, tal como se le acusa bajo el presente artículo?». Todos estaban en silencio; todas las miradas estaban clavadas en el novato senador de Kansas. Las esperanzas, los temores, el odio y la amargura de las últimas décadas parecían enfocadas en ese hombre.

Tal como el propio Ross lo describió posteriormente, sus «facultades auditivas y visuales parecieron desarrollarse en un grado anormal».

> Todos los integrantes de ese gran público parecían visibles a todas luces, algunos con los labios separados e inclinados hacia delante mientras esperaban con ansiedad, otros con la mano en alto, como para protegerse de un golpe... y todos ellos mirando con una intensidad casi trágica el rostro de aquel que estaba a punto de emitir el voto decisivo...

> Todos los abanicos estaban replegados, no se movía un solo pie, no se escuchaba ni el crujido de una prenda, ni susurro alguno... La esperanza y el miedo parecían fundirse en cada rostro, alternándose instantáneamente, unos con odio vengativo... otros iluminados por la esperanza... Los senadores en sus asientos se inclinaban sobre sus escritorios, muchos de ellos con la mano en la oreja... La responsabilidad era enorme, y no era extraño que aquel a quien le había sido impuesta por una combinación fatal de condiciones debería haber tratado de evitarla, de apartarla como quien rehúye o trata de combatir una pesadilla... Miré el interior de mi tumba abierta de manera casi literal. Las amistades, la posición, la fortuna, todo lo que hace que la vida sea más deseable para un hombre ambicioso estaba a punto de ser arrastrado por el aliento de mi boca, tal vez para siempre. No es extraño que mi respuesta fuera arrastrada de manera vacilante por el aire y no pudiera llegar a los límites de la audiencia, ni que la repetición fuera solicitada por los senadores distantes que estaban en el lado opuesto de la Cámara.

Luego se escuchó de nuevo la respuesta con una voz que no podía malinterpretarse: sonora, final, definitiva, decidida e inconfundible: «No es culpable». El acto estaba consumado, el presidente se había salvado, el juicio había concluido prácticamente, y la condena había fracasado. La votación nominal restante no era importante; la condena se había malogrado por el margen de un solo voto y un estruendo general llenó la cámara hasta que el presidente de la Corte Suprema proclamó que «en este artículo, treinta y cinco senadores lo declararon culpable, y diecinueve inocente, y puesto que no se ha alcanzado una mayoría de dos tercios a favor de la condena; el presidente es absuelto, por lo tanto, en virtud del presente artículo».

Después hubo un receso de diez días, diez días turbulentos para cambiar votos en los artículos restantes. Se hizo un intento por someter rápidamente proyectos de ley para readmitir a seis estados sureños, pues era seguro que sus doce senadores votarían a favor de la condena. Pero eso no pudo lograrse a tiempo. Una vez más, Ross fue el único que no se comprometió con los otros artículos, el único cuyo voto no se podía pronosticar. Y una vez más, fue sometido a una presión terrible. Recibió un cable de «D. R. Anthony y otros», informándole que, «Kansas lo repudia como lo hace con todos los prevaricadores y canallas». Cada incidente de su vida fue examinado y distorsionado. El senador Pomeroy consiguió testigos profesionales para que testificaran ante un comité especial de la Cámara que Ross había manifestado su voluntad de cambiar su voto por algún tipo de retribución. (Por desgracia, este testigo estaba tan encantado con su emocionante papel que también juró que el Senador Pomeroy había hecho una oferta para suministrar tres votos a favor de la absolución por 40,000 dólares). Cuando Ross, en calidad de presidente del Comité, le entregó varios proyectos de ley al presidente del Senado, James G. Blaine comentó: «Ahí va el granuja a recibir su pago». (Blaine reconoció mucho después: «En la denuncia exagerada provocada por la ira y el disgusto del momento, se cometió una gran injusticia contra estadistas de carácter impecable»).

Una vez más, circularon rumores absurdos de que Ross había sido convencido para votar a favor de los artículos restantes del juicio político. Mientras el Senado se volvía a reunir, Ross fue el único de los siete republicanos «renegados» en votar con la mayoría sobre los asuntos procesales preliminares. Pero cuando se leyeron el segundo y tercer artículo del juicio político, y el nombre de Ross fue pronunciado de nuevo con el mismo suspenso penetrante de diez días atrás, una vez más se escuchó su respuesta tranquila: «No es culpable».

¿Por qué Ross, que sentía aversión por Johnson, votó «inocente»? Sus motivos sobre el tema están expresados claramente en artículos que escribió posteriormente para las revistas *Scribner* y *Forum*:

> En un sentido amplio, la independencia de la oficina ejecutiva como una rama coordinada del gobierno fue sometida a juicio... Si... el presidente debe renunciar... un hombre caído en desgracia y un paria político... valiéndose de pruebas insuficientes y de consideraciones partidistas, el cargo de presidente sería degradado, dejaría de ser una rama coordinada del gobierno, subordinada para siempre a la voluntad legislativa. Prácticamente habría alterado nuestro espléndido tejido político en una autocracia partidista y parlamentaria... Este gobierno nunca había enfrentado un peligro tan malintencionado... el control por parte del peor elemento de la política estadounidense... Si Andrew Johnson fuera absuelto por un voto no partidista... Estados Unidos se salvaría del peligro de un gobierno partidista y de esa intolerancia que caracteriza con tanta frecuencia la influencia de las grandes mayorías y las hace peligrosas.

La «tumba abierta», que había previsto Edmund Ross era apenas una exageración. Un juez de la Corte Suprema de Kansas le telegrafió que «la cuerda con la que Judas Iscariote se ahorcó se perdió, pero la pistola de Jim Lane está a su servicio». Un editorial de un periódico de Kansas vociferó:

> El sábado pasado, Edmund G. Ross, senador de Estados Unidos por Kansas, se vendió a sí mismo y traicionó a sus electores; aniquiló su propio historial, mintió vilmente a sus amigos, violó su promesa solemne de manera vergonzosa... y al máximo de sus escasas capacidades firmó la sentencia de muerte de la libertad de su país. Hizo este acto de manera deliberada porque el traidor, así como Benedict Arnold, amaba el dinero más que a los principios, los amigos, el honor y a su país, todo ello combinado. Pobre, despreciable, miserable y decrépito, con un alma tan pequeña que prefiere un poco de dinero deshonroso a todo lo demás que dignifica o ennoblece la hombría.

La carrera política de Ross había terminado. Para el *Tribune* de Nueva York, no era más que «un cobarde miserable y traidor». El *Press* de Filadelfia dijo que la «pequeñez» de Ross había «dado simplemente su fruto legítimo», y que él y sus recalcitrantes colegas republicanos habían «caído desde el precipicio de la fama a las profundidades rastreras de la infamia y la muerte». El *Inquirer* de Filadelfia señaló que «ellos se habían juzgado, declarado culpables y condenado a sí mismos». No puede haber «ni concesiones ni clemencia» para ellos.

Una paz relativa regresó a Washington mientras Stanton renunciaba a su cargo y Johnson terminaba el resto de su mandato; posteriormente —a diferencia de sus defensores republicanos— volvió triunfalmente al Senado como senador de Tennessee. Pero nadie le prestó atención cuando Ross intentó, sin éxito, explicar su voto y denunció las falsedades del comité investigativo de Ben Butler, recordando que los «bien conocidos instintos serviles y la propensión al fango y a la inmundicia» del general, habían llevado al público a insultar a ese ser tosco, apodándolo "la bestia"». Se aferró con tristeza a su escaño en el Senado hasta que su término expiró; a menudo lo llamaban «el traidor Ross»; y se quejó de que sus compañeros congresistas, así como los ciudadanos en la calle, pensaban que relacionarse con él era «escandaloso y de mala reputación», tanto que pasaban a su lado como si fuera «un leproso, apartando sus caras, y con todos los indicios del odio y del asco».

Ni Ross ni ningún otro republicano que votó a favor de la absolución de Johnson fue reelegido al Senado, y ninguno de ellos conservó el apoyo de la organización de su partido. Cuando regresó a Kansas en 1871, él y su familia sufrieron el ostracismo social, los ataques físicos y vivieron casi en la pobreza.

¿Quién era Edmund G. Ross? Prácticamente nadie. Ni una sola ley pública lleva su nombre, ni un solo libro de historia incluye su foto, ni una sola lista de los «grandes» del Senado menciona su servicio. Su único acto heroico ha sido casi olvidado. Pero, ¿quién podría haber sido Edmund G. Ross? Esa es la pregunta, porque Ross, un hombre con un excelente dominio de la palabra, con una formación excelente para la política y un futuro promisorio en el Senado, bien podría haber aventajado a sus colegas en prestigio y poder durante una larga carrera en el Senado. En lugar de ello, optó renunciar a todo eso por un acto de conciencia.

Sin embargo, el curso serpenteante de los acontecimientos humanos finalmente confirmó la certeza que él le expresó a su esposa poco después del juicio: «Los millones de hombres que me maldicen hoy me bendecirán mañana por haber salvado al país del mayor peligro que ha tenido, aunque solo Dios podrá saber los problemas que me ha costado». Porque veinte años más tarde, el Congreso derogó la ley de permanencia en el cargo, a la que se habían opuesto todos los presidentes después de Johnson, sin importar el partido, e incluso después, la Corte Suprema, en referencia a «los extremos de ese episodio en nuestro gobierno», sostuvo que era inconstitucional. Ross se mudó a Nuevo México, donde en sus últimos años fue nombrado gobernador territorial. Justo antes de su muerte, cuando el Congreso le concedió una pensión especial por su servicio en la Guerra Civil, la prensa y el país aprovecharon la oportunidad para rendir homenaje a su fidelidad a los principios en un momento difícil y a su coraje para salvar a su gobierno de un devastador imperio del terror. Ahora estaban de acuerdo con la opinión anterior de Ross de que su voto había «salvado al país de... una presión que habría destrozado a cualquier otra forma de gobierno». Esos periódicos y líderes políticos de Kansas que lo habían denunciado amargamente en años anteriores, elogiaron a Ross por su postura en contra del dominio de la chusma legislativa: «Gracias a la firmeza y al coraje del senador Ross», se dijo, «el país se salvó de una calamidad mayor que la guerra, pero lo relegó a un martirio político, el más cruel de nuestra historia... Ross fue víctima de una llama salvaje de intolerancia que barrió con todo lo que encontró a su paso. Él cumplió con su deber, aun sabiendo que significaba su muerte política... Fue un acto de valentía de su parte, pero Ross lo hizo. Actuó siguiendo su conciencia y con un patriotismo elevado, independientemente de lo que sabía que debían ser las consecuencias catastróficas para sí mismo. Ross actuó correctamente».

No podría concluir la historia de Edmund Ross sin hacer una mención más adecuada de esos seis republicanos valientes que lo apoyaron y desafiaron las denuncias para absolver a Andrew Johnson. Antes y más que cualquiera de esos seis colegas, Edmund Ross padeció —previa y posteriormente a su voto—, al tomar su concienzuda decisión con mayor dificultad, despertando mucho interés y suspenso antes del 16 de mayo por su silencio sin compromisos. Su historia, al igual que su voto, es la clave de la tragedia del proceso de destitución. Sin embargo, los siete republicanos que votaron contra la condena deberían ser recordados por su valentía. No obstante ni uno solo de ellos volvió a ganar la reelección al Senado. Ni uno solo de ellos escapó de la mezcla nefasta de amenazas, chantajes y tácticas coercitivas con las que sus compañeros republicanos trataron de intimidar sus votos; tampoco ni uno solo de ellos escapó de la terrible tortura de la crítica feroz engendrada por su voto absolutorio.

William Pitt Fessenden, de Maine, uno de los senadores, oradores y abogados más eminentes de su época, y prominente líder republicano —que admiraba a Stanton y no apreciaba a Johnson—, se convenció al principio del proceso de que «todo el asunto es una simple locura».

> El país tiene una opinión tan mala del presidente —la cual merece por completo—, que espera su condena. Cualesquiera que sean las consecuencias que sufra personalmente, cualquier cosa que pueda pensar y sentir como político, no decidiré este asunto en contra de mi opinión. Preferiría que me obligaran a sembrar coles por el resto de mis días... decidan, si es necesario, oír que soy denunciado como traidor y hasta quemado como Judas. He recibido todos los insultos imaginables por parte de los hombres y de los periódicos partidarios de quienes buscan mi destitución. He recibido varias cartas de amigos, en las que me advierten que cavaré mi tumba política si no voto por convicción, así como varias amenazas de muerte. Es un momento muy difícil en mi vida, después de una larga carrera me encuentro siendo el blanco de las afiladas

> flechas de quienes he servido fielmente. El público, cuando está agitado y excitado por la pasión y el prejuicio, es poco más que una bestia salvaje. De todos modos, mantendré mi propia autoestima y la conciencia tranquila, y por lo menos el tiempo le hará justicia a mis razones.

Los republicanos radicales estaban decididos a convencer al respetado Fessenden, cuyo nombre sería el primer interrogante en la ronda de votación; por lo que la correspondencia que había recibido de Maine estaba plagada de insultos, amenazas y súplicas. Wendell Phillips le dijo despectivamente a una multitud enardecida que «se necesitan seis meses para que una idea de estadista logre llegar al cerebro del señor Fessenden. Yo no digo que le falte; solo que es muy lento».

Fessenden decidió no leer los periódicos ni su correspondencia. Pero cuando uno de sus amigos políticos más antiguos en Maine lo instó a «colgar a Johnson por los talones como un cuervo muerto en un campo de maíz, para asustar a todos los de su tribu», señalando estar «seguro de que expreso el sentimiento unánime de todos los fieles de corazón y cerebro en este estado», Fessenden respondió indignado:

> Estoy actuando como juez... ¿con qué derecho puede un hombre, sobre el que no cabe ninguna responsabilidad y que ni siquiera ha escuchado las pruebas, tratar de aconsejarme cuál debería ser el resultado del proceso e incluso la sentencia? Quiero que todos mis amigos y electores entiendan que soy yo, no ellos, quien está participando en el juicio al presidente. Soy yo, no ellos, quien ha jurado hacer justicia imparcial. Yo, no ellos, soy responsable ante Dios y los hombres por mi acto y sus consecuencias.

En esa trágica tarde del 16 de mayo, como la describió Ross, el senador Fessenden «estaba en su lugar, pálido y ojeroso, pero listo para el martirio político que estaba a punto de sufrir, y que no mucho tiempo después lo llevó a la tumba».

El primer senador republicano en exclamar «inocente», y el primero de los siete en acudir a su tumba, acosado por los insultos despiadados que habían arruinado toda posibilidad de ser reelegido, fue William Pitt Fessenden, de Maine.

John B. Henderson, de Misuri, uno de los miembros más jóvenes del Senado, había demostrado previamente un gran coraje al presentar la decimotercera enmienda para abolir la esclavitud, simplemente porque estaba convencido de que sería aprobada solo si era respaldada por un senador de un estado esclavista, quien pagaría necesariamente con su muerte política. Pero cuando la delegación completa de los representantes republicanos de su estado lo arrinconó en su oficina para exigir que condenara al odiado Johnson, y le advirtió que los republicanos de Misuri no tolerarían ninguna otra opción, la valentía habitual de Henderson flaqueó. Se ofreció dócilmente a enviar su renuncia por cable al gobernador, permitiendo que una nueva persona nombrada votara por convicción; y, cuando se dudó si se le permitiría votar a un nuevo senador, Henderson accedió a confirmar si su voto sería crucial o no.

Sin embargo, un telegrama insolente y amenazante de Misuri restauró su honor, por lo que el senador envió su respuesta con rapidez: «Digan a mis amigos que he jurado hacer justicia imparcial conforme a la ley y a la conciencia, y que trataré de hacerlo como un hombre honrado».

John Henderson votó por la absolución, el último acto importante de su carrera senatorial. Denunciado, amenazado y quemada su efigie en Misuri, ni siquiera se molestó en buscar la reelección al Senado. Años más tarde, su partido comprendió la deuda que tenía con él, y le comisionó cargos menores, pero sus días en el Senado, cuya integridad había conservado, ya habían terminado.

Peter Van Winkle, de Virginia Occidental, el último republicano dudoso que fue llamado el 16 de mayo era, como Ross, un «don nadie»; pero su firme «No es culpable» apagó el último rayo tenue de esperanza que Edmund Ross ya había casi destruido. Los republicanos contaban con Van Winkle: era el primer senador de Virginia Occidental en Estados Unidos, y un crítico de la destitución de Stanton; y debido a su coraje, fue calificado como «el traidor de Virginia Occidental» por el *Intelligencer* de Wheeling, que declaró al mundo que no había un ciudadano leal en el estado que no hubiera sido mal representado por su voto. Él también aseguró su retirada definitiva de la política tan pronto expiró su mandato en el Senado.

El veterano Lyman Trumbull de Illinois, que derrotara a Abe Lincoln para el Senado, había redactado gran parte de la legislación principal sobre la reconstrucción que Johnson vetó y votó para censurarlo después de la destitución de Stanton.

Pero, a los ojos del *Press* de Filadelfia, su «habilidad política rayaba en el egoísmo», pues resistió una presión tremenda y votó en contra de la condena. Una convención republicana en Chicago había resuelto «que cualquier senador elegido por los votos de los republicanos de la Unión, que se acobarde y traicione en este momento, es infame y debe ser deshonrado y execrado mientras perdure este gobierno libre». Y un líder republicano de Illinois había advertido al distinguido Trumbull «no salir a las calles de Chicago; pues temo que los representantes de un pueblo indignado lo colgarían del poste de alumbrado público más cercano».

No obstante Lyman Trumbull, poniendo fin a una brillante carrera de servicio público y devoción al partido que renegaría de él, pronunció estas palabras perdurables:

> La cuestión a decidir no es si Andrew Johnson es una persona adecuada para ocupar el cargo presidencial, ni si es apropiado que deba permanecer en él... Una vez establecido, el ejemplo de un juicio político a un presidente que —cuando el alboroto de la cámara haya disminuido—, sea considerado como causa insuficiente, ningún futuro mandatario que difiera con la mayoría de la cámara y con dos tercios del Senado sobre cualquier medida considerada por ellos importante... ¿Qué pasa entonces con los pesos y contrapesos de la Constitución, tan cuidadosamente elaborados y tan vitales para su perpetuidad? Todo eso desaparece... No puedo ser un instrumento para producir semejante resultado, y a riesgo de perder incluso mis vínculos de amistad y afecto, hasta que unos tiempos más tranquilos le hagan justicia a mis motivos, no tengo otra alternativa que el cumplimiento inflexible del deber.

Joseph Smith Fowler, de Tennessee, quien al igual que Ross, Henderson y Van Winkle, era un senador novato, pensó inicialmente que se podría enjuiciar al presidente. Pero el exprofesor de Nashville estaba horrorizado por el propósito inquebrantable de la cámara de apresurar la resolución del juicio político debido a unas pruebas en contra de Johnson «basadas en la mentira», y por el «corrupto y deshonesto» Ben Butler, un hombre «malvado que trata de convertir el Senado de Estados Unidos en una guillotina política». Fowler se negó a dejarse manipular por unos «políticos aparecidos en un momento de discrepancia... manteniendo vivas las brasas de la revolución moribunda». Amenazado, investigado y difamado por sus compañeros republicanos radicales, el nervioso Fowler vaciló tanto en su respuesta el 16 de mayo que al principio fue confundida con la palabra «culpable». Una ola triunfal barrió el Senado: Johnson había sido condenado, ¡el voto de Ross no era necesario! Pero luego vino la respuesta clara y nítida: «Inocente».

Al ver que su reelección era imposible, Fowler se retiró en silencio del Senado al final de su mandato dos años más tarde, no sin antes hacer una declaración en defensa de su voto: «Actué por mi país y por la posteridad en obediencia a la voluntad de Dios».

James W. Grimes, de Iowa, uno de los enemigos acérrimos e influyentes de Johnson en el Senado, se convenció de que el juicio había sido orquestado únicamente para incitar las pasiones públicas a través de «mentiras enviadas desde aquí por las criaturas más mezquinas e irresponsables que hay sobre la faz de la tierra» (una indicación, tal vez, de la mejora en la calidad de los corresponsales de Washington en los últimos ochenta y siete años).

Por desdicha, los insultos y las amenazas que recibió durante el juicio le causaron un ataque de parálisis solo dos días antes de la votación, y permaneció confinado en su cama. Los republicanos radicales, rechazando cualquier aplazamiento, tenían la agradable seguridad de que Grimes podría estar muy enfermo para asistir el 16 de mayo, o que declararía que su enfermedad le impedía emitir el voto que pondría fin a su carrera. En las galerías, la multitud cantaba: «El viejo Grimes está muerto, ya no veremos más a ese hombre viejo y malo». Y Horace Greeley escribió en el *Tribune* de Nueva York: «Parece como si no pudiera pasar ninguna generación sin darnos un hombre que viva entre las señales de alarma de la historia. Hemos tenido a Benedict Arnold, a Aaron Burr, a Jefferson Davis y ahora a James W. Grimes».

No obstante James W. Grimes era un hombre de un gran coraje tanto físico como moral, por lo que justo antes de que la votación comenzara el 16 de mayo, cuatro hombres llevaron en su silla al senador pálido y marchito de Iowa. Grimes escribió más tarde que Fessenden le había tomado la mano y dirigido una «sonrisa gloriosa... No cambio ese recuerdo por la más alta distinción de la vida». El presidente de la Corte Suprema sugirió que podía permanecer sentado durante la votación, pero el senador Grimes se puso de pie con la ayuda de sus amigos, y con una voz sorprendentemente firme, exclamó: «Inocente».

Quemada su efigie, acusado por la prensa de «idiotez e impotencia», y repudiado por su estado y sus amigos, Grimes nunca se recuperó, pero antes de morir, declaró a un amigo:

> Siempre agradeceré a Dios que en esa difícil hora del juicio, cuando muchos confesaron en privado que habían sacrificado su opinión y su conciencia ante los mandatos de los periódicos y el odio partidista, tuve el coraje de ser fiel a mi juramento y a mi conciencia... Tal vez hice mal en no cometer perjurio por orden de un partido; pero no lo veo de esa manera... Me convertí en un juez que actuó según mi propia responsabilidad, por lo que soy responsable solo ante mi propia conciencia y mi Hacedor; y ningún poder podría obligarme a decidir un caso tan contrario a mis convicciones, estuviera conformado por mis amigos o mis enemigos.

VII
Lucio Quinto Cincinato Lamar

«Hoy tengo que ser sincero o falso...»

Nadie había visto llorar nunca a James G. Blaine, veterano y endurecido político, presidente de la Cámara. Sin embargo, permaneció sentado allí, con las lágrimas resbalándole sin pudor alguno por sus mejillas, incapaz de ocultar sus emociones a los miembros de la Cámara ni a los espectadores. Pero pocos en el pleno o en las galerías en aquel día dramático de 1874, le estaban prestando mucha atención al señor Blaine, la mayoría no hacía ningún intento por ocultar sus propias lágrimas. Demócratas y republicanos por igual, veteranos marcados por las batallas de la Guerra Civil y la violencia de la política, permanecieron sentados en un sombrío silencio mientras escuchaban las súplicas urgentes del novato congresista de Misisipí. Hablando con sencillez y claridad, sin recurrir a los recursos retóricos habituales, su voz plena y hermosa llegó al corazón de cada oyente con su simple alegato en favor de la amistad y la justicia entre el Norte y el Sur.

Todos fueron conmovidos por su mensaje; aunque también aturdidos por su impacto, pues Lucio Lamar de Misisipí estaba intercediendo en nombre del enemigo más implacable del Sur, el republicano radical que había contribuido a que el período de reconstrucción fuera una pesadilla tan negra que el Sur no podría olvidar nunca: Charles Sumner de Massachusetts. Charles Sumner —que atacó a Daniel Webster como un traidor por tratar de mantener al Sur en la Unión— y que ayudó a crucificar a Edmund Ross por su voto en contra del dominio de la chusma del Congreso que habría desintegrado al Sur y a la presidencia bajo su talón—, cuya propia muerte se vio acelerada por la terrible flagelación sufrida años atrás en el pleno del Senado a manos del congresista Brooks de Carolina del Sur, quien acto seguido se convirtió en un héroe sureño, Charles Sumner ahora estaba muerto. Y Lucio Lamar, conocido en los días anteriores a la guerra como uno de los más rabiosos «tragafuegos» que hubiera engendrado el Sur profundo, estaba de pie en el pleno de la Cámara y pronunció un elogio conmovedor lamentando su partida.

Porque Charles Sumner, antes de morir, le dijo Lamar a su audiencia silenciosa:

> creía que todos los motivos de los conflictos y la desconfianza entre el Norte y el Sur habían desaparecido... ¿No es ese el sentimiento común —o si no lo es, debiera serlo— de la gran masa de nuestro pueblo, del Norte y del Sur? ... ¿No deberíamos, sobre los restos honrados de... este defensor sincero del ejercicio de la ternura y la caridad humana, dejar a un lado los encubrimientos que solo sirven para perpetuar malentendidos y desconfianza, y confesar francamente que ambos lados debemos querer ardientemente ser uno... de sentimiento y corazón? ... Ojalá que el espíritu de los muertos ilustres a quienes lamentamos hoy pudiera hablar

desde la tumba a ambos partidos sobre esta discordia deplorable en un tono que debería llegar a todos y a cada corazón a través de este vasto territorio: «¡Compatriotas! ¡Conoceos unos a otros, y os amaréis unos a otros!».

Hubo un ominoso silencio, de meditación y conmoción. Entonces, una explosión espontánea de aplausos provino desde todos los lados. «Dios mío, ¡qué discurso!», le dijo el congresista Lyman Tremaine de Nueva York a Kelly «Cerdo de hierro», de Pensilvania. «Retumbará a través del país».

Pocos discursos en la historia política de Estados Unidos han tenido un impacto tan inmediato. De la noche a la mañana, Lamar ascendió al primer plano en el Congreso y en el país; y lo más importante, marcó un punto de inflexión en las relaciones entre el Norte y el Sur. Dos semanas después del panegírico a Sumner, Carl Schurz, de Misuri, se levantó ante diez mil ciudadanos de Boston y celebró a Lamar como el profeta de un nuevo día en las relaciones entre el Norte y el Sur. El *Globe* de Boston llamó al discurso de Lamar sobre Sumner «evidencia de la restauración de la Unión en el Sur»; y el *Advertiser* de Boston afirmó que era «la expresión más significativa y esperanzadora que se ha oído del Sur desde la guerra».

Era inevitable que algunos lo malinterpretaran, tanto en el Norte como en el Sur. Los norteños cuyo poder político dependía de mantener la hegemonía federal en los antiguos estados confederados, se resistieron a cualquier esfuerzo por sanar los conflictos seccionales. James Blaine, después de que sus lágrimas se secaron, habría de escribir sobre el panegírico a Sumner que «era una señal del genio positivo de un representante sureño pronunciar un elogio fervoroso y refinado sobre el señor Sumner, y lo entretejió hábilmente con una defensa que el señor Sumner, al igual que John Wesley, creía ser la suma de todas las villanías».

Los sureños, para quienes Charles Sumner simbolizaba lo peor del movimiento abolicionista antes de la guerra y de la reconstrucción de la posguerra, se sintieron traicionados. Varios periódicos influyentes de Misisipí, incluyendo el *Democrat* de Columbus, el *Mail* de Canton y el *Mercury* de Meridian, criticaron enérgicamente a Lamar, al igual que muchos de sus viejos amigos, sosteniendo que había renunciado a los principios y al honor sureños. Lamar escribió a su esposa:

> Aquí, nadie piensa que entregué la bandera sureña, pero la prensa sureña se abalanzó sobre mí... Nuestro pueblo ha sufrido mucho, ha sido traicionado con tanta frecuencia por aquellos en quienes tenía la más sólida de las razones para confiar, que es apenas natural que debiera sospechar de cualquier palabra o propuesta al Norte realizada por un sureño. Sé que le he hecho bien, al menos por una vez... que he despertado simpatías donde antes existían animosidades. Si el Sur me condena, aunque no seré indiferente a su desaprobación, no estaré... resentido. Me sentiré animado al pensar que he hecho algo beneficioso para el Sur. Es hora de que un hombre público trate de servir al Sur y no favorezca sus sentimientos irritados... No serviré a ningún otro interés que al del Sur, y me retiraré con calma y en silencio a la vida privada si su pueblo no me aprueba.

Este tipo de ataques, sin embargo, eran minoritarios. Se reconoció en términos generales, en el Norte y en el Sur, que el discurso que podría haber sido un desastre, en realidad fue un triunfo notable. Era evidente que, movidos por las fuerzas extrañas de la historia y el destino personal, el hombre y la ocasión se habían reunido aquel día en Washington.

¿Quién era ese hombre?

Lucio Quinto Cincinato Lamar era, en 1874, un «hombre público». No permitía que los problemas insignificantes, las banalidades políticas y ni siquiera los asuntos privados, confundieran su intelecto. No había consideraciones partidistas, personales ni seccionales que pudieran pesar más que su devoción por la verdad y el interés nacional. No solo era un estadista, sino también un erudito y uno de los pocos pensadores originales de su época. Henry Adams lo consideró como uno de «los hombres más tranquilos, razonables y amables de Estados Unidos, y bastante extraño en su encanto social. Sobre todo... tenía tacto y humor». Henry Watterson, el famoso periodista de Washington, lo llamó «el más interesante y encantador de los hombres... Creo que Lamar es el más inteligente de todos los hombres que he conocido en Washington». Y el senador Hoar señaló en una ocasión:

> El difunto Matthew Arnold solía decir que los hombres públicos estadounidenses carecían de lo que él llamaba «distinción». Nadie habría dicho eso del señor Lamar. Él habría sobresalido en cualquier lugar, debido a un carácter y a unas cualidades muy propias. Era un personaje muy interesante, muy destacado y muy noble.

William Preston Johnson, el reconocido corresponsal de Washington, escribió: «Los Lamar son de origen hugonote. La impronta fatal de la genialidad estaba en esa familia. Todo lo que emanaba de ella reflejaba su impronta, su inspiración, su triunfo y un poco de su miseria». Un pase de lista en la casa de su padre era una experiencia impresionante, porque entre los tíos de Lucio se encontraban Mirabeau Bonaparte, cuyo ataque en San Jacinto derrotó a las tropas mexicanas y lo convirtió en el segundo presidente de la República de Texas; Jefferson Jackson, Thomas Randolph y Lavoisier LeGrand indicaron, por parte de quien los bautizó, un interés que oscilaba entre la historia y la política, la política y la química. Pero esa impronta fatal de genialidad y melancolía había marcado a su padre que, a los treinta y siete años, con una carrera notable delante de él como abogado en Georgia, en un período de depresión intensa, se despidió de su esposa y de sus hijos con un beso, salió al jardín y se pegó un tiro.

Cierta veta oscura, similar a un estado de ánimo cambiante y depresivo, se manifestó durante toda la vida de Lamar. A pesar de que nunca sucumbió de lleno a ello, sus contemporáneos observaron su ensimismamiento, su naturaleza sensible y a veces taciturna. Sin embargo, su juventud fue feliz en términos generales, acaecida en una plantación en la región donde Joel Harris habría de recoger sus cuentos del Tío Remus y del conejo Br'er. El mismo Lamar se hizo famoso más tarde por sus historias del Sur rural, como lo ha señalado Henry Adams al hablar de lo eficaz que habría sido Lamar como representante de la Confederación en Londres: «La sociedad de Londres se habría sentido encantada con él; sus historias le habrían asegurado el éxito; sus modales le habrían ganado el cariño de todos; su oratoria habría conmovido a todos los públicos».

Lamar, que desde muy pequeño estuvo bajo la tutela de su madre, mostró una aptitud notable para el estudio. Muchos años después, dijo: «¡Libros! Estuve rodeado de libros. El primero que recuerdo que mi madre puso en mis manos fue la *Autobiografía* de Franklin». El segundo fue la *Historia* de Rollin, la misma sobre la que John Quincy Adams había meditado mucho tiempo atrás, cuando tenía nueve años. Lamar era un lector asiduo de obras sobre diplomacia y leyes, pero también era un apasionado de la literatura liviana, como descubrieron varios corresponsales años más tarde al ayudarlo a recoger varios libros que se habían caído accidentalmente de su maletín oficial al entrar a la Casa Blanca para una reunión del Gabinete. ¡Todos eran novelas baratas!

El Emory College, donde estudió Lamar, era un hervidero de derechos de los estados. Su presidente, un miembro de la célebre familia Longstreet, era un ardiente seguidor de Calhoun, y su influencia sobre Lamar, siempre fuerte, aumentó cuando este se casó con su hija. Cuando Longstreet dejó Georgia para asumir la presidencia de la Universidad Estatal en Oxford, Misisipí, Lamar lo acompañó para ejercer la abogacía y enseñar, y fue mientras estuvo en la universidad que a Lamar se le presentó la oportunidad que dio comienzo a su carrera pública.

El 5 de marzo de 1850, la Legislatura del Estado de Misisipí aprobó una serie de resoluciones que instruían a los representantes de esa entidad para votar en contra de la admisión de California. Cuando el senador Foote ignoró esas instrucciones en un notable despliegue de coraje, Lamar fue convencido por un comité de derechos de los estados demócratas para que debatiera con el senador tras el regreso de este último a Misisipí a fin de postularse como gobernador. Lamar tenía apenas veintiséis años, recién había llegado al estado y a la vida política de su época, por lo que solo tuvo unas pocas horas para prepararse para el debate contra uno de los políticos más hábiles y agresivos de su tiempo. Pero su discurso improvisado, en el que reprendió al senador Foote por ignorar las instrucciones de la Legislatura de Misisipí (como él mismo habría de hacerlo veintiocho años más tarde), fue un éxito notable, y al final del debate los estudiantes de la universidad «lo sacaron en hombros».

A ello le siguió su elección al Congreso como un firme defensor de las doctrinas de Calhoun y Jefferson Davis. Aunque Alexander Stephens, Robert Toombs y otros unionistas sureños trataban en vano de contener la marea seccional en el Congreso, Lamar era un prosureño recalcitrante. «Otros pueden jactarse», dijo en el pleno de la Cámara», de su patriotismo ilimitado, y de su amor extremado y absoluto por esta Unión. En mi caso, confieso que la promoción de los intereses del Sur es lo segundo en importancia detrás de la preservación del honor del Sur». Algunos años más tarde, Lamar dijo que nunca había dudado de la solidez del sistema sureño hasta que descubrió que la esclavitud no podía soportar una guerra. Sin embargo, era consciente de su fin inevitable. Escribió en una carta: «La disolución no puede tener lugar en silencio... Cuando el sol de la Unión se oculte, lo hará con sangre».

Hacia 1860 pasó «por el peor de los tragafuegos sureños», según comentó Henry Adams. Después de haber perdido todo asomo de esperanza de que el Sur pudiera obtener justicia en la Unión Federal, salió de la convención demócrata en Charleston con Jefferson Davis, ayudando a romper un eslabón más en la cadena de la Unión. Su carrera antes de la guerra llegó a su punto culminante en 1861, cuando redactó la ordenanza de la secesión que disolvía los lazos de Misisipí con la Unión. El viento fue creado; ahora Lamar y Misisipí iban a cosechar el torbellino.

Este cayó sobre ambos con la misma violencia. Ciertamente, muchas de las fuertes pruebas y gran parte de la agonía que asolaron al Sur en los años posteriores a la guerra se debieron a los que fallecieron en la contienda, los mismos de quienes se podría haber esperado que impusieran el liderazgo de la región. El control del gobierno siempre se había dado por un estrecho margen en el Sur, en comparación con el Norte, y «el derramamiento del vino» fue especialmente fuerte entre las familias gobernantes. De los trece hijos del primer Lamar de Estados Unidos que sirvieron en los ejércitos confederados con el rango de teniente coronel o superiores a este, siete perecieron en la guerra. Jefferson Mirabeau, hermano menor de Lamar y supuestamente el más brillante, murió al saltar de su caballo sobre los parapetos del enemigo en Crampton's Gap. Su primo John, uno de los propietarios de esclavos más grandes del Sur, cayó cerca de él. Dos años más tarde, Thompson Bird, hermano mayor de Lamar y coronel del Quinto Regimiento de la Florida, pereció en la sangrienta batalla de Petersburgo. Dos abogados que eran socios de Lamar perdieron la vida: el coronel Mott en Williamsburg, donde Lamar luchó a su lado, y James Autrey, en la masacre de Murfreesboro. Como un símbolo de los días oscuros que se avecinaban, el letrero destrozado de la oficina con los nombres de los tres socios fue encontrado flotando en el río.

La propia carrera militar de Lamar terminó con un ataque de apoplejía, una enfermedad de la que sufrió toda su vida y que se cernía sobre él como la muerte en los momentos de gran emoción. Sirvió casi todo el resto de la guerra como agente diplomático para el gobierno de la Confederación.

Con el fin de la guerra, que había arruinado todas sus esperanzas e ilusiones, Lamar sufrió una fuerte presión para dejar los restos del naufragio del pasado y radicarse en otro país. Sintió, en palabras de su biógrafo Wirt Armistead Cate, que estaba desacreditado, un líder que había llevado a su pueblo a una jungla de la que no había existido ningún camino de regreso. Sin embargo, siguió el consejo de Robert Lee a los líderes sureños en cuanto a permanecer y «compartir la suerte de sus respectivos estados»; por lo que, desde 1865 hasta 1872, Lamar vivió tranquilamente en Misisipí, enseñando y ejerciendo como abogado, mientras su estado atravesaba los días amargos de su reconstrucción.

Ningún estado padeció más la dominación «*carpetbag*» [oportunistas políticos procedentes del Norte] que Misisipí. Adelbert Ames, primero senador y luego gobernador, era oriundo de Maine y yerno de Ben Butler, el famoso «carnicero de Nueva Orleans». Admitió ante un comité del Congreso que solo su elección al Senado lo había impulsado a residir en Misisipí. Fue elegido gobernador por una mayoría compuesta por esclavos liberados y republicanos radicales, sostenidos y nutridos por las bayonetas federales. Un tal Cardoza, acusado de robo en Nueva York, fue nombrado como director de las escuelas públicas, y dos antiguos esclavos ocuparon los cargos de teniente gobernador y ministro de Estado. Vastas zonas del norte de Misisipí estaban en ruinas. Los impuestos aumentaron a un nivel catorce veces más alto de lo normal con el fin de apoyar las extravagancias del gobierno de reconstrucción y las cuantiosas deudas de las guerras nacionales y estatales.

Mientras Lamar pasaba por esos tiempos difíciles, comprendió que la única esperanza para el Sur no estaba en ahondar sus antiguas rencillas con el Norte, sino en promover la conciliación, contribuir al desarrollo y a la restitución de las relaciones normales a nivel federal y estatal, y en el retiro del gobierno militar. Eso, a su vez, solo podía lograrse haciendo que el Norte comprendiera que el Sur ya no quería —en palabras de Lamar— ser el «péndulo agitador y agitado de la política estadounidense». Lamar esperaba lograr que el Norte comprendiera que la supresión de las garantías constitucionales de los pueblos del Sur debía afectar inevitablemente las libertades de los pueblos del Norte. Llegó a creer que la felicidad futura del país solo podía descansar en un espíritu de conciliación mutua y en la cooperación entre las personas de todas las secciones y estados.

Dos sectores se oponían a su política. Por un lado, estaban los líderes republicanos que creían que solo mediante la violencia podían mantener su apoyo en el Norte y en el Este, sobre todo entre el Gran Ejército de la República; y aquellos que se convencieron tras las elecciones de 1868 de que si los estados sureños debían ser controlados una vez más por los demócratas, estos estados —junto con sus aliados en el Norte—, harían de los republicanos una minoría permanente a nivel nacional. Por otro lado, estaban aquellos sureños que recorrían el camino fácil de la influencia y la popularidad luego de complacer y explotar el resentimiento natural y la amargura del Sur derrotado en contra de sus ocupantes.

Por el contrario, Lamar creía que «el único rumbo que debo seguir, al lado de otros representantes sureños, es hacer lo que podamos para calmar la excitación entre las secciones y lograr la paz y la reconciliación».

Lamar fue elegido al Congreso en 1872, y se le concedió su petición de indulto debido a la incapacidad aplicada a todos los funcionarios de la Confederación por la decimocuarta enmienda. La muerte de Sumner y la invitación del representante Hoar de Massachusetts para pronunciar el panegírico, fueron la ocasión ideal que Lamar había esperado durante mucho tiempo para tender su mano en señal de amistad hacia el Norte. Todo conspiró para asegurar su éxito: su reputación antes de la guerra como desunionista, su servicio como oficial de la Confederación, el hecho de que Sumner fuera ampliamente odiado en Misisipí y en el Sur, y su propia habilidad excepcional como orador. Todos esos factores a su favor se vieron reforzados por su apariencia impactante, incluyendo, en palabras de Henry Grady, «esa peculiar tez morena, pálida pero clara; los espléndidos ojos grises, los pómulos pronunciados, el cabello castaño oscuro, la boca firme y rígida». Su panegírico memorable acerca de Sumner fue la primera oportunidad de Lucio Lamar para demostrar un nuevo tipo de habilidad política sureña. Pero no sería la última.

En términos generales, los habitantes de Misisipí entendieron y admiraron los sentimientos del panegírico a Sumner, respetaron la sinceridad de Lamar aunque no la admiraran ni le perdonaran por lo que ellos consideraban que sería un grave error de criterio si discreparan completamente de él. Tras disfrutar de una oleada de popularidad, y luego del regreso a la democracia en Misisipí en 1876, Lamar fue elegido por la legislatura para el Senado de Estados Unidos. Pero incluso antes de que pasara de la Cámara al Senado, Lamar causó de nuevo la indignación de muchos de sus partidarios al abandonar a su partido y su sección en otro tema candente.

La contienda presidencial entre Hayes y Tilden de 1876 había sido intensa, y culminó al parecer en una estrecha victoria de votos electorales para el demócrata Tilden. Aunque Hayes aceptó en un principio su derrota con resignación filosófica, sus lugartenientes, con la cooperación del diario republicano *New York Times*, tendieron un manto de duda sobre la elección aparentemente segura de Tilden al afirmar que la votación era disputada de forma estrecha en Carolina del Sur, Luisiana y la Florida, y luego intentaron convertir esa duda en la certeza de la elección de Hayes al obtener resultados adulterados de las elecciones por parte de los gobiernos *carpetbag* de esos tres estados. Ante los rumores de violencia y de dictadura militar, el Congreso determinó luego del arbitraje de una comisión electoral que supuestamente no era partidista; y Lucio Lamar, confiando en que una investigación objetiva demostraría el fraude palpable de la causa republicana, aceptó esa solución para evitar que se repitiera el conflicto trágico que había envejecido considerablemente su espíritu y ampliado su perspectiva.

Pero cuando la comisión, actuando plenamente en conformidad con las políticas del partido, premió a los estados en disputa y eligió a Hayes con 185 votos electorales contra

184 de Tilden, el Sur se sintió indignado. Cuatro años más de gobierno republicano significaban cuatro años más de esclavitud y explotación en el Sur, cuatro años más antes de que el Sur pudiera recuperar su dignidad y su lugar legítimo en la nación. Lamar fue acusado de cambiar su voto y el honor de su sección por la promesa de un cargo futuro; fue acusado de cobardía, de temer defender a su estado si eso significaba entablar una batalla; y fue acusado de abandonar a su pueblo y a su partido en la misma hora en que el triunfo debería haber sido por fin legítimamente suyo. Sus enemigos, comprendiendo que pasarían seis años antes de que el senador electo Lamar se viera obligado a presentarse a la reelección, prometieron no olvidar nunca ese día de perfidia.

No obstante, Lucio Lamar, un hombre de ley y de honor, no podía ahora repudiar las conclusiones, por impactantes que fueran, de la comisión que él mismo había ayudado a establecer. Respaldó las conclusiones de la comisión porque creía que solo la fuerza podría evitar que Hayes asumiera la presidencia, y que sería desastroso recorrer ese camino de nuevo. Él pensaba que, en esta ocasión, aceptar la derrota era lo mejor para el Sur, a pesar de la provocación. Sin embargo, fue lo suficientemente hábil para lograr que Hayes se comprometiera a hacer concesiones al Sur, incluyendo el retiro de las fuerzas militares de ocupación y un retorno al gobierno autónomo en los estados clave. Este servicio genuino a su estado, en una ocasión en la que muchos políticos sureños estaban hablando de un desafío franco, fue oscurecido en gran parte inicialmente. Pero impasible ante la tormenta de la oposición proveniente de Misisipí, Lamar se preparó para la prueba más importante en su papel como estadista no seccional y no partidista que tenía por delante en el Senado.

Ningún otro oficial confederado de alto rango había llegado todavía al Senado. Y muchos senadores no habían olvidado tampoco que casi veinte años atrás, Lamar era un congresista extremadamente seccionalista, que había renunciado a su escaño para redactar la ordenanza de secesión de Misisipí. No era un momento propicio para su regreso. Los republicanos ya estaban acusando a los demócratas de dar asilo a sublevados y traidores; y la contribución demócrata a una mayor desconfianza interseccional estaba constituida por una nueva estirpe de demagogos sureños, intolerantes y vengativos «engendrados por los bribones de la era de la reconstrucción».

Mientras el senador Lamar, enfermo y agotado, descansaba en su casa gran parte de 1877, un nuevo movimiento se extendía por el Sur y el Oeste, uno que plagaría a los partidos políticos de la nación durante una generación por venir: el de la «plata libre». William Jennings Bryan, el Moisés de las fuerzas seguidoras de ese movimiento, aún no había entrado en escena, pero «Silver Dick» Bland, el representante demócrata de Misuri, estaba liderando el camino con su proyecto de ley para la libre acuñación de toda la plata que llegaba a la casa de la moneda. Debido a que el gran incremento en la producción de las minas de plata en el Oeste había hecho que su coraje en relación con el oro se redujera considerablemente, el único propósito de las fuerzas que respaldaban la «plata libre» era claro, sencillo y atractivo: dinero fácil e inflacionario.

Era una causa enormemente popular en Misisipí. El pánico de 1873 había sumido a la nación en la más terrible depresión que hubiera sufrido, y los estados ya empobrecidos del Sur fueron golpeados con una dureza especial. Los negocios cerraban por miles, el desempleo aumentó y los salarios se redujeron. Los precios de las granjas bajaron rápidamente de sus altos niveles en tiempos de guerra y los agricultores de Misisipí —desesperados por dinero en efectivo—, prometieron su apoyo a cualquier proyecto de ley que elevara el precio de sus productos, redujera el coraje de sus deudas y aumentara la disponibilidad de dinero. El Sur se vio sumido en un estado de endeudamiento permanente con las instituciones financieras del Este, a menos que el dinero fácil estuviera disponible para pagar sus cuantiosas deudas.

El poema de Vachel Lindsay expresó claramente la impotencia y la amargura con que el Sur y el Oeste observaban el aumento constante del dominio financiero del Este:

> Y todos estos en sus días desamparados
> Por el Este adusto oprimidos,
> El paternalismo infame
> Cometiendo sus errores por ellos,
> Crucificando a medio Oeste,
> Hasta que toda la costa atlántica
> Parecía un gigantesco nido de arañas.

La plata adquirió súbitamente un atractivo político como aliada de los pobres, en contraste con el oro, el dinero de los ricos; la plata era el dinero de las praderas y de las ciudades pequeñas, a diferencia del oro, el dinero de Wall Street. La plata ofrecería una solución fácil a los problemas de todos: la caída de los precios de las granjas, las altas tasas de interés, las deudas cuantiosas y todo lo demás. Aunque el Partido Demócrata había sido el del «dinero duro» desde los días de Jackson y Benton, se apresuró a explotar este asunto novedoso y popular, y asumió con naturalidad que el senador demócrata novato y proveniente del pobre Misisipí se uniría con entusiasmo a la lucha.

Sin embargo, Lamar, el sabio y profesor erudito, abordó el asunto de una manera ligeramente diferente a sus colegas. Prestando poca atención a las demandas de sus electores, agotó todos los tratados disponibles en ambos lados de la controversia. Sus estudios lo convencieron —tal vez erróneamente—, de que la única posición firme era apoyar una moneda sólida. El pago de las deudas de nuestro gobierno —incluso a los «titulares de bonos inflados» de Wall Street—, con una moneda inflada y corrompida, tal como lo promovían los corruptos y lo estipulaba específicamente la resolución Matthews, era un mal ético y un error práctico, creía él, que avergonzaría con seguridad nuestra posición ante los ojos del mundo, y que era promovido no como un programa financiero permanente, sino como un proyecto de ley espurio para aliviar las dificultades económicas de la nación.

El 24 de enero de 1878, en una alocución valiente y erudita —su primer gran discurso en el pleno del Senado—, Lamar rechazó las peticiones de los votantes de Misisipí y tildó las justificaciones racionales de las dos medidas con respecto a la plata como artificiales y exageradas. Y al día siguiente votó «no» en la resolución Matthews, en oposición a su colega de Misisipí, un negro republicano excepcionalmente talentoso, y elegido varios años antes por la antigua legislatura «*carpetbag*».

Los elogios al análisis magistral y propio de un verdadero estadista realizado por el senador Lamar sobre el asunto, provinieron desde muchas partes del país, pero de Misisipí llegó poco más que una condena. El 30 de enero, la legislatura estatal aprobó un memorial omitiendo toda mención a Lamar —un golpe evidente y deliberado—, en el que felicitaba y agradecía a su colega (a quien los legisladores demócratas blancos normalmente se oponían duramente) por votar en sentido contrario y reflejar por lo tanto «el sentimiento y la voluntad de sus electores». El memorial hirió profundamente a Lamar, que sintió poco consuelo al recibir una carta de su amigo cercano, el presidente de la Cámara de Misisipí, quien lo consideró como «un ultraje maldito», y explicó:

> Las personas se sienten presionadas por los tiempos difíciles y la escasez de dinero, y sus representantes se sintieron obligados a atacar algo que pudiera ofrecer un alivio, aunque muy pocos de ellos podían explicar el cómo o el por qué.

Pero este no fue el último acto de la legislatura. El 4 de febrero, una resolución fue aprobada por ambas cámaras, instruyendo a Lamar a votar por el proyecto de ley «Plata blanda», y a recurrir a sus esfuerzos como portavoz de Misisipí para garantizar su aprobación.

Lamar se sintió profundamente perturbado por esa medida. Sabía que el derecho de las instrucciones legislativas vinculantes tenía firmes raíces en el Sur. Pero al escribirle a su esposa acerca de las demandas de la legislatura que lo había nombrado, le confió: «No puedo hacerlo; preferiría abandonar la política para siempre». Lamar trató de explicar en detalle a un amigo en la legislatura que reconocía el derecho de este órgano a expresar sus opiniones sobre asuntos de política federal, y la obligación de un senador de acatar esas expresiones siempre y cuando tuviera dudas acerca de cuál debería ser su postura. Pero en este caso en particular, insistió, «sus deseos están directamente en conflicto con las convicciones de toda mi vida; y si hubiera votado [por la resolución Matthews] según las instrucciones, habría sido mi primer voto en contra de mi conciencia».

> Si [un senador] se permite a sí mismo regirse por las opiniones de los amigos que tiene en su estado, por más leal que pueda ser con ellos o estos con él, estará arrojando a la basura todos los fértiles resultados de una preparación y estudio previos, y se convertirá simplemente en un exponente estereotipado de esos sentimientos populares que

> pueden cambiar en unos pocos días... Dicho comportamiento empequeñecerá las dotes de estadista de cualquier hombre, y su voto se consideraría simplemente como un eco de la opinión actual, no como el resultado de deliberaciones maduras.

Por otra parte, en consonancia con la osada filosofía que había orientado su regreso a la vida pública, Lamar estaba decidido a no ceder simplemente porque su sección pensara lo contrario. Él no iba a ganarse el respeto del Norte para sí mismo y para su sección al adoptar una posición calculada y servil; pero después de decidir, basado en los méritos, que el proyecto de ley era inapropiado, quiso demostrarle al país que el arte de gobernar no estaba muerto en el Sur, y que esta región no tenía deseos de rechazar las obligaciones y el honor nacionales. En su opinión, este tema era tan importante que el Sur no debía actuar de una manera cerrada y seccional. Durante años se había argumentado que los demócratas sureños tratarían de derogar las obligaciones en las que había incurrido el gobierno de Estados Unidos durante la Guerra Civil y por las que el Sur no sentía ninguna responsabilidad. Lamar, solitario entre los demócratas del Sur, se opuso al movimiento de la «plata libre», con la excepción del senador Ben Hill, de Georgia, quien dijo que mientras él había hecho todo lo posible durante la guerra para que los que compraran un bono de un dólar por sesenta centavos perdieran los sesenta centavos que habían pagado, ahora proponía que les pagaran el dólar que les habían prometido.

Una semana después, el proyecto de ley Plata Blanda se presentó ante el Senado para su votación final. A medida que el debate se acercaba a su fin, el senador Lamar se puso de pie inesperadamente. No tenía notas en sus manos porque era uno de los oradores improvisados más brillantes en llegar al Senado. («La pluma es un extintor en mi mente», señaló, «y una tortura para mis nervios»). En vez de ello, sostuvo un documento oficial que llevaba el gran sello del Estado de Misisipí, y lo despachó página por página a la presidencia del Senado. Pidiendo disculpas a sus colegas, el senador Lamar explicó que, a pesar de que ya había expresado sus puntos de vista sobre el proyecto de la plata, tenía «otro deber que cumplir; uno muy doloroso, pero que de todos modos era claro». A continuación, pidió que leyeran las resoluciones que había enviado a la presidencia del órgano legislativo.

Todos se asombraron inicialmente en el Senado y luego guardaron un silencio expectante mientras el secretario leía la voluntad expresa de la Legislatura de Misisipí para que sus senadores votaran a favor del proyecto de ley de la Plata Blanda. Mientras el secretario completaba las instrucciones, todas las miradas se volvieron hacia Lamar, nadie sabía qué esperar. Como lo describió el reportero del *Capitol* de Washington:

> Recordando la posición embarazosa de este señor con respecto al proyecto de ley pendiente, cada senador prestó atención de inmediato, y la Cámara se tornó tan silenciosa como una tumba.

Lucio Lamar, con su figura enorme pero solitaria en el pleno del Senado, habló con voz tranquila pero potente, una voz que «se volvía trémula por la emoción, mientras su cuerpo se sacudía en medio de la agitación»:

> Señor presidente: Entre estas resoluciones y mis convicciones hay un gran abismo. No puedo aprobarlas... A la juventud de mi estado, en cuya educación he tenido el privilegio de ayudar, he tratado de inculcarle siempre la creencia de que la verdad era mejor que la mentira, la honestidad mejor que

> la política, el coraje mejor que la cobardía. Mis lecciones me confrontan este día. Hoy tengo que ser sincero o falso, honesto o taimado, fiel o infiel a mi pueblo. Incluso en esta hora de su descontento legislativo y desaprobación, no puedo votar como lo indican estas resoluciones.
>
> Debo darle a mi pueblo los motivos de mi voto. Y luego, serán ellos quienes determinen si la adhesión a mis convicciones honestas me ha descalificado para representarlos; si una diferencia de opinión sobre un tema difícil y complicado que he estudiado con paciencia, minucia y conciencia, que he abordado con toda la honestidad y unidad de propósito, y en el que he empeñado todas las capacidad que Dios me ha dado, pueda separarnos ahora... pero independientemente de la decisión que puedan tomar, sé que en un tiempo no muy lejano reconocerán mi presente acto como sabio y justo; y, armado con las convicciones honestas de mi deber, esperaré los resultados con calma, creyendo en la expresión de un gran estadounidense de que «la verdad es omnipotente y la justicia pública es incuestionable».

Los senadores a favor y en contra del proyecto acudieron de inmediato a su escritorio para elogiar su coraje. Lamar sabía que su discurso y su voto no podían impedir la aprobación de la ley de la Plata Blanda por un enorme margen, y su posterior promulgación ignorando el veto del presidente Hayes. Sin embargo, su insubordinación, deliberada e increíblemente valiente, a la voluntad de sus electores no fue totalmente en vano. El discurso fue muy elogiado en el Norte. La desconfianza hacia el Sur, y la sospecha de su actitud con respecto a la deuda pública y el crédito nacional, disminuyeron. El *Harper's Weekly*, señalando que Lamar había votado en contra del «sentimiento público fuerte y general de su estado», concluyó:

> Ningún senador se ha mostrado más digno del respeto universal que el señor Lamar; pues nadie ha sido más fiel a sus principios con una mayor valentía frente a la protesta más autoritaria de su estado... El senador demócrata de Misisipí ha mostrado la audacia viril propia de un estadista estadounidense.

El *Nation* publicó un editorial, señalando que el breve discurso de Lucio Lamar para explicar su desprecio por las instrucciones de su estado, «nunca ha sido superado en el Congreso en hombría, dignidad y patetismo. Su voto probablemente le costará su escaño».

Esta predicción parecía segura de cumplirse. El ataque al senador de Misisipí fue instantáneo y vigoroso. Le había dado la espalda a su pueblo y a su sección. En palabras de un orador político, Lamar se había «apresurado tanto para unirse a las filas del enemigo que terminó tropezando con las tumbas de sus compañeros caídos». Su viejo amigo Jefferson Davis lo hirió profundamente al condenar en público el desprecio de Lamar por las instrucciones de la legislatura como un ataque contra «el fundamento de nuestro sistema político» y contra las prácticas de larga data del Partido Demócrata sureño. Negarse a obedecer o a renunciar a su cargo, para que sus electores «pudieran escoger a alguien que lo represente realmente» era negar, afirmó Davis, ¡que las personas tenían la cantidad necesaria de inteligencia para gobernar! Lamar se sintió muy dolido por la actitud de su antiguo líder, pero es esclarecedor observar que unos días más tarde, cuando el senador Hoar intentó negarle a Davis la pensión de guerra mexicana a la que tenía derecho por ley, fue Lamar quien habló en nombre del líder confederado en una defensa memorable y dramática:

> Señor, no se requiere coraje para hacer eso... creo que ese caballero forma parte de los estadistas cristianos. Sin embargo, podría haber aprendido una mejor lección de las páginas de la mitología. Cuando Prometeo fue atado a la roca no fue un águila, sino un buitre, el que clavó su pico en las entrañas torturadas de la víctima.

De acuerdo con un relato de un contemporáneo, mientras Lamar siseaba, «un buitre», enderezó su brazo derecho y señaló con el dedo índice directamente a Hoar.

Todos coincidieron en señalar que Lamar estaría políticamente muerto después de su primer período; la única pregunta era quién lo sucedería. Lamar amaba a Misisipí y su crítica lo deprimía profundamente. Le escribió a su esposa que deseaba tener una posición financiera para dejar su cargo sin cometer una injusticia con su familia:

> Este mundo me parece miserable salvo con respecto a usted... he recibido una gran cantidad de cartas elogiosas del Norte, y muy pocas de Misisipí... ¿Será verdad que el Sur condenará el amor desinteresado de aquellos que, percibiendo sus verdaderos intereses, ofrecen sus pechos desnudos como escudos contra la invasión del error?... De hecho, es una pesada cruz impuesta en el corazón de un hombre público tener que tomar una posición que hace que el amor y la confianza de sus electores fluyan lejos de él.

Pero al igual que su famoso tío, Mirabeau Lamar de Texas, y de otros miembros de su familia, Lucio Quinto Cincinato Lamar no le temía a los enormes obstáculos. Es cierto que había violado las instrucciones de la legislatura, dijo. «Apelaré al pueblo soberano, a esos amos de la legislatura que se comprometan a instruirme».

Con esa declaración, el senador Lamar realizó giras sucesivas en Misisipí. Hablando ante miles de personas en salas abarrotadas y campos abiertos, Lamar declaró con franqueza que era muy consciente de que no había complacido a sus electores, que era igualmente consciente de que el camino más fácil era explotar esa causa seccional a la que siempre se había dedicado, pero que su intención era ayudar a crear un sentimiento de confianza y reciprocidad entre el Norte y el Sur, votando por el interés nacional sin tener en cuenta las presiones seccionales.

Durante tres o cuatro horas seguidas, su oratoria apasionada e imaginativa mantenía embelesadas a las multitudes que acudían a burlarse. «Hablaba como el torrente de una montaña», como expresaron posteriormente varios observadores, «arrastrando las rocas al arroyo que intentaba oponerse a su curso».

Lamar, sin embargo, no empleó trucos oratorios para azuzar emociones y sortear los problemas. Por el contrario, sus discursos eran una explicación erudita de su posición, exponiendo la historia constitucional del Senado y su relación con las legislaturas estatales, y las declaraciones y ejemplos de Burke, Calhoun, Webster y otros senadores famosos que estaban en desacuerdo con las instrucciones legislativas: «Es mejor seguir el ejemplo de los hombres ilustres cuyos nombres se han mencionado que abandonar por completo el juicio y la condena en deferencia al clamor popular».

En cada reunión hablaba de un incidente que, juraba, había ocurrido durante la guerra. Lamar, en compañía de otros funcionarios y militares prominentes de la Confederación, se encontraba a bordo de un barco que se dirigía al puerto de Savannah. Aunque los oficiales de alto rango habían decidido después de hacer consultas que era seguro seguir adelante, relató Lamar, el capitán había enviado al marinero Billy Summers al mástil superior para que viera si había cañoneras yanquis en el puerto, y Billy dijo que había visto diez. Esos funcionarios distinguidos sabían en dónde estaba la flota yanqui, y *no* era en Savannah; y le dijeron al capitán que Billy estaba equivocado y que el barco debía seguir adelante. El capitán se negó, insistiendo que aunque los funcionarios sabían mucho más sobre asuntos militares, Billy Summers, que estaba en el mástil superior con unos binóculos potentes, tenía una oportunidad mucho mejor para evaluar la situación inmediata.

Más tarde se demostró que Billy tenía razón, dijo Lamar, y que si hubieran seguido navegando, todos habrían sido capturados. Y al igual que el marinero Billy Summers, Lamar no pretendía ser más sabio que la Legislatura de Misisipí. Sin embargo, él creía tener una posición más privilegiada como miembro del Senado para juzgar aquello que era mejor para los intereses de sus electores.

> Así es, mis compatriotas, ustedes me han enviado al mástil más alto y yo les digo lo que veo. Si dicen que tengo que bajar, obedeceré sin rechistar, pues no pueden obligarme a mentirles; pero si ustedes me reinstauran en mi cargo, solo puedo decir que seré fiel al amor que siento por la patria, por la verdad y por Dios... Siempre he pensado que el primer deber de un hombre público en una república fundada en la soberanía del pueblo es expresar sus opiniones de manera franca y sincera a sus electores. Valoro la confianza del pueblo de Misisipí, pero nunca he hecho de la popularidad la norma de mis actos. Respeto profundamente la opinión pública, pero creo que en la rectitud consciente de propósitos hay un respaldo suficiente como para

guiar a un hombre medianamente firme en cualquier circunstancia.

Su gira fue completamente exitosa. «Hombres tan hostiles que difícilmente podrían ser persuadidos para escucharlo se paraban en bancos y mesas, agitando sus sombreros y aclamaban hasta quedar roncos». Otros se marchaban en silencio, sopesando el significado de sus palabras. Cuando habló en el condado de Yazoo, el bastión de su oposición, el *Herald* de Yazoo City informó que al igual que «un león acorralado», él «ha conquistado los prejuicios de cientos de personas que habían sido inducidas a creer que sus puntos de vista sobre ciertos asuntos se adaptaban mejor a las condiciones de Nueva Inglaterra que a las de Misisipí». Y poco después, la convención demócrata del condado de Yazoo aprobó una resolución para que sus legisladores «voten por él y trabajen para él, antes, después y siempre, como el elegido por este pueblo para senador de Estados Unidos».

Es alentador observar que el pueblo de Misisipí siguió apoyándolo, a pesar del hecho de que en tres ocasiones importantes —en su panegírico acerca de Charles Sumner, en su apoyo a la comisión electoral que propició la elección del republicano Hayes, y en la crítica que hizo al apoyo irrestricto de Misisipí a la libre acuñación de la plata—, Lamar fue en contra de sus deseos inmediatos. Los votantes respondieron a la sinceridad y valentía que había mostrado, y siguieron bridándole su apoyo y cariño durante el resto de su vida política. Fue reelegido para el Senado por una mayoría abrumadora, más tarde sería presidente de la bancada demócrata del Senado, luego secretario del interior y finalmente juez de la Corte Suprema de Estados Unidos. En ningún momento él, que había sido llamado adecuadamente el estadista más dotado propuesto por el Sur al país desde el final de la Guerra Civil hasta el cambio de siglo, se alejó de la profunda convicción que había expresado mientras fue objeto de ataques virulentos en 1878:

> La libertad de este país y de sus grandes intereses nunca será segura si sus hombres públicos se convierten en meros sirvientes que obedecen las órdenes de sus electores en lugar de ser los representantes en el verdadero sentido de la palabra, buscando la prosperidad duradera y los intereses futuros de todo el país.

Cuarta parte

El momento y el lugar

Dos hombres íntegros —*ambos republicanos, del medio Oeste,* pero completamente diferentes en sus filosofías políticas y en su manera de ser—, ilustran mejor el impacto del siglo veinte en el Senado en su conjunto y en el ámbito del coraje político en particular. George W. Norris y Robert A. Taft, cuyas carreras en el Senado coincidieron por un breve periodo hace unos diecisiete años, fueron maestros del proceso legislativo, líderes de facciones políticas radicalmente opuestas y expositores, cada uno a su manera, de grandes doctrinas constitucionales. El aumento del prestigio y del respeto que ellos y otros semejantes le brindaron al Senado de Estados Unidos no fue el menor de sus logros. Porque, en el cambio de siglo, la ruta a la fama y al poder de los hombres capaces y talentosos había estado en la industria, no en la política. En consecuencia, la actitud del público hacia la profesión política se había caracterizado con demasiada frecuencia por la apatía, la indiferencia, la falta de respeto e incluso la burla.

El Senado compartió la pérdida de prestigio de la profesión política. Eso se debía en parte a la reacción pública al nuevo tipo de legislador que, con demasiada frecuencia, al despuntar el siglo veinte incluía al abogado corporativo envanecido y al jefe político amilanado. El Senado parecía tener apenas una pequeña parte de la emoción y el drama que había sido una parte tan importante de su existencia en los años previos a la Guerra Civil, y muy poco del poder y el prestigio que ostentó con tanto descaro en la época de los gobiernos de Johnson y Grant. Fue en parte una reacción a la creciente complejidad y multiplicidad de asuntos legislativos: hasta Santo Domingo parecía mucho más lejos que Fort Sumter (luego de bloquear el tratado de Santo Domingo, Teddy Roosevelt le dijo al Senado que era «totalmente incompetente»), y el «comercio interestatal» parecía mucho menos emocionante y prometedor que la «libre acuñación de la plata». Los nombres de los senadores famosos ya no eran tan conocidos como en los días del gran triunvirato. La nación entera ya no seguía sin aliento los debates del Senado como en los días del gran compromiso o la destitución de Johnson. Los colegiales más brillantes de la nación, que sesenta o setenta años atrás habrían memorizado la respuesta de Webster a Hayne, ya no estaban interesados en la política como carrera.

Aquellos ciudadanos que tenían un interés activo en la conducta del Senado en los albores del siglo veinte, lo veían con más alarma que orgullo en términos generales. A lo largo y ancho de la nación surgió una notable variedad de reformadores, periodistas especializados en destapar escándalos y movimientos de buen gobierno, representados en el Senado por una nueva generación de hombres idealistas e independientes, con una capacidad y habilidad política que habrían estado a la par con la de los legisladores más famosos de épocas anteriores. Con el fin de frenar la doble tendencia de un electorado indiferente a sus senadores y de unos senadores indiferentes a su electorado, los reformadores, tanto dentro como fuera del Senado, finalmente lograron un cambio largamente esperado en la elección de la maquinaria: la facultad de elegir senadores fue negada a las legislaturas de los estados y otorgada directamente al pueblo.

La decimoséptima enmienda, ratificada en 1913, reflejaba una actitud muy diferente hacia las «masas» de votantes que la desconfianza con que fueron considerados en 1787 por los creadores de la Constitución, pero también reflejaba una disminución general en el respeto por las legislaturas estatales, las cuales habían permitido con demasiada frecuencia que los cabilderos poderosos y las maquinarias políticas usurparan su derecho sagrado de elegir senadores. Un presidente del ferrocarril le dijo a William Lyon Phelps que nunca había querido ser personalmente senador de Estados Unidos porque había nombrado a muchos de ellos. En referencia a ello, W. E. Chandler, un prominente senador de Nueva Inglaterra, explicó lacónicamente su retiro a la vida privada, diciendo que había sido «atropellado por un tren».

El hecho de que la decimoséptima enmienda lograra de manera casi inmediata que el Senado fuera más sensible a la voluntad popular, tanto en la teoría como en la práctica, no puede ponerse en duda; pero sus efectos no fueron de tan largo alcance, ni el aspecto ni la composición del Senado cambiaron tan sustancialmente como esperaban los reformadores. El senador Boies Penrose, el «jefe» de Pensilvania, le dijo a un amigo reformador:

> ¡Déme al pueblo siempre! Ninguna legislatura se hubiera atrevido jamás a elegirme al Senado, ni siquiera en Harrisburg. Pero el pueblo, el amado pueblo me eligió por una mayoría superior en más de medio millón a la votación total de mi rival. ¡Usted y sus amigos «reformadores» pensaban que la elección directa podría sacar del Senado a hombres como yo! ¡Déme al pueblo siempre!

No había (ni hay) ninguna manera de medir estadística ni científicamente el efecto que tiene la elección directa de los senadores en la calidad del propio Senado. No ha habido escasez de críticas despectivas ni de elogios abundantes tanto para el Senado en su conjunto como para los senadores individuales. Pero con demasiada frecuencia, dichos juicios consisten en generalizaciones de casos o en experiencias limitadas. Woodrow Wilson, por ejemplo, poco antes de morir, y luego de ser atacado por el Senado tras sus esfuerzos a favor de la Liga de las Naciones y el Tratado de Versalles, rechazó la sugerencia de buscar un escaño en el Senado de Nueva Jersey, señalando: «Fuera de Estados Unidos, el Senado no vale nada. Y dentro de Estados Unidos, es despreciado en su mayoría; no ha ocurrido un solo pensamiento allí en cincuenta años». Muchos estuvieron de acuerdo con Wilson en 1920, y algunos podrían estarlo en la actualidad.

Sin embargo, el profesor Woodrow Wilson, antes de su bautismo de fuego político, consideraba al Senado como uno de los órganos legislativos más capaces y poderosos del mundo. En parte, ese poder y la habilidad que necesitaban aquellos senadores que trataban de aprovecharlo, surgieron a partir de la creciente influencia de la legislación federal en los asuntos internos. Pero aun más importante fue el incremento gradual del poder del Senado en el ámbito de los asuntos exteriores, un poder que se multiplicó a medida que aumentó el prestigio de nuestro país en la comunidad de naciones, un poder que hizo del Senado del siglo veinte un órgano mucho más significativo en términos de las consecuencias reales de sus decisiones que el brillante Senado de Webster, Clay y Calhoun, el cual había trabajado sin cesar, pero sin éxito, en el problema de la esclavitud.

Y así como un país desgarrado por la crisis interna exigió senadores valientes en 1850, lo mismo sucedió con una nación sumida en una crisis internacional. John Quincy Adams comprendió eso cien años antes de que George Norris llegara a Washington. Pero él no podía haber previsto que el papel de esta nación en el mundo generaría crisis recurrentes y problemas molestos en el pleno del Senado de Estados Unidos, crisis que obligarían a hombres como George Norris a elegir entre la conciencia y los electores, problemas que obligarían a hombres como Bob Taft a elegir entre los principios y la popularidad.

Estas no son las únicas historias de coraje político en el siglo veinte, tal vez ni siquiera sean las más destacadas ni significativas. Sin embargo, la naturaleza cambiante del Senado, de su labor y de sus miembros, parece haber disminuido la frecuencia con que la nación recibe la inspiración de actitudes desinteresadas con respecto a principios encomiables pero impopulares. Tal vez todavía estamos demasiado cercanos en el tiempo a aquellos en nuestro propio medio cuyos actos, luego de una perspectiva histórica más distante, puedan ser dignos de grabarse en un futuro en los anales de la audacia política. Tal vez el senador del siglo veinteno se vea obligado a arriesgar todo su futuro en aras de una cuestión básica como lo hicieron Edmund Ross o Thomas Hart Benton. Quizás nuestros actos modernos de coraje político no emocionen al público de la manera en que arruinaron la carrera de Sam Houston y John Quincy Adams. Sin embargo, cuando nos damos cuenta de que un periódico que opta por denunciar a un senador hoy, puede llegar a muchos miles de veces más de votantes que los que podrían reunir todos los detractores famosos y elocuentes de Daniel Webster, estas historias del siglo veinte tienen un drama, un entusiasmo y una inspiración que les es propia.

VIII
George Norris

«He venido a casa a decirles la verdad».

Exactamente a la 1:00 p.m., de una tarde invernal a principios de 1910, el representante John Dalzell de Pensilvania abandonó la presidencia de la Cámara de representantes y se dirigió al restaurante del Capitolio para tomar su cotidiana taza de café, acompañada de un trozo de pastel. Su salida no tenía nada de extraño: el representante Dalzell, que era el primer asistente del presidente de la Cámara, Joe Cannon, en el gobierno de la misma, siempre lo había hecho exactamente a esa hora, y era sucedido de manera casi invariable en la presidencia por Walter Smith, el representante de Iowa. Pero esa tarde de enero en particular, el recorrido del representante Dalzell por el pasillo fue observado con curiosa satisfacción por un colega de aspecto ligeramente andrajoso con traje negro y un pequeño lazo a modo de corbata. Y el presidente adjunto apenas había llegado a la puerta de la Cámara cuando el representante republicano George W. Norris de Nebraska se acercó a su colega Smith y le preguntó si podía ser admitido por dos minutos. Smith, un miembro de la bancada republicana Cannon-Dalzell, pero que era amigo personal de Norris, aceptó su petición.

Para su asombro, el representante Norris procuraba modificar la resolución que estaba siendo sometida a debate —una resolución que pedía un comité conjunto para investigar la controversia entre Ballinger y Pinchot—, exigiendo a toda la Cámara de representantes que nombrara sus miembros para el comité investigador en lugar de conceder la autoridad habitual al presidente para hacer dichos nombramientos.

Los asistentes se apresuraron a buscar a Cannon y a Dalzell. Se trataba de una insurrección en las filas. ¡El primer intento para limitar el poder anteriormente ilimitado del «Zar» Cannon! Pero Norris insistió en que lo único que quería era una investigación justa, no otra que estuviera amañada por el gobierno. Con el respaldo de los seguidores de Pinchot, los compañeros republicanos insurgentes y la práctica totalidad de los demócratas, Norris logró que su enmienda fuera aprobada por el reducido margen de 149 a 146.

Era la primera derrota que había sufrido el poderoso presidente de la Cámara, quien juró que nunca la olvidaría. Pero para George Norris, esa victoria fue solo un paso preliminar. Porque en el bolsillo interior de su raído abrigo negro tenía una resolución que había redactado un año antes, para que la Cámara, no el presidente, nombrara a los miembros del comité del reglamento, encargado de dictar todo el programa de la Cámara y que estaba a su vez totalmente controlado por el presidente.

El día de San Patricio en 1910, Norris se levantó para dirigirse al «Zar». Solo unos minutos antes, Cannon había dictaminado que un proyecto de censo, promovido por uno de sus compañeros, sería privilegiado por la Constitución y podría ser considerado fuera del orden del día, en la medida en que el documento estipulaba la realización del censo. «Señor presidente», dijo Norris, «presento una resolución privilegiada por la Constitución». «El caballero la presentará», respondió Cannon, ignorando con engreimiento el ataque que estaba a punto de ser lanzado. George Norris sacó el papel hecho jirones del bolsillo de su chaqueta y le pidió al secretario que lo leyera en voz alta.

El pánico cundió entre el liderazgo republicano. Los rumores propagados desde el guardarropas señalaban previamente la naturaleza de la resolución propuesta por Norris, pero no era más que objeto de burlas desdeñosas entre los republicanos habituales, que sabían que tenían el poder de enterrarla para siempre en el propio comité del reglamento. Ahora, el veredicto de Cannon sobre el proyecto del censo en apoyo a su amigo, le había dado a Norris —y a su resolución, claramente basada en la disposición de la Constitución para los reglamentos de la Cámara—, una brecha a través de la cual el congresista por Nebraska condujo a todos los insurgentes y fuerzas demócratas. Cannon y sus lugartenientes eran maestros para hacer maniobras parlamentarias, y no estuvieron inmediatamente dispuestos a ceder. Trataron de levantar la sesión, de hacer un receso y de que fuera imposible alcanzar un quórum. Continuaron debatiendo sobre si la resolución gozaría de privilegio, mientras los fieles al partido se apresuraban a regresar de los desfiles del día de San Patricio. Mantuvieron la Cámara en sesión permanente, con la esperanza de quebrantar el ánimo de los revoltosos menos organizados. Los insurgentes permanecieron toda la noche en sus asientos, dispuestos a hacer una siesta en el recinto por temor a que Cannon emitiera rápidamente un veredicto durante su ausencia.

Al fin, cuando todos los intentos de intimidación y negociación fracasaron, el presidente Cannon, como se esperaba, dictaminó que la resolución estaba fuera de lugar, y Norris apeló la decisión de inmediato. Por una votación de 182 a 160, los demócratas y los republicanos insurgentes denegaron el fallo del presidente, y por un margen aun mayor, la resolución de Norris —que ya había sido enmendada para obtener el apoyo demócrata—, fue adoptada. El presidente más despiadado y autocrático en la historia de la Cámara de representantes entregó su renuncia de inmediato; pero George Norris, que insistió en que su lucha consistía en acabar con el poder dictatorial del cargo más que al funcionario, votó para rechazar su renuncia. Cannon le dijo años después:

> Norris, a través de nuestra amarga controversia, no recuerdo un solo caso en el que usted haya sido injusto. No puedo decir esto de muchos de sus compañeros; y quiero decirle ahora que si algún miembro de su maldita bancada tuviera que ser elegido para el Senado, preferiría que fuera usted más que cualquiera de ellos.

El derrocamiento del cannonismo terminó con el dominio que los líderes republicanos conservadores mantuvieron sobre el gobierno y la nación; y también acabó con los favores que el representante de Nebraska había recibido previamente de ellos. Bajo el «Zar», el cargo del presidente de la Cámara detentaba lo que a veces parecía ser casi el mismo poder que tenía el presidente del país y todo el Senado de Estados Unidos. Era un poder que colocaba al partido por encima de cualquier otra consideración, un poder que se alimentaba de la lealtad al partido, del clientelismo y de las organizaciones políticas. Era un poder que, pese a la creciente desaprobación en todas las partes del país con la excepción del Este, continuó varios años sin ser cuestionado. Pero, «un hombre sin posición», comentó un editor, «en contra de doscientos enquistados en la maquinaria política más poderosa que haya conocido Washington, los ha derrotado dos veces en su propio juego. El señor George Norris es un hombre al que vale la pena ver y conocer».

George W. Norris *era* alguien a quien valía la pena ver, pues gracias a su posterior carrera en el Senado, para el que fue elegido poco después de su triunfo sobre Cannon, llegó a ser conocido como una de las figuras más valientes de la política estadounidense. El derrocamiento del cannonismo, aunque fue bienvenido en Nebraska por casi todos —salvo por unos pocos incondicionales al partido—, requirió, sin embargo, un tremendo coraje y liderazgo por parte de un joven congresista que atacó a los dirigentes consolidados de su partido y estuvo dispuesto a sacrificar las comodidades y alianzas ofrecidas por la lealtad partidaria. Norris no solo disintió con frecuencia de su partido en el Senado, sino también de sus electores. En una ocasión declaró:

> Prefiero descender a mi tumba política con la conciencia tranquila que montar en la carroza de la victoria como un congresista embaucador, como el esclavo, siervo o vasallo de cualquier hombre, ya sea el propietario y director de una colección de legisladores o el gobernante de una gran nación... Preferiría estar en una tumba silenciosa, pero ser recordado por amigos y enemigos como alguien que se mantuvo fiel a sus principios y que nunca vaciló en lo que creía que era su deber, que seguir viviendo, viejo y envejecido, y sin tener la confianza de ambas facciones.

Estas son las palabras de un idealista, de un independiente, de un luchador, de un hombre de convicciones profundas, de una valentía intrépida y una honradez sincera: George W. Norris, de Nebraska. No debemos pretender que fuera un dechado de virtudes intachables; por el contrario fue, en más de una ocasión, emotivo en sus deliberaciones, injurioso en sus denuncias, y propenso a enfrascarse en ataques personales implacables y exagerados en lugar de concentrar su energía en los méritos de un problema. Pero nada podía persuadirlo de lo que él pensaba que era lo correcto, de su determinación de ayudar a todas las personas, de su esperanza de salvarlas de las tragedias individuales de la pobreza y la guerra.

George Norris conoció bien la tragedia de la pobreza en su propia infancia. Su padre murió cuando él tenía apenas cuatro años y, desde que era adolescente, se vio obligado a rebuscarse un medio de vida para ayudar a su madre y diez hermanas en las difíciles tierras agrícolas de Ohio. También conocía los horrores de la guerra, debido a la muerte prematura —en la Guerra Civil— de su hermano mayor a quien casi no recordaba, pero cuya carta inspiradora —escrita por el soldado herido poco antes de su muerte— fue atesorada por el joven George durante muchos años. En 1917, mientras el país estuvo al borde de ser arrastrado al conflicto europeo, George Norris no había olvidado el dolor de su madre y su odio por la guerra.

Profesor rural, abogado de un pueblo pequeño, fiscal y juez local; aquellos habían sido los años en que George Norris había llegado a conocer a los habitantes de Nebraska y del Oeste, mientras era testigo del creciente número de ejecuciones hipotecarias de granjas, haciendas perdidas y trabajadores del campo desempleados que se refugiaban en las ciudades.

A medida que el viejo siglo diecinueve daba paso al nuevo siglo veinte, Estados Unidos se encontró en una etapa de cambio, sus industrias y ciudades crecieron, y su poder en el mundo aumentó. No obstante, George Norris cambió —y cambiaría— muy poco. Su figura fornida aún estaba ataviada con trajes negros sin gracia, con camisas blancas y pequeños lazos de cinta que usó la mayor parte de su vida, y que usaría hasta su muerte. Sus modales suaves, su honradez apabullante y su alejamiento de los círculos sociales de la política en favor de una tarde tranquila de lectura lo distinguen de los políticos profesionales del país, cuya popularidad entre los votantes, sin embargo, superó con creces.

Solo cambió su panorama político, al emprender la larga carrera que lo mantendría en Washington durante cuarenta años. Cuando George Norris entró por vez primera a la Cámara de representantes en 1903, recién llegado de las llanuras de Nebraska, era un republicano acérrimo y conservador, «seguro de mi posición», como escribió más tarde, «irrazonable en mis convicciones e inflexible en mi oposición a cualquier otro partido o pensamiento político, excepto los míos». Pero «uno a uno, vi marchitarse a mis héroes favoritos... Descubrí que mi partido... era culpable de prácticamente todos los males de los que yo había acusado a la oposición».

No bastaría un solo capítulo para narrar por completo todas las batallas valientes e independientes emprendidas por George Norris. Sus logros más duraderos estuvieron en el campo del poder público, y su larga lucha para llevar los beneficios de la electricidad de bajo costo a los habitantes del valle de Tennessee, a pesar de que vivían a mil millas de su estado natal de Nebraska, tiene pocos paralelos. Pero hubo tres batallas en su vida que son dignas de mención especial por el coraje desplegado: el derrocamiento del «Zar» Cannon ya descrito, su apoyo a Al Smith para presidente en 1928, y su oposición a la ley de barcos armados en 1917.

Cuando Woodrow Wilson decidió con mucha pena adoptar una política de «neutralidad armada» a principios de 1917, compareció ante una tensa sesión conjunta del Congreso para solicitar una legislación que lo autorizara a dotar de armas a los buques mercantes estadounidenses, y la opinión pública nacional dio su aprobación inmediata.

La ilimitada guerra submarina alemana estaba imponiendo un férreo bloqueo con el cual el Kaiser intentaba someter a las islas británicas y matar de hambre a sus habitantes, y el secretario de Estado Lansing había sido informado con gentileza que cada barco estadounidense encontrado en la zona de guerra sería torpedeado. Varios buques estadounidenses ya habían sido registrados, incautados y hundidos. Las historias de las atrocidades cometidas contra nuestros marineros llenaron la prensa.

Mientras que el debate sobre el proyecto de ley se ponía en marcha, los periódicos se enteraron de un nuevo complot contra Estados Unidos, contenido en un mensaje enviado por Zimmerman, el subsecretario [o viceministro] de Estado alemán de relaciones exteriores, al ministro alemán en México. La supuesta nota (pues hubo quienes cuestionaron su autenticidad y la motivación de los gobiernos británico y estadounidense en revelarla en ese momento), proponía un plan para alinear a México y a Japón contra Estados Unidos. A cambio de su uso como base de la invasión, a México le fue prometida la devolución de sus «colonias americanas», confiscadas más de setenta años antes por Sam Houston y sus compatriotas.

Cuando el contenido de la nota de Zimmerman se filtró a la prensa, toda la resistencia al proyecto de ley de barcos armados se desplomó de inmediato en la Cámara de representantes. El proyecto fue aprobado con urgencia por este órgano por una votación abrumadora de 403 contra 13, la cual parecía representar claramente la opinión popular a favor de la decisión del presidente. Ciertamente, el gran apoyo ofrecido al proyecto de ley por los congresistas de Nebraska representaba los sentimientos de ese estado.

Sin embargo, el 2 de marzo de 1917, el proyecto de ley de barcos armados se encontró en el Senado con la oposición decidida de un pequeño grupo bipartidista de los insurgentes liderados por Robert La Follette de Wisconsin y George Norris de Nebraska. Como senador novato de un estado que el año anterior había votado a favor de una legislatura, un gobernador, un senador y un presidente demócratas, George Norris (a diferencia de La Follette) no era ni una figura política sólidamente establecida en su propio feudo ni tenía la confianza de que su estado se opusiera a Wilson y a sus políticas.

En los meses anteriores, había apoyado al presidente en los principales temas de política exterior, incluyendo la ruptura de relaciones diplomáticas con el gobierno alemán. Aunque era pacifista militante y aislacionista, su propia naturaleza le prohibió ser un mero obstruccionista en todos los asuntos internacionales, o un partidario mezquino que se opusiera a todas las peticiones del presidente. (De hecho, su aislacionismo había desaparecido en gran parte cuando estalló la Segunda Guerra Mundial).

George Norris, sin embargo, detestaba la guerra y temía que las «grandes empresas», que según él aceleraban nuestro avance en la senda que conducía a la guerra, lograran llevar a la nación a una lucha inútil y sangrienta; temía que el presidente tratara de generar una fuerte reacción entre la opinión pública y presionara al Senado a favor de la guerra; y temía que el proyecto de ley de barcos armados era un ardid para proteger las ganancias obtenidas por las municiones norteamericanas con las vidas de estadounidenses, un mecanismo que podría empujarnos directamente al conflicto sin nuevas deliberaciones por parte del Congreso o sin que Alemania atacara a Estados Unidos. Él temía las amplias concesiones en materia de autoridad contenidas en el proyecto de ley, y le disgustaba la manera en que lo estaban forzando en el Congreso a como diera lugar. No importa ahora si Norris tenía la razón o no. Lo relevante ahora es el coraje que mostró al respaldar sus convicciones.

«Es posible que la gente no lo crea», dijo una vez el senador Norris, «pero no me gusta enfrascarme en peleas». En 1917, le gustara o no, el novato de Nebraska se preparó para una de las batallas más difíciles y amargas de su carrera política. Como aquellos días eran anteriores a la vigésima enmienda propuesta por el propio Norris, el sexagésimo cuarto Congreso concluiría al mediodía del 4 de marzo, fecha en la cual comenzaría un nuevo período presidencial. Así, la aprobación de la ley por parte de ese Congreso podría evitarse si el Senado no lograba votar antes de esa hora; y Norris y su pequeño grupo tenían la esperanza de que el nuevo Congreso, elegido por el pueblo durante la campaña presidencial de 1916 —basada en el lema: «Él nos mantuvo alejados de la guerra»—, pudiera unirse en oposición a la medida, o al menos pensarlo con mayor detenimiento. Pero evitar la votación durante los próximos dos días significaba una sola palabra: ¡obstruccionismo!

George Norris, defensor de un cambio en las reglas del Senado para corregir los abusos del obstruccionismo, aunque sintiendo fuertemente que el tema de la guerra en sí estaba en juego, adoptó esta misma táctica «a pesar de mi repugnancia por el método». Como líder parlamentario de su grupo, organizó a los oradores para asegurarse de que no hubiera posibilidad de una ruptura en el debate, permitiendo que la ley fuera sometida a votación.

Muchos de sus amigos más cercanos en el Senado se sintieron horrorizados por esa conducta. «Ningún estado, a no ser que estuviera poblado por ciudadanos malcriados», se quejó un senador muy consciente del intenso sentimiento antialemán que existía en todo el país, «apoyaría lo que Norris está tratando de hacer». Pero Nebraska *no* apoyó la posición de su joven senador. Al iniciarse el debate, los periódicos de Nebraska, en una advertencia escasamente velada, informaron que el amplio voto en la Cámara «representa los sentimientos del pueblo». Y la Legislatura de Nebraska ya le había prometido de manera unánime al presidente Wilson «el apoyo íntegro y leal de toda la ciudadanía del estado de Nebraska, de cualquier partido político, linaje o lugar de nacimiento, en todo lo que pudiera considerarse necesario para mantener los derechos de los estadounidenses, la dignidad de nuestra nación y el honor de nuestra bandera».

Sin embargo, la guía de George Norris era su propia conciencia. «De lo contrario», dijo, «el miembro del Congreso que le preste importancia a la opinión pública expresada se convierte simplemente en una máquina automática, y el Congreso no requiere de patriotismo ni educación ni coraje...». Así, respaldado tan solo por su conciencia, el senador trabajó día y noche para fortalecer el ánimo decaído de su pequeño grupo, para preparar nuevos oradores para el debate en curso y examinar todos los movimientos de la oposición que quería poner fin al obstruccionismo.

Varios senadores, relató posteriormente Norris, se acercaron a él en privado para desearle el éxito obstruccionista, mientras que abogaban por la regularidad del partido y la conveniencia política como sus motivos para apoyar públicamente la posición del presidente. Cuando Norris les dijo que lo importante era asegurarse de que hubiera una gran cantidad de oradores, independientemente de las opiniones expresadas, dos de los partidarios del presidente, tras lograr un acuerdo privado con Norris, hablaron extensamente a favor del proyecto de ley.

El debate continuó día y noche, y en la mañana del 4 de marzo, el Senado era un escenario desordenado y cansado. «Esos minutos finales», escribió Norris más tarde, «viven en mi memoria».

> En esa cámara, los hombres fueron presa de una gran emotividad. El conflicto entre la ira y la

> amargura, a mi juicio, nunca ha sido sobrepasado en la historia de Estados Unidos. Cuando las manecillas del reloj marcaron la llegada del mediodía, el presidente anunció el levantamiento de la sesión. El obstruccionismo había triunfado. El proyecto de ley que habría autorizado dotar de armamento a los barcos estadounidenses no había logrado la aprobación del Senado... Una tensa emoción prevaleció en todo el país, y especialmente en el propio Senado... Desde ese día hasta hoy he sentido que el obstruccionismo se justificaba. Nunca he pedido disculpas por mi participación en eso... [Nosotros] creíamos sinceramente que, debido a nuestras acciones en esa lucha, habíamos evitado la participación de Estados Unidos en la guerra.

Sin embargo, fue una victoria efímera. Porque el presidente —además de llamar de inmediato a una sesión especial del Congreso en la que el Senado aprobó una norma de procedimiento para limitar el debate (con el apoyo de Norris)—, también anunció que una nueva revisión de los estatutos había revelado que el poder ejecutivo ya incluía el derecho a armar a los buques sin la intervención del Congreso. Y el presidente también soltó una ráfaga, que aún es citada con frecuencia en la actualidad, en contra de «un pequeño grupo de hombres voluntariosos, que no representan otra opinión además de la suya, y que dejaron al gran gobierno de Estados Unidos sumido en la impotencia y la indignidad».

George Norris calificó la crítica mordaz del mandatario como una grave injusticia contra los hombres que trataron conscientemente de cumplir con su deber tal como ellos lo entendían; pero, a excepción de los elogios lamentables e inútiles que les dedicó la prensa alemana, «los epítetos proferidos contra estos hombres no tenían precedentes en los anales del periodismo estadounidense». Ellos habían obtenido, en palabras del *Courier Journal* de Louisville, «una eternidad de execración». Una reunión masiva en el Carnegie Hall condenó a Norris y a sus colegas como hombres «traicioneros y reprensibles que se negaron a defender las barras y las estrellas [de la bandera] en alta mar»; y la multitud coreaba «traidores» y «cuélguenlos» siempre que los nombres de Norris, La Follette y sus partidarios se mencionaban. «Ha llegado el momento», vociferó el alcalde de Nueva York en otra reunión, «en que el pueblo de este país se divida en dos clases: estadounidenses y traidores».

El *Courant* de Hartford los llamó «vagabundos políticos», y el *Sun* de Nueva York calificó a los doce senadores de Estados Unidos como «un grupo de pervertidos morales». El *Journal* de Providence consideró su acto como «poco menos que una traición» y el *New York Times* publicó un editorial que afirmaba: «El odio del propósito traidor descansará sobre sus nombres para siempre». El *Herald* de Nueva York predijo: «Ellos contarán con suerte si sus nombres no descienden a la historia al lado de Benedict Arnold».

En las décadas siguientes, el senador Norris aprendería a soportar los despiadados insultos generados de manera inevitable por uno de sus puntos de vista independientes y sinceros. En el pleno del Senado, Norris sería llamado bolchevique, enemigo del progreso, traidor y muchas cosas más. Pero ahora, los duros términos de la difamación y la deserción de los antiguos amigos le dolieron profundamente. Una tarde, varios pasajeros se bajaron de un tranvía en Washington cuando Norris y La Follette se sentaron a su lado. Norris recibió una correspondencia llena de insultos y varias cartas que contenían bocetos mostrándolo con un uniforme alemán lleno de medallas.

La prensa de Nebraska se sumó a la denuncia realizada contra su joven senador. «¿Puede creer el senador Norris?», rugió el *World Herald* de Omaha (que había publicado en su primera página los nombres de los «Doce senadores que impidieron actuar en la mayor crisis desde la Guerra Civil»), «¿puede algún hombre en su sano juicio creer que el gobierno estadounidense podría someterse dócilmente a estos atropellos?.»

«El temor de Norris a que sea establecida una monarquía absolutista bajo Wilson es grotesco», señaló el *Star* de Lincoln. «Tal vez se trata de una broma. Si no, los amigos del señor Norris deberían cuidar su estado mental». Y el *Bee* de Omaha creía que su miedo a la autoridad presidencial «refleja poco crédito en el sentido común del senador».

En Washington se creía que la conciencia del novato de Nebraska lo había conducido, en palabras de un corresponsal allí, a «su muerte política». La indignada Legislatura Estatal de Nebraska, con ruidoso entusiasmo, aprobó una resolución expresando la confianza del estado en el presidente Wilson y en sus políticas.

George Norris se sintió triste por la forma casi unánime en que «mi propio pueblo me condenó... y afirmó que yo no estaba representando dignamente a mi estado». A pesar de que nunca se guiaba por la popularidad, más tarde escribió que a lo largo de su carrera había tratado de «hacer lo que en mi propio corazón creía que era lo correcto por el pueblo en general». Así, reacio a «representar al pueblo de Nebraska si no me quiere», Norris tomó una decisión dramática: se brindaría a renunciar al Senado y a someterse a una consulta popular, «para que mis electores decidan si los represento adecuadamente o no en Washington». En cartas dirigidas al gobernador y al presidente del Partido Republicano, instó a una elección especial, comprometiéndose a respetar el resultado y a renunciar a cualquier derecho constitucional que evitara la destitución.

Al compartir los temores de sus atónitos amigos en el Senado en cuanto a que la histeria y la oposición bien financiada podrían asegurar su derrota —la cual sería interpretada a su vez como una orden de guerra—, Norris le insistió sin embargo en su carta al gobernador que no tenía «ningún deseo de representar al pueblo de Nebraska si mi conducta oficial es contraria a sus deseos».

> Las denuncias que he recibido... me indican que hay una fuerte probabilidad de que el rumbo que he seguido no es satisfactorio para las personas a las que represento; por lo tanto, me parece justo que el asunto deba ser sometido a su decisión.
>
> Sin embargo, incluso tras la petición unánime de un distrito electoral, no violaría mi juramento al cargo votando a favor de una propuesta que implique que el Congreso renuncie a su derecho exclusivo a declarar la guerra... Si mi negativa a hacerlo es contraria a los deseos del pueblo de Nebraska, entonces me deberían destituir y elegir a alguien para ocupar mi lugar... No obstante, estoy tan firmemente convencido de lo justo de mi manera de actuar que creo que si la ciudadanía inteligente y patriótica del país pudiera tener la oportunidad de escuchar los dos lados de la cuestión, todo el dinero de la cristiandad y toda la maquinaria política que pueda reunir la riqueza no podrá derrotar los principios de gobierno por los que lucharon nuestros antepasados... Si estoy equivocado, entonces no solo debería retirarme, sino que desearía hacerlo. No tengo ningún deseo de ocupar cargos públicos si se espera que siga ciegamente en mis actos

oficiales el dictado de varios periódicos... o apoyar las medidas del presidente de Estados Unidos sin siquiera pensarlo.

El senador, que anunció una reunión abierta en Lincoln para explicar su posición, fue ampliamente ignorado por la prensa al regresar a su estado. Mientras procuraba que el presidente del comité nacional republicano presidiera la reunión, el respetable político le advirtió que «no es posible que esta reunión se celebre sin problemas. Creo que la reunión se dispersará o, por lo menos, usted tendrá un público tan hostil que le será imposible pronunciar un discurso coherente». Uno de los pocos amigos en visitarlo le recomendó cancelar la reunión alegando enfermedad, diciéndole a Norris que había cometido un error colosal al regresar a Nebraska cuando los sentimientos estaban tan enardecidos. Otros presagiaron que los agitadores se mezclarían entre el público para impedir la exposición de sus argumentos, y le dijeron al senador que el torpedeamiento de otros tres buques mercantes estadounidenses desde su obstruccionismo había intensificado aun más la ira de sus electores. «No puedo recordar un día en mi vida», escribió el senador en su autobiografía, «en que haya padecido más una sensación desolada de abatimiento. Mis amigos me llevaron a creer que el pueblo de Nebraska estaba casi unánimemente en mi contra».

Incapaz de lograr que un solo amigo o partidario presidiera la reunión, de todos modos Norris se mantuvo decidido a llevarla a cabo. «Yo mismo alquilé el salón», le dijo a un reportero solitario en su habitación desierta del hotel, y «será mi reunión. No le estoy pidiendo a nadie que me respalde a mí o a mis actos. Pero no tengo que disculparme ni retraerme de nada».

Caminando desde su hotel hasta el auditorio de la ciudad en una hermosa noche primaveral, Norris señaló ansiosamente que más de tres mil personas —los preocupados, los escépticos y los curiosos—, llenaron el auditorio, muchos estaban de pie en los pasillos y en la calle. Calmado pero tembloroso, salió al escenario frente a ellos y permaneció un momento en silencio, una figura solitaria en un traje negro holgado y un pequeño lazo en el cuello. «Yo esperaba un público hostil», escribió, «y fue con un poco de miedo que di un paso adelante. Cuando entré a la parte trasera del auditorio y salí al escenario, había un silencio sepulcral. No se oyó una sola palmada. Pero no esperaba aplausos y me alegró que no me chiflaran».

Con su actitud sencilla, tranquila y al mismo tiempo intensa, el senador Norris comenzó con la simple frase: «He venido a casa a decirles la verdad».

> Al instante se produjo un estallido de aplausos provenientes de todos los rincones del público. Nunca en mi vida los aplausos me han hecho tanto bien... En los corazones de la gente común había la creencia de que bajo el engaño y la falsedad, el poder y la influencia política, la propaganda tenía algo de artificial.

No hubo violencia, no hubo abucheos y la enorme multitud aplaudió vigorosamente mientras Norris arremetía contra sus críticos. Su lenguaje seco y simple pero incisivo, y la intensidad inmutable de su ira cautivaron a su público, mientras insistía que los periódicos no les estaban suministrando los hechos y que, a pesar de las advertencias para mantenerse alejado hasta que su participación en el obstruccionismo fuera olvidada, quería ser recordado. Más de la mitad del público neoyorquino que lo había silbado estaba ataviado con elegancia, recordó con sarcasmo, y cuestionó que muchos de ellos estuvieran dispuestos a combatir o a enviar a sus hijos a la guerra:

> Por supuesto, si los perros caniches pudieran convertirse en soldados, el público habría suministrado un regimiento... Mi colega habló dos horas y media a favor del proyecto de ley y fue llamado héroe. Yo hablé una hora y media en contra del proyecto y me llamaron traidor. Aunque ustedes digan que estoy equivocado, aunque tengan la certeza de que debería haber apoyado al presidente, ¿ha llegado el momento en que ni siquiera podemos expresar nuestras opiniones en el Senado, adonde nos enviaron para debatir estas cuestiones, sin ser catalogados como traidores por los intereses de los poderosos? Soy capaz de soportar cualquier cosa, salvo el hecho de ser llamado traidor. En toda la lengua inglesa, en todas las lenguas del mundo, no se puede encontrar otra palabra tan aborrecible como esa.

El discurso duró más de una hora y la multitud rugió su aprobación. Los periódicos no se convencieron tan fácilmente ni estuvieron tan dispuestos a perdonarlo. «Su explicación elaborada e ingeniosa», señaló el *World Herald*, es «un despropósito insensato... una declaración tonta que ha disgustado a la gente». «El senador dedicó poco tiempo a abordar el asunto tal como era en realidad», afirmó el *State Journal*. «No debería permitir que sus críticos perturben su equilibrio».

Sin embargo, el senador Norris, a quien se le pidió comparecer ante muchos grupos para explicar cuáles creía él que eran los verdaderos problemas, fue aclamado en todo el estado; y cuando el gobernador anunció que no le pediría a la legislatura autorizar una consulta popular especial, el senador volvió a Washington en mejores condiciones para soportar los insultos, que aún no habían cesado por completo.

Durante los próximos once años, la fama y la fortuna política de George Norris se multiplicaron. En 1928, a pesar de sus continuas diferencias con el Partido Republicano y sus gobiernos, el senador por Nebraska fue uno de los miembros más prominentes del partido, presidente del comité judicial del Senado y un candidato potencial a la presidencia. Pero el propio Norris se burló de ello:

> No tengo ninguna expectativa de ser nominado para presidente. Un hombre que ha seguido el rumbo político que he seguido yo, está inhabilitado para ocupar el cargo... comprendo perfectamente que ningún hombre que tenga las opiniones que tengo yo, sea nominado para la presidencia.

Norris, por medio de un juramento, rechazó la sugerencia de aceptar su candidatura como compañero de fórmula de Herbert Hoover, y atacó la plataforma de la convención republicana y los métodos por los cuales había escogido a sus candidatos. En aquellos años anteriores a la creación de la Autoridad del valle de Tennessee, el senador de Nebraska fue el defensor más resuelto del poder público en todo el país, por lo que creía que el «poder monopólico» había dictado la nominación de Hoover y la plataforma republicana.

Reacio a comprometerse con el Partido Demócrata al que siempre se había opuesto, y cuya plataforma creía que era igualmente débil, Norris recorrió el país haciendo campaña por legisladores progresistas, independientemente de su filiación. Pero a medida que las declaraciones de campaña del candidato demócrata Al Smith de Nueva York comenzaron a concordar con sus propios puntos de vista, Norris se encontró con el problema político más espinoso de su carrera.

George Norris era republicano, del Medio Oeste, protestante y prohibicionista, y Herbert Hoover era todo eso.

Pero Al Smith —demócrata del «Tammany Hall» [la maquinaria política demócrata] de las calles de Nueva York, y un católico que favorecía la derogación de la Prohibición—, no era nada de eso. Seguramente Smith podría tener poco apoyo en Nebraska, un estado que era también republicano, del Medio Oeste, protestante y prohibicionista por naturaleza. ¿Podía Norris abandonar posiblemente a su partido, a su estado y a sus electores en dichas circunstancias?

Claro que podía. Siempre había sostenido que le «gustaría abolir la responsabilidad del partido y establecer en su lugar la responsabilidad personal. Cualquier hombre, así fuera el más estricto de los republicanos, que no crea que las cosas que represento son correctas, debe seguir sus convicciones y votar contra mí». Y así, en 1928, Norris declaró finalmente que los progresistas

> no tenían lugar en la tierra excepto en el bando de Smith... ¿Seremos tan partidistas que pondremos a nuestro partido por encima de nuestro país y nos negaremos a seguir al único líder que nos ofrece la manera de escapar [del poder] de la sociedad fiduciaria? ... Me parece que no podemos aplastar nuestras conciencias y apoyar a alguien que sabemos de antemano que se opone a las mismas cosas por las que hemos estado luchando durante tantos años.

Pero ¿qué pasaba con las opiniones religiosas de Smith? ¿Qué pasaba con su actitud sobre la cuestión del licor?

> Es posible que un hombre separe en la vida pública sus creencias religiosas de sus actividades políticas... Soy protestante y prohibicionista; sin embargo, apoyaría a un hombre que fuera antiprohibicionista y católico, siempre y cuando creyera

> que él estuviera sinceramente a favor de la aplicación de la ley y fuera sensato en los asuntos económicos... Prefiero confiar en un antiprohibicionista honesto que sea progresista y valiente por naturaleza, que en los políticos que dicen apoyar el lado prohibicionista, pero no hacen más, para que la prohibición sea efectiva, que todos los traficantes y contrabandistas de licor del país.

Se trataba de unos sentimientos valientes, pero que se perdieron en medio de un electorado indignado. Mientras su tren avanzaba a toda velocidad por Nebraska rumbo a Omaha, donde hablaría en nombre de Smith en una cadena radial a nivel nacional, amigos de siempre y líderes republicanos subieron a bordo para que desistiera en nombre de su partido y de su propia carrera. El jefe de la poderosa «Liga Antibares» de Nebraska, que anteriormente había sido un partidario importante de Norris, calificó su intromisión en la cuestión del poder como una necedad. «El tema de esta campaña es el licor, Norris lo sabe. Si él pronuncia este discurso a favor de Smith, la liga habrá terminado con él». (Cuando se le preguntó a Norris si iba a postularse para la reelección en 1930 en vista de tales declaraciones, respondió secamente que «cosas como esas podrían llevarme a hacerlo»). El pastor de la iglesia bautista más grande de Omaha le escribió al senador que él no «nos representa a todos, y estamos muy avergonzados de su actitud hacia el gobierno». Pero al responder, Norris le preguntó con calma al ministro si él había «hecho algún intento por sacarse la viga de sus propios ojos, de modo que pueda ver con mayor claridad cómo arrancar la paja del ojo de su hermano».

Varios líderes de la vieja guardia republicana insistieron previamente, al menos en privado, en que Norris «no era republicano», una acusación que ahora hicieron de manera franca. Pero ahora, muchos de los seguidores más devotos de Norris expresaron su consternación por su cambio tan inesperado. Un pequeño hombre de negocios de Eagle, Nebraska, señaló: «He apoyado a Norris durante 20 años, pero no lo volveré a hacer nunca. Es retorcido en términos políticos y un cascarrabias en términos mentales, y ha antagonizado con todos los gobiernos republicanos desde Roosevelt. El senador debería tener más respeto por sus admiradores que esperar que estos dejen su destino en manos de un demócrata antiprohibicionista». El primer secretario de Norris en el Congreso les dijo a los periodistas que se «oponía rotundamente al apoyo injustificado del senador al candidato del Tammany Hall para presidente».

Un delegado que había apoyado a Norris para presidente en la convención republicana le dijo a la prensa que Norris «no lleva mi conciencia política en el bolsillo de su chaleco. Me apena profundamente ver la postura que ha adoptado. Norris debería buscar nuevos amigos, y si decide encontrarlos en las aceras de Nueva York, será un privilegio. Pero es una pena que utilice al Partido Republicano como un instrumento para llegar al cargo y que luego repudie a su abanderado».

El editor del *Times* de Walthill escribió: «Lo digo con tristeza, pero no quiero saber nada de Norris. Está perdido en el desierto en términos políticos, y alejado de sus viejos amigos progresistas».

«Para un agricultor hambriento o un antiprohibicionista sediento con un criterio político inferior al promedio», comentó un abogado de Lincoln cercano a los simpatizantes de Norris, «puede haber una excusa. Pero para un estadista con la capacidad y experiencia de Norris, no la hay».

Sin embargo, George Norris intentó ayudar al agricultor hambriento, aun cuando eso significara ayudar al antiprohibicionista sediento. Indiferente a las peticiones o ataques, pronunció un poderoso alegato en favor de Smith en Omaha. El gobernador de Nueva York, dijo, se había elevado por encima de los dictados de Tammany, mientras que las técnicas empleadas por la convención republicana «harían que Tammany Hall pareciera un santo vestido de blanco». Él estaba «viajando en compañía muy distinguida» respaldando al candidato del partido opositor, le dijo a su público, pues el mismo Herbert Hoover había actuado de manera similar diez años atrás. Pero durante la mayor parte, su discurso fue un ataque al poder de la sociedad fiduciaria, «un pulpo con dedos viscosos que recauda el tributo en cada hogar», y a la negativa de Hoover a discutir estos asuntos: «Pecar al guardar silencio cuando deberíamos protestar, es lo que nos hace cobardes».

Por último, Norris concluyó su discurso afrontando con franqueza la cuestión religiosa:

> Es nuestro deber como patriotas desechar esta doctrina antiestadounidense y reprender a los que han enarbolado la antorcha de la intolerancia. Todos los creyentes de cualquier religión pueden unirse y avanzar en nuestro trabajo político a fin de lograr la máxima felicidad posible para nuestro pueblo.

Sin embargo, en 1928, el pueblo de Nebraska no estaba dispuesto a oír hablar del tema de la tolerancia o a discutir los problemas. Una profusión de telegramas atacó a Norris por su apoyo a un católico y antiprohibicionista. «La tormenta que siguió al pronunciamiento en Omaha a favor de Smith», recordó luego Norris, «fue más violenta que cualquiera que haya experimentado jamás. Por fortuna, tenía algo de experiencia en materia de abusos». Incluso su esposa fue citada por los periódicos diciendo que no votaría por Smith ni por Hoover: «No estoy siguiendo a George en todo esto... Siempre he sido prohibicionista y no voy a votar por Smith aunque George lo haga». A pesar de que el *World Herald* de Omaha, el mismo poderoso periódico demócrata que había atacado su posición por principio contra Woodrow Wilson, era capaz ahora de aplaudir al senador Norris «por su espléndido coraje y devoción», otros periódicos de Nebraska lo acusaron de abandonar su estado por la maquinaria política demócrata con la esperanza de revivir sus posibilidades presidenciales cuatro años después. Su discurso había puesto en peligro las probabilidades de reelección de su colega republicano liberal, por lo que sus compañeros insurgentes republicanos en el Senado expresaron la desaprobación por su postura. Cuando el senador volvió a su ciudad natal, vio que sus amigos y otros ciudadanos importantes se alejaban de él como si se alegraran de «cortar mi corazón y colgarlo en una cerca como señal de advertencia a los demás».

La victoria aplastante de Hoover, que arrasó prácticamente en todos los sectores rurales y comunidades de Nebraska, así como en el país en su conjunto, amargó a Norris, que declaró que Hoover había prevalecido en las falsas cuestiones sobre la religión y la Prohibición, cuando los verdaderos problemas eran el poder y la ayuda a las granjas. Los intereses especiales y las maquinarias políticas, dijo, «mantuvieron este asunto en primer plano [aunque] sabían que era una cuestión falsa, perversa e injusta».

El obstruccionismo de George Norris contra la ley de barcos armados había fracasado, tanto en su objetivo inmediato de impedir la acción del presidente, como en su intento por mantener a la nación alejada de la guerra a la que se precipitó unos meses más tarde. Su campaña a favor de Al Smith también fracasó y de una manera estrepitosa. Sin embargo, y tal como el senador le confió a un amigo en años posteriores:

> Sucede con mucha frecuencia que uno trata de hacer algo y fracasa. Uno se siente desanimado, y sin embargo, puede descubrir años después de que el esfuerzo que hizo fue la razón por la que otro lo retomó y tuvo éxito. Realmente creo que cualquier servicio que yo haya prestado a favor de la civilización progresista se ha logrado en las cosas que no pude hacer, antes que en las que en verdad hice.

George Norris conoció el éxito y el fracaso en su larga permanencia en la vida pública, la que se extendió casi medio siglo en el acontecer político estadounidense. Pero la esencia del hombre y de su carrera fue captada en un homenaje realizado al senador republicano de Nebraska por el candidato presidencial demócrata en septiembre de 1932:

> La historia pregunta: «¿Fue íntegro el hombre?
> ¿Fue desinteresado el hombre?
> ¿Fue valiente el hombre?
> ¿Fue coherente el hombre?».

En la actualidad, hay pocos estadistas en Estados Unidos que estén a la altura de una manera tan clara y concluyente que den una respuesta afirmativa a estas cuatro preguntas como lo hiciera George W. Norris.

IX

Robert Taft

«... libertad del individuo para considerar sus propios pensamientos...»

El fallecido senador Robert Taft, de Ohio, nunca fue presidente de Estados Unidos. Ahí radica su tragedia particular. Y ahí yace su grandeza nacional.

Porque la presidencia era una meta que Bob Taft persiguió en toda su carrera en el Senado; una ambición que este hijo de expresidente siempre soñó con hacer realidad. Como principal exponente de la filosofia republicana por más de una década, «el señor republicano» se decepcionó amargamente por su fracaso en tres ocasiones diferentes, incluso para recibir la nominación.

Pero Robert A. Taft era también un hombre que se mantenía firme en los principios básicos en los que creía, de modo que cuando los mismos estaban en juego, ni siquiera el atractivo de la Casa Blanca, ni las posibilidades de afectar su candidatura, podían disuadirlo de hablar. Era un político capaz, pero en más de una ocasión decidió pronunciarse en defensa de una posición que ningún político ambicioso habría aprobado. Era, además, un analista político brillante, que sabía muy bien que —a lo largo de su vida—, el número de votantes estadounidenses concordantes con los principios fundamentales de su filosofía política estaba destinado a ser una minoría permanente, y que solo complaciendo a nuevos frentes de apoyo —mientras se abstenía cuidadosamente de perder a cualquier grupo que tuviera potenciales votantes por Taft—, podría tener la esperanza de alcanzar su objetivo. Sin embargo, con frecuencia echó por la borda las mismas restricciones que su propio análisis le recomendaba, negándose a ceder ante ningún grupo, y a guardar silencio sobre ningún asunto.

No es que la carrera de Bob Taft en el Senado fuera una batalla constante entre la popularidad y los principios como lo fue la de John Quincy Adams; él no tuvo que luchar para mantener su integridad como Thomas Hart Benton. Sus principios casi siempre lo llevaron a unas conclusiones que un porcentaje sustancial de sus electores y socios políticos estaban dispuestos a apoyar. Aunque en algunas ocasiones su conducta política reflejaba sus ambiciones políticas, la popularidad no fue su guía en la mayoría de los asuntos fundamentales. La ley de gestión de relaciones laborales de Taft-Hartley no le hizo ganar muchos votos en el Ohio industrializado, pues aquellos que respaldaron sus restricciones a la actividad sindical ya eran partidarios de Taft; pero generó furiosas represalias contra él durante la campaña al Senado de 1950 por parte de los sindicatos de Ohio, y alimentó la creencia de que Taft no podía ganar una contienda presidencial, una creencia que afectó sus posibilidades para la nominación en 1952. Al mismo tiempo, sin embargo, se enfrentó a los simpatizantes de Taft-Hartley, y puso en peligro su propio liderazgo en el Partido Republicano por su apoyo a la educación, la vivienda, la salud y otras medidas beneficiosas.

Los que quedaron impactados por esas aparentes desviaciones de su posición tradicional no comprendieron que el conservadurismo de Taft contenía una fuerte variedad de pragmatismo, que lo llevó a apoyar una intensa actividad federal en aquellas áreas que él no creía que eran atendidas adecuadamente por la empresa privada. Taft no creyó que eso fuera incompatible con la doctrina conservadora; en su opinión, el conservadurismo no equivalía a irresponsabilidad. Y así, le dio nuevas dimensiones a la filosofía conservadora: se aferró a esa fe cuando alcanzó su punto más bajo de prestigio y poder, y lo condujo de nuevo a un nivel de responsabilidad y respetabilidad. Él era un líder extraño, porque carecía del refinamiento de la oratoria y de las frases elaboradas, de la devoción ciega a la línea del partido (a menos que él la dictara), y carecía también del instinto natural del político para evitar posiciones y temas controvertidos.

Sin embargo, era más que un líder político, más que «el señor republicano». Era también un Taft y, por lo tanto, era el «señor integridad». Su abuelo, Alphonso Taft, se había trasladado al Oeste en 1830 para ejercer la abogacía, y le escribió a su padre que «el egoísmo notorio y la deshonestidad de la gran masa de hombres que se encuentra en Nueva York es a mi juicio un serio obstáculo para establecerme allá». Y el padre del senador era William Howard Taft, que conoció bien el significado del coraje y el abuso político cuando apoyó a su secretario del interior, Ballinger, contra la abrumadora oposición de Pinchot, de Roosevelt y de los elementos progresistas de su propio partido.

De modo que Bob Taft «nació para ser íntegro», según lo describió su biógrafo. Era conocido en el Senado como un hombre que nunca infringió un acuerdo, que nunca negoció sus sentidos principios republicanos, que nunca practicó el engaño político. Harry Truman, su enconado enemigo político, afirmó tras su muerte: «Él y yo no estábamos de acuerdo en las políticas públicas, pero él sabía dónde estaba yo y yo sabía dónde estaba él. Necesitamos hombres intelectualmente honestos como el senador Taft». Los ejemplos de su franqueza son infinitos y sorprendentes. Este nativo de Ohio le dijo una vez a un grupo en el corazón del territorio agrícola de filiación republicana, que los precios agrícolas eran demasiado altos; y le dijo a otro grupo de agricultores que «estaba cansado de ver a todas esas personas montadas en Cadillacs». El apoyo que ofreció a un amplio programa federal de vivienda hizo que un colega señalara: «Oigo que los socialistas se han inclinado por Bob Taft». Le informó a un importante socio político, que valoraba un mensaje de agradecimiento firmado por Taft, en el que decía que su asistente «enviaba esas cosas por docenas» sin que el senador las viera siquiera y mucho menos las firmara. Y un colega recuerda que él no rechazó las ideas de sus amigos con una indiscreción moderada, sino denominándolas fríamente y sin vacilar como «sin sentido». «Él tenía», como escribió William S. White, «una honestidad luminosa de propósito que era extraordinariamente refrescante en una cámara que no estaba dedicada por completo a la honradez».

Sería un error, sin embargo, concluir entonces que el senador Taft era frío y brusco en sus relaciones personales. Recuerdo, gracias a mi breve servicio con él en el Senado y en el comité de trabajo del Senado en los últimos meses de su vida, mi fuerte impresión por su encanto personal tan sorprendente e inusual, y por sus modales agradablemente sencillos. Fueron esas cualidades, combinadas con un coraje inquebrantable que exhibió toda su vida, y muy especialmente en sus últimos días, lo que mantenía a sus adherentes unidos a él con lazos inquebrantables.

Tal vez aún estemos cronológicamente muy cerca de los polémicos elementos de la carrera del senador Taft como para considerar su vida con una perspectiva histórica. Un hombre que puede inspirar enemigos intensamente acérrimos, así como seguidores enérgicamente fervorosos, resulta siendo mejor juzgado después de muchos años, los suficientes como para permitir que el sedimento de las batallas políticas y legislativas se asiente, de manera que podamos evaluar nuestros tiempos con más claridad.

Pero ha pasado tiempo suficiente desde 1946 para permitir una especie de visión objetiva del valiente acto del senador Taft en ese año. A diferencia de los actos de Daniel Webster o de Edmund Ross, el suyo no cambió la historia. A diferencia de los de John Quincy Adams o Thomas Benton, no provocó su retiro del Senado. A diferencia de la mayoría de esos actos de coraje anteriormente descritos, ni siquiera tuvo lugar en el pleno del Senado. Pero como una muestra de pura honestidad en un período en que esta había caído en desgracia, como una súplica audaz por la justicia en una época de intolerancia y hostilidad, vale la pena recordarlo aquí.

En octubre de 1946, el senador Robert Taft, de Ohio, era el principal portavoz de los republicanos en Washington, el campeón de su partido en la escena política nacional y el probable candidato republicano a la presidencia en 1948. Era una época en que incluso un senador con semejante reputación establecida por decir lo que pensaba habría cuidado su lengua, particularmente tratándose de alguien con tanto que arriesgar como Bob Taft. El partido, que había sido su vida entera, y los republicanos del Congreso en nombre de los cuales hablaba ahora, acariciaban una vez más el éxito en las elecciones de otoño. Lograr para su partido el control de ambas cámaras del Congreso aumentaría el prestigio de Bob Taft, fortalecería su derecho a la nominación presidencial republicana y allanaría el camino para su regreso triunfal a la Casa Blanca, de la que su padre había sido expulsado de una manera un tanto vergonzosa en 1912. O al menos eso pensaba la mayoría de los observadores políticos de la época, quienes asumieron que el líder republicano no diría nada para no alterar los planes. Con el Congreso en receso y la marea fuertemente en contra de los demócratas en ejercicio, no parecía haber ninguna necesidad de que el senador hiciera más que las habituales declaraciones de campaña sobre los temas acostumbrados.

Sin embargo, el senador Taft estaba perturbado y, cuando estaba así, solía hablar. Estaba perturbado por los juicios a los líderes del eje y sus crímenes de guerra, que estaban concluyendo en Alemania y a punto de comenzar en Japón. Los juicios de Núremberg, en los que once nazis notorios habían sido declarados culpables en virtud de una acusación impresionantemente documentada por «librar una guerra de agresión», fueron populares en todo el mundo y particularmente en Estados Unidos. Igualmente popular fue la sentencia ya anunciada por el alto tribunal: muerte.

No obstante, ¿qué tipo de juicio era ese? «No importa cuántos libros se hayan escrito o cuántos alegatos se hayan presentado», escribió recientemente William O. Douglas, juez de la Corte Suprema de Justicia, «no importa la precisión con que los abogados los hayan analizado, el delito por el que los nazis fueron juzgados nunca se había formalizado como un crimen con la concreción requerida por nuestros estándares legales, ni derogado con una pena de muerte por la comunidad internacional. Según nuestros estándares, ese crimen surgió en virtud de una ley *ex post facto*. Goering y otros merecían un castigo severo. Pero su culpabilidad no nos daba ninguna justificación para sustituir el poder por los principios».

Estas conclusiones son compartidas, creo, por un número considerable de ciudadanos estadounidenses en la actualidad. Y fueron compartidas, al menos en privado, por un buen número en 1946. Sin embargo, ningún político importante se pronunciaría —ciertamente no después de que el veredicto fue anunciado y que los preparativos para las ejecuciones estaban en marcha— ninguno, es decir, salvo el senador Taft.

La Constitución de Estados Unidos fue el evangelio que guió las decisiones políticas del senador de Ohio. Era su fuente, su arma y su salvación. Y cuando la Constitución ordenaba que no hubiera «leyes *ex post facto*», Bob Taft aceptó este precepto como permanentemente sabio y de aplicación universal. La Constitución no era una colección de promesas políticas libremente impartidas y sujetas a una interpretación amplia. No era una lista de frases trilladas y agradables dejadas ligeramente de lado cuando la conveniencia así lo requería. Era la base del sistema estadounidense de derecho y justicia, y a Taft le repugnaba la idea de que su país suprimiera aquellos preceptos constitucionales con el fin de castigar a un enemigo vencido.

Aun así, ¿por qué debería decir algo él? Los juicios de Núremberg nunca fueron sometidos ante el Congreso para su consideración. No era un tema de campaña en absoluto. No hubo ninguna posición republicana ni demócrata sobre un asunto aplaudido con entusiasmo por toda la nación. Y ningún discurso de ningún senador de Estados Unidos, por poderoso que fuera, podría evitar que la pena de muerte se realizara. Hablar de manera innecesaria sería políticamente costoso y claramente inútil.

Sin embargo, Bob Taft habló.

El 6 de octubre de 1946, el senador Taft asistió a una conferencia sobre nuestro patrimonio angloestadounidense, patrocinado por el Kenyon College de Ohio. El juicio por los crímenes de guerra no era un tema sobre el que se esperaba que los conferencistas comentaran. Pero al titular su discurso «Justicia igualitaria conforme a la ley», Taft hizo a un lado su reticencia general para abordar enfoques sorprendentemente nuevos y dramáticos. «El juicio de los vencidos por los vencedores», le dijo a una audiencia atenta aunque algo asombrada, «no puede ser imparcial, por más que esté rodeado de todas las modalidades de la justicia».

> Me pregunto si el ahorcamiento de aquellos que, sin importar cuán despreciables, eran los líderes del pueblo alemán, volverá a desalentar la realización de una guerra agresora, pues nadie libra tal clase de guerra a menos que espere ganarla. En torno a todo este juicio hay un espíritu de venganza y esta, rara vez, es justa. El ahorcamiento de los once hombres condenados será una mancha en el historial estadounidense que lamentaremos largamente.
>
> En estos juzgamientos hemos aceptado la idea rusa de la finalidad de los juicios —las políticas gubernamentales y no la justicia—, que tiene poca relación con la herencia anglosajona. Al arropar la política con las formas del procedimiento legal, podemos desacreditar toda la idea de la justicia en Europa en los próximos años. En último análisis, incluso al final de una guerra terrible, debemos ver el futuro con más esperanza, aunque nuestros enemigos creyeran que los tratamos con justicia en nuestro concepto angloparlante de la ley, en la prestación de auxilio y en la disposición final de los territorios.

Los líderes nazis serían ahorcados en diez días. Pero Bob Taft, hablando con un tono frío, breve y realista, lamentó la sentencia y sugirió que el exilio involuntario —similar al impuesto a Napoleón—, podría ser más sabio. Pero aun más lamentable, dijo, eran los juicios mismos que «violan el principio fundamental de la ley estadounidense de que un hombre no pueda ser juzgado en virtud de una ley *ex post facto*».

Núremberg, insistió el senador de Ohio, era una mancha en la historia constitucional de Estados Unidos y una desviación grave de nuestro patrimonio anglosajón en cuanto a un trato justo y equitativo, un patrimonio que había hecho, con razón, que este país fuera respetado en todo el mundo. «Ni siquiera le podemos enseñar a nuestro propio pueblo los sanos principios de la libertad y la justicia», concluyó. «No les podremos enseñar el arte de gobernar en Alemania si suprimimos la libertad y la justicia. Tal como lo veo, los pueblos angloparlantes tienen una gran responsabilidad. La de restaurar en las mentes de los hombres la devoción a la justicia imparcial según la ley».

El discurso explotó en medio de una campaña electoral candente; y en toda la nación, los candidatos republicanos se escabulleron en busca de refugio, mientras que los demócratas aprovecharon la oportunidad para avanzar. Fueron muchísimas las personas que se sintieron indignadas por las declaraciones de Taft. Aquellos que habían combatido, o cuyos hombres habían combatido y posiblemente muerto mientras repelían a los agresores alemanes, despreciaron esas bellas frases de un político que nunca participó en la batalla. Aquellos cuyos parientes o antiguos compatriotas habían estado entre los judíos, polacos, checos y otros grupos nacionales aterrorizados por Hitler y sus cohortes, se sorprendieron. Los recuerdos de las cámaras de gases en Buchenwald y otros campos de concentración nazis, las historias de atrocidades horribles que habían sido refrescadas con nuevas ilustraciones en Núremberg, y la angustia y el sufrimiento que cada nueva lista de bajas militares habían ocasionado en miles de hogares estadounidenses, estaban entre las influencias inconmensurables que hicieron que muchos reaccionaran con dolor e indignación cuando un senador de Estados Unidos deploró los juicios y condenas de esos hombres simplemente «despreciables».

En Nueva York, el estado más importante en cualquier carrera presidencial, y donde los políticos eran particularmente sensibles a las opiniones de los distintos grupos nacionales y minoritarios, los demócratas estaban alegres; los republicanos, enojados y tristes. El gobernador Thomas E. Dewey de Nueva York, candidato republicano presidencial en 1944 y rival acérrimo de Taft en el control del partido y en la nominación de 1948, declaró que los veredictos estaban justificados; Irving Ives, candidato republicano de Nueva York al Senado, lo respaldó al declarar: «Los acusados tuvieron un juicio justo y extenso en Núremberg. *Nadie* puede sentir ninguna simpatía por esos líderes nazis que ocasionaron semejante agonía al mundo». El gerente de la campaña estatal demócrata en Nueva York desafió a Taft «a venir a este estado y repetir su súplica por la vida de los criminales de guerra nazis».

> El Partido Demócrata tiene todo el derecho a preguntar si el público quiere el tipo de gobierno nacional, o de administración estatal, favorecido por el senador Taft, que indicó que quiere que se respete la vida de los nazis condenados, y que bien podría estar allanando el camino para una campaña de propaganda republicana a fin de conmutar las penas de muerte de los asesinos nazis.

Jacob K. Javits, candidato republicano al Congreso por Nueva York, envió un telegrama a Taft, calificando su declaración como «un flaco favor a todos los que hemos luchado por y para la causa de la paz futura». El candidato demócrata al Senado de Estados Unidos por Nueva York, expresó su profunda consternación por la declaración de Taft y su certeza de que sería repudiada por «los estadounidenses conscientes e imparciales». Y el candidato demócrata a la gobernación les dijo a sus audiencias que si el senador Taft no había visto a las víctimas de los campos de concentración nazis, nunca habría podido hacer semejante declaración.

Incluso en la capital de la nación, donde Taft era muy admirado y su sinceridad era más o menos esperada, la reacción no fue diferente. Los dirigentes republicanos en general declinaron hacer comentarios oficiales, pero expresaron en privado sus temores sobre las consecuencias para sus candidatos al Congreso. En una conferencia de prensa, el presidente del comité republicano del Congreso se negó a comentar sobre el tema, indicando que tenía «sus propias ideas» sobre los juicios de Núremberg, pero no «deseo entrar en una polémica con el senador Taft».

Sin embargo, los demócratas estaban radiantes, aunque ocultaron su alegría tras una fachada de indignación angustiada. En su conferencia de prensa semanal, el presidente Truman sugirió sonriendo que esperaba que el senador Taft y el gobernador Dewey dirimieran el asunto hasta el final. El líder de la mayoría demócrata en el Senado (y más tarde vicepresidente) Alben Barkely, de Kentucky, le dijo a una audiencia durante la campaña que a Taft «nunca se le conmovió el corazón por los comedores populares de 1932, pero su corazón sangró angustiosamente por los criminales de Núremberg». Una típica reacción demócrata fue la declaración del senador Scott Lucas por Illinois, quien calificó el discurso de Taft como «un ejemplo clásico de su pensamiento embrollado y confundido» y predijo que sería «un bumerán para sus aspiraciones a la candidatura presidencial de 1948».

> Once millones de veteranos de la Segunda Guerra Mundial le responderán al señor Taft... Dudo que el presidente nacional republicano permita que el senador pronuncie más discursos ahora

> que Taft ha llamado a los juicios una mancha en el historial estadounidense... Ni el pueblo estadounidense ni la historia estarán de acuerdo... El senador Taft, lo creyera o no, estaba defendiendo a estos culpables que fueron responsables por el asesinato de diez millones de personas.

Incluso en su propio distrito de Ohio, donde su constitucionalismo estricto le había ganado una inmensa popularidad, el discurso del senador produjo ira, confusión y repercusiones políticas. El candidato republicano del Senado, el exgobernador John Bricker, no solo era un aliado cercano de Taft, sino que había sido el candidato a la vicepresidencia en 1944 como compañero de fórmula del gobernador Dewey. Su oponente demócrata, el actual senador James Huffman, desafió a Bricker a que respaldara a Taft o a Dewey, declarando:

> Un país que ha sufrido el flagelo de la guerra moderna, que ha perdido más de trescientos mil de sus mejores hombres y gastado trescientos mil millones de sus recursos debido a los actos de estos mafiosos condenados, no puede pensar nunca que las penas impuestas han sido demasiado severas... Este no es el momento de flaquear en el castigo a los crímenes internacionales. Estas críticas, así estuvieran justificadas, deberían haberse realizado cuando los tribunales internacionales se estaban conformando.

El *Blade* de Toledo les dijo a sus lectores que «en este tema, como en tantos otros, el senador Taft demuestra que tiene una mente maravillosa que lo sabe prácticamente todo y no entiende prácticamente nada...».

El *Plain Dealer* de Cleveland opinó que Taft «puede que tenga razón en un sentido técnico», pero «dejar libre a la peor pandilla de asesinos en toda la historia... habría fracasado en darle al mundo ese gran principio quc la humanidad necesita establecer a toda costa: el principio de que planear y librar una guerra agresiva es sin duda un crimen contra la humanidad».

El senador Taft se sintió desalentado por la voracidad de sus críticos y profundamente perturbado cuando uno de los líderes nazis absueltos, Franz von Papen, les dijo a los entrevistadores al salir de la cárcel que estaba de acuerdo con el discurso de Taft. Un portavoz de este se limitó a emitir un comunicado escueto: «Él ha expresado sus sentimientos sobre el tema y cree que si otros quieren criticarlo, pueden hacerlo». Pero el senador de Ohio no podía entender por qué incluso su antiguo partidario, David Lawrence, columnista de un periódico, había calificado su posición simplemente como un «problemita técnico». Y debió sentirse particularmente angustiado cuando respetadas autoridades constitucionales como el presidente de la Asociación Estadounidense de Abogados, el presidente de su comité ejecutivo y otros juristas destacados deploraron su declaración y sostuvieron que los juicios estaban en conformidad con el derecho internacional.

Porque Robert Taft había hablado, no en «defensa de los asesinos nazis» (como lo acusó un líder sindical), no en defensa del aislacionismo (como asumieron la mayoría de los observadores), sino en defensa de lo que él consideraba que eran los conceptos tradicionales estadounidenses de la ley y la justicia. Como el apóstol de un constitucionalismo estricto, y como el principal abogado defensor del modelo conservador de vida y de gobierno, Robert Alphonso Taft permaneció impertérrito ante los posibles perjuicios a la posición precaria de su partido o de sus propias perspectivas presidenciales. Para él, la justicia estaba en juego, y todas las demás preocupaciones eran triviales. «Ilustra a un mismo tiempo», observó un columnista en ese momento, «la terquedad extrema, la integridad y la resolución política del senador Taft».

> El hecho de que miles de personas no estuvieran de acuerdo con él, y de que fuera políticamente incómodo para otros republicanos, tal vez no molestó a Taft en absoluto. Durante años se había acostumbrado a tomar decisiones, sin importar si le dolían a él o a alguien más. Taft seguramente debe haber sabido que sus comentarios serían tergiversados y malinterpretados, y que desde el mismo instante en que los hiciera, le causaría fuertes problemas a la campaña actual. Pero era característico de él que siguiera adelante.

La tormenta levantada por su discurso finalmente se calmó. Después de todo el revuelo, no pareció afectar sin embargo la aplastante victoria republicana en 1946, ni fue —al menos francamente—, un problema en la ambición de Taft por lograr la nominación presidencial en 1948. Los líderes nazis fueron ahorcados, y Taft y el país se ocuparon de otros asuntos. Pero no nos interesa hoy la cuestión de si Taft tenía razón o no al condenar los juicios de Núremberg. Lo que es digno de mención es la ilustración proporcionada por este discurso valiente y decidido de Taft en su postura contra la corriente de la opinión pública por una causa que él creía que era correcta. Su acto fue característico del hombre que fue calificado como reaccionario, que estaba orgulloso de ser conservador, y que fue el autor de estas definiciones perdurables del liberalismo y de la libertad:

> El liberalismo implica sobre todo la libertad de pensamiento, la libertad del dogma ortodoxo, el derecho de los demás a pensar diferente de uno. Implica una mente libre, receptiva a nuevas ideas y dispuesta a considerar atentamente...
>
> Cuando digo libertad, me refiero a la libertad del individuo para considerar sus propios pensamientos y vivir su propia vida tal como quiere pensar y vivir.

Este era el credo por el cual vivió el senador Taft, que buscó a su propio modo y manera crear un ambiente en Estados Unidos en el que otros pudieran hacer lo mismo.

X

Otros hombres con coraje político

«...consolación... por el desprecio de la humanidad».

No hay una «lista» oficial de senadores políticamente valientes, ni ha sido mi intención sugerir una. Por el contrario, al relatar de nuevo algunas de las historias más destacadas y dramáticas sobre el coraje político en el Senado, he tratado de señalar que esta es una cualidad que se puede encontrar en cualquier senador, en cualquier partido político y en cualquier época. Muchos otros ejemplos podrían haber sido mencionados como ilustrativos de una conducta similar en circunstancias similares.

Otros senadores, anteponiendo sus convicciones a sus carreras, han roto relaciones con su partido casi de la misma manera en que lo hicieron John Quincy Adams, Thomas Hart Benton, Edmund Ross, Sam Houston y George Norris. Los amigos del *senador republicano Albert Beveridge, por Indiana,* le suplicaron que desestimara sus cargos en contra de la ley arancelaria Payne-Aldrich, promovida por su partido en su campaña para la reelección en 1910, pero él no quiso guardar silencio. «Un partido solo puede existir mientras crezca», señaló. «La intolerancia de las ideas [ocasiona su] muerte».

> Una organización que depende únicamente de la reproducción para obtener votos, donde el hijo toma el lugar del padre, no es un partido político, sino una camarilla china; no son ciudadanos reunidos por el pensamiento y la conciencia, sino una tribu indígena agrupada por la sangre y los prejuicios.

Desilusionado y desalentado cuando la oposición de sectores influyentes de su propio partido lograron su derrota, Beveridge hizo un solo comentario en la mañana después de la elección: «De acuerdo; fueron doce años de trabajo arduo y de un expediente limpio; estoy contento».

Muchos de los que rompieron valientemente con su partido no tardaron en encontrar un nuevo hogar en otra organización. Pero para aquellos que rompieron con su sección, como descubrieron los senadores Benton y Houston, el fin de sus carreras políticas tal vez fuera más permanente y desagradable. En vísperas de la convención demócrata de 1924, los asesores del *senador Oscar W. Underwood, de Alabama* —un excandidato presidencial (en 1912), exlíder demócrata en la Cámara y el Senado, autor del famoso proyecto de ley arancelaria que lleva su nombre, y con muchas posibilidades de llegar a la presidencia—, lo instaron a no decir nada que ofendiera al Ku Klux Klan, que por entonces era una organización en ascenso, sobre todo en la política sureña. Pero el senador Underwood, convencido de que el Klan era contrario a todos los principios de la democracia jeffersoniana en la que creía, denunció en términos muy claros, insistió en que este tema era de suma importancia y sobre el cual su partido tendría que tomar una posición firme, y luchó enérgicamente —aunque sin éxito— para incluir una censura en contra del Klan en la plataforma de su partido. La delegación de Luisiana y otros sureños lo repudiaron públicamente, y a partir de ese momento sus posibilidades para llegar a la presidencia fueron nulas. Ni siquiera pudo ser reelegido para el Senado, como escribió Frank Kent:

> por ninguna otra razón que la sinceridad y la honestidad de sus expresiones políticas... La oposición a él en Alabama, debido a la fuerza y franqueza de sus convicciones, había llegado a un punto en que su nuevo nombramiento claramente no era posible sin el tipo de batallas que no estaba dispuesto a entablar... Si el senador Underwood hubiera actuado en Alabama de acuerdo con la sólida regla política de parecer decir algo sin hacerlo, no habría habido ninguna oposición real a su permanencia en el Senado por el resto de su vida.

En aquellos días difíciles previos a la Guerra Civil, un gran coraje para oponerse a las presiones seccionales —mayor incluso que la mostrada por Webster, Benton y Houston—, fue exhibido por el senador de Tennessee Andrew Johnson, el luchador audaz aunque poco diplomático que en 1868 se salvó de ser expulsado de manera humillante de la Casa Blanca por el voto solitario del desventurado Edmund Ross. A medida que la Unión comenzaba a resquebrajarse en 1860, Benton y Houston desaparecieron del pleno del Senado, y solo Andrew Johnson, único entre los sureños, habló a favor de la Unión. Cuando su tren se detuvo en Lynchburg, Virginia, mientras regresaba a Tennessee para tratar a toda costa de mantener a su estado en la Unión, una multitud enardecida sacó al senador de su coche, lo atacó e insultó, y decidió no lincharlo solo en el último minuto, con la cuerda ya alrededor de su cuello, cuando acordaron que colgarlo sería un privilegio para sus propios vecinos en Tennessee. Johnson fue silbado, abucheado y su efigie ahorcada a lo largo y ancho de ese estado. Los líderes confederados se aseguraron de que «su poder ha desaparecido y de ahora en adelante no habrá nada más que la hediondez del traidor». Indiferente a las amenazas de muerte, Andrew Johnson recorrió su estado, tratando en vano de detener la ola en contra de la secesión, y terminó siendo el único senador sureño que se negó a separarse con su estado. En su viaje de regreso a Washington, tras ser saludado por una multitud entusiasta en la estación de Cincinnati, les dijo con orgullo: «Soy ciudadano del Sur y del estado de Tennessee.... [Pero] también soy ciudadano de Estados Unidos».

John Quincy Adams no fue el único senador en renunciar con valentía a su escaño por una cuestión de principios. Cuando la popularidad personal y política de Andrew Jackson le dio un mayor apoyo a la medida largamente esperada del senador Benton para que se borrara del *boletín del Senado* la resolución que censuraba a Jackson por sus acciones no autorizadas contra el Banco de Estados Unidos, *John Tyler, el senador por Virginia*, convencido de que eliminar la resolución del *boletín* era inconstitucional e indigna del Senado, se mantuvo firme. Pero la Legislatura de Virginia, dominada por los amigos de Jackson y los enemigos de Tyler, e influenciada por la actitud sentimental de que al presidente se le debía permitir retirarse sin esa mancha permanente en su historial, dio instrucciones a sus senadores para apoyar la resolución que autorizaba su eliminación.

Al comprender que su salida del Senado daría a los jacksonianos una mayor fortaleza en asuntos mucho más importantes, y que su propia carrera política, que ya albergaba la promesa de la candidatura a la vicepresidencia, se vería detenida al menos temporalmente, John Tyler siguió con coraje su conciencia y escribió estas memorables palabras a la legislatura:

> No puedo y no me permitiré a mí mismo permanecer en el Senado por un instante más allá del momento en que los órganos acreditados [del] pueblo de Virginia me ordenen que mis servicios ya no son aceptables...
>
> [Pero] no me atrevo a tocar el boletín del Senado. La Constitución lo prohíbe. A pesar de todas las agitaciones del partido, me he regido hasta ahora por ese instrumento sagrado. El hombre de hoy da lugar al hombre del mañana, y los ídolos que unos adoran, los próximos los destruirán. El único objeto de mi adoración política será la Constitución de mi país...
>
> Llevaré a mi retiro los principios que he traído a la vida pública y, al renunciar al alto cargo al que fui llamado por la voz del pueblo de Virginia, les daré un ejemplo a mis hijos, el cual deberá enseñarles a considerar irrelevante cualquier puesto o cargo que pueda ser alcanzado o mantenido a costa de sacrificar el honor.

En una de las primeras manifestaciones sobresalientes de coraje político en el Senado, el pintoresco y tempestuoso senador por Kentucky, Humphrey Marshall, decidió en 1795 poner fin a su carrera en el Senado tras respaldar al presidente en la aprobación del Tratado Jay con Gran Bretaña, que era sumamente impopular. Aunque incluso los federalistas de Kentucky consideraron necesario oponerse al presidente Washington sobre el tema, Marshall les dijo sin rodeos a sus electores:

> Al considerar las objeciones a este tratado, estoy dispuesto a exclamar con frecuencia: ¡Ay! ¡Hombres sectarios! ¡Amigos de la anarquía! ¡Enemigos y corruptores deliberados del gobierno federal! ¡Cuán ruidosos en el clamor y el insulto, cuán débiles en la razón y el juicio parecen todos sus argumentos!

Marshall fue rechazado y apedreado mientras recorría el estado en defensa de su voto. Cierta noche, una turba lo arrastró desde su casa con la intención declarada de arrojarlo a un río cercano. Marshall, el senador de Estados Unidos, le dijo a la multitud furiosa a la orilla del agua con gran calma y humor:

> Mis amigos, todo esto es anormal. En la ordenanza de la inmersión tal como se practica en la vieja Iglesia Bautista, es regla exigir al candidato narrar su experiencia antes de ser bautizado. Ahora, de acuerdo con las normas y precedentes establecidos, deseo brindarles mi experiencia antes de proceder a la inmersión.

Divertida y asombrada, la revoltosa pandilla del pueblo —algunos de los cuales conocían el Tratado Jay, aunque todos estaban convencidos de que Marshall había cometido traición al apoyarlo—, pusieron al senador sobre un tocón y le ordenaron explicar su posición. Comenzando con la misma vena humorística, el senador empezó a entusiasmarse y concluyó su discurso increpando cáusticamente a todos sus enemigos, incluyendo a los que estaban tímidamente ante él y a quienes más tarde describió como

> seres pobres e ignorantes que se reunieron a la orilla del río con el propósito muy honorable de

hundirme por expresar una opinión independiente. Entre este grupo patriótico, el viejo John Byrnes, un carnicero borracho, era uno de los más respetables.

El novato senador de Estados Unidos por Kentucky no fue «sumergido»; pero su lengua afilada no pudo evitar su retiro involuntario del Senado.

Obviamente, los actos de coraje político no se han limitado al pleno del Senado de Estados Unidos. Han sido llevados a cabo con el mismo coraje y vigor por congresistas, presidentes, gobernadores e incluso por ciudadanos particulares con ambiciones políticas. Un par de ejemplos de cada caso bastan para mostrar que ni el Senado ni Washington, D.C., han monopolizado esta cualidad.

Muchos años antes de su elección al Senado, *John C. Calhoun de Carolina del Sur,* demostró su coraje supremo como miembro de la Cámara de representantes. Cuando en 1816, el Congreso aumentó su propio sueldo de 6 dólares por día a 1,500 al año, una oleada asombrosa de condena envolvió de repente a la nación y a los miembros de todos los partidos. En términos comparativos, pocos miembros se atrevieron incluso a postularse para la reelección. Clay evitó la derrota solo después de la campaña más intensa de su carrera. Los más fieles partidarios de Calhoun instaron al joven congresista a emitir una declaración pública comprometiéndose a votar para derogar el proyecto de ley si los votantes lo perdonaban y reelegían. Pero Calhoun, que una vez le dijo a un amigo: «Cuando he tomado una decisión, no hay poder humano que me haga retractar», no dio marcha atrás. De hecho, sugirió que tal vez 1,500 dólares era muy poco.

Luego de regresar al Congreso reivindicado por el apoyo que había recibido (a pesar del hecho de que la mayoría de sus antiguos colegas de Carolina del Sur habían sido derrotados en la reelección), Calhoun permaneció prácticamente solo en el pleno de la Cámara mientras los miembros, nuevos y viejos, se precipitaban para denunciar el proyecto de ley. Pero no Calhoun:

> Esta Cámara está en libertad de decidir sobre esta cuestión de acuerdo a los dictados de su mejor juicio. ¿Estamos obligados en todos los casos a hacer lo que es popular? ¿El pueblo de este país le ha arrebatado el poder de la deliberación a este órgano? Dejen que los caballeros señalen el momento y el lugar en que el pueblo se reunió y deliberó sobre esta cuestión. ¡Oh no! Ellos no lo han escrito, no hay instrucciones verbales. La ley es impopular y ellos están obligados a derogarla, en oposición a su conciencia y razón. Si esto es cierto, ¿cómo los errores políticos, que una vez prevalecieron, podrán ser corregidos?

El presidente de Estados Unidos no está sujeto a la misma prueba exacta de coraje político que un senador. Su electorado no es seccional, la pérdida de su popularidad entre un grupo o sección puede ser compensada en el mismo asunto por su ganancia en otros, y su poder y prestigio comportan normalmente una mayor seguridad política que la conferida a un senador. Pero un ejemplo indica que incluso el presidente siente las presiones del electorado y de los intereses especiales.

El presidente George Washington apoyó el Tratado Jay con Gran Bretaña para salvar a nuestra joven nación de una guerra a la que no podría sobrevivir, pese a su conocimiento de que sería inmensamente impopular entre un pueblo dispuesto a luchar. Tom Paine le dijo al presidente que era «un traicionero a la amistad en privado y un hipócrita en público... El mundo se sentirá desconcertado y no sabrá decidir si usted es un apóstata o un impostor; si ha abandonado sus buenos principios, o si alguna vez los ha tenido». Washington exclamó con una exasperación amarga: «Prefiero estar en mi tumba que en la presidencia»; y Jefferson escribió:

> Se me acusa de ser enemigo de Estados Unidos y de estar sujeto a la influencia de un país extranjero... y cada acto de mi administración supone una tortura, en términos tan exagerados e indecentes como escasamente podrían aplicarse a Nerón, a un deudor notorio o incluso a un carterista común.

Pero se mantuvo firme.

Es conveniente en este libro sobre el Senado, al escoger un ejemplo entre aquellos gobernadores que han mostrado audacia política, elegir uno cuyas hazañas valientes como gobernador le impidieron realizar su ambición de llegar al Senado. Después de revisar una enorme pila de declaraciones juradas y registros de la corte, *el gobernador John Peter Altgeld de Illinois* estaba convencido de que un juicio injusto y unas pruebas insuficientes habían condenado a los tres acusados, no ahorcados todavía, de asesinato en el famoso bombardeo de la Plaza Haymarket de Chicago en 1886. Tras ser advertido por los dirigentes demócratas de que debía olvidarse de esos convictos si quería llegar al Senado, Altgeld respondió: «Ninguna ambición humana tiene derecho a interponerse en el camino para ejecutar un simple acto de justicia»; y cuando el secretario del Partido Demócrata de su estado le preguntó si su documento absolutorio de dieciocho mil palabras era una «buena política», gritó: «Así es».

Por su acción, la efigie del gobernador fue quemada, lo excluyeron de ceremonias habituales como desfiles y ceremonias de graduación, y fue agredido a diario en la prensa con epítetos como «anarquista», «socialista», «apologista de asesinato» y «promotor de la anarquía». Derrotado en la reelección de 1896, y negándosele incluso el derecho rutinario a pronunciar un discurso de despedida al presentar a su sucesor («Illinois ya está harto de ese anarquista», resopló el nuevo gobernador), John Peter Altgeld regresó a la vida privada y a una muerte tranquila seis años más tarde. Se convirtió, como el título del famoso poema de Vachel Lindsay, en «El águila que es olvidada»:

> Durmiendo en silencio... águila olvidada...
> bajo la piedra,
> El tiempo tiene su camino allá contigo y la
> arcilla tiene el suyo.
> Duerme, oh valiente de corazón, oh hombre
> sabio, que encendiste la llama:
> Vivir en la humanidad es mucho más que
> vivir en un nombre,
> Vivir en la humanidad, es mucho, mucho más...
> que vivir en un nombre.

En 1920, *Charles Evans Hughes* no era miembro del Congreso ni gobernador, pero era el abogado más prominente del país, exgobernador, juez de la Corte Suprema de Justicia, candidato presidencial, y estaba siendo considerado activamente para otros cargos públicos. (Poco tiempo después sería secretario de Estado y presidente de la Corte Suprema). Pero cuando a cinco socialistas —miembros debidamente elegidos de un partido reconocido legalmente—, les fueron negados arbitrariamente sus escaños en la Asamblea Estatal de Nueva York, debido en gran medida a sus puntos de vista impopulares, Hughes arriesgó su prestigio y su popularidad para protestar por la acción como una violación al derecho de los ciudadanos a elegir a sus propios representantes. Después de una batalla clásica en el Colegio de Abogados de Nueva York, logró que se conformara un comité especial de la asociación presidido por él para defender a los socialistas —cuyos puntos de vista aborrecía personalmente— ante la legislatura.

Cuando se le negó el derecho a comparecer en persona, Hughes presentó un escrito insistiendo en que «si la mayoría puede excluir la totalidad o una parte de la minoría porque considera que los puntos de vista políticos sostenidos por estos son nocivos, entonces el gobierno libre estará llegando a su fin». Sus argumentos parecieron tener poco efecto en la Legislatura de Nueva York, que expulsó a los socialistas y prohibió su partido. Pero muchos creen que la voz distinguida de Charles Evans Hughes, casi solo, pero nunca con miedo, y los vetos valientes del *gobernador Al Smith* a las medidas de esa legislatura para controlar el radicalismo en las escuelas, fueron factores determinantes para que la nación recobrara sus sentidos.

Para concluir nuestras historias acerca del coraje político estadounidense, haríamos bien en recordar un acto de coraje que precedió a la fundación de esta nación y que estableció una norma a seguir por todos nosotros. En la noche del 5 de marzo de 1770, cuando una turba injuriosa y desordenada en la vía State de Boston fue objeto de disparos a manos de centinelas británicos, *John Adams de Massachusetts* ya era un líder en las protestas contra la indiferencia británica a los agravios a los colonos. Era, además, un abogado prestigioso en la comunidad y candidato al Tribunal General en la próxima elección. Por lo tanto, incluso si no se hubiera sumado al sentimiento de asombrosa indignación con el que todos los bostonianos saludaron la «Masacre de Boston», de igual modo se habría beneficiado al permanecer en silencio.

Pero a este enemigo militante de la Corona se le pidió servir como abogado de los soldados acusados y ni siquiera dudó en aceptar. El caso, que más tarde relató en su autobiografía, fue uno de los «más agotadores y fatigantes que he tratado, arriesgando una popularidad muy difícilmente ganada, e incurriendo en sospechas y prejuicios populares que aún no han desaparecido». Sin embargo, el hombre que más tarde sería un presidente audaz —y padre de un senador y presidente independiente—, no solo continuó la defensa, sino que absolvió a sus clientes de la acusación de asesinato, demostrándole a una sala llena que no había pruebas disponibles para demostrar que los disparos habían sido maliciosos y sin provocación:

> Cualesquiera que sean nuestros deseos, nuestras inclinaciones o los dictados de nuestras pasiones, lo cierto es que no pueden alterar el estado de los hechos y las pruebas. La ley no se doblega ante los deseos inciertos, la imaginación y los ánimos disipados de los hombres....
>
> Señores del jurado: estoy con los acusados en el banquillo; y pediré disculpas por ello solo con las palabras del marqués Beccaria: «Si solo puedo ser el instrumento para preservar una vida, ¡sus bendiciones y lágrimas serán consuelo suficiente para mí por el desprecio de la humanidad!».

XI

El significado del coraje

Este ha sido un libro acerca del coraje y la política. La política proporcionó las situaciones, el coraje suministró el tema. El coraje, la virtud universal, es entendida por todos nosotros, pero estos retratos de coraje no disipan los misterios de la política.

Porque ni uno solo de los hombres cuyas historias aparecen en las páginas precedentes brinda una imagen simple y clara de motivación y de logro. En cada una de ellas, las complejidades, las contradicciones y las dudas surgen para intrigarnos. Por muy detallado que pueda haber sido nuestro estudio de su vida, cada hombre sigue siendo un enigma. Por muy claro que sea el efecto de su coraje, la causa está ensombrecida por un velo que no puede ser descubierto. Podemos señalar con toda confianza las razones sobre el por qué, aunque siempre hay algo que parecerá eludirnos. Creemos tener la respuesta en nuestras manos, pero de alguna manera se nos escurre entre los dedos.

La motivación, como nos dirá cualquier psiquiatra, siempre es difícil de evaluar. Es particularmente difícil de rastrearla en el mar oscuro de la política. Aquellos que abandonaron su estado y su sección por los intereses nacionales —hombres como Daniel Webster y Sam Houston, cuyas ambiciones para cargos importantes no pudieron permanecer ocultas—, se exponen a la acusación de que solo buscaban satisfacer su ambición por la presidencia. Aquellos que rompieron con su partido para luchar por principios más amplios —hombres como John Quincy Adams y Edmund Ross—, se enfrentaron a la acusación de aceptar cargos bajo una bandera y los abandonaron, sin embargo, por otros en un momento de crisis.

Pero en los hechos concretos enunciados en los capítulos precedentes, estoy seguro —tras haber realizado un largo estudio—, de que el interés nacional, en lugar de obtener un provecho personal o político, suministra la motivación básica para las acciones de aquellos cuyas obras se describen en el mismo. Esto no quiere decir que muchos de ellos no buscaran, aunque rara vez con éxito, sacar provecho del rumbo difícil que habían adoptado. Porque como políticos —y ciertamente no hay ningún menosprecio en llamarlos a todos ellos así—, estaban claramente justificados al hacerlo.

Por supuesto, los actos valerosos descritos en este libro serían más inspiradores y brillarían más con el lustre tradicional del culto al héroe, si asumiéramos que cada hombre se olvidó por completo de sí mismo en su dedicación a unos principios más nobles. Pero es probable que el presidente John Adams, un servidor público seguramente tan desinteresado como sabio, estuvo mucho más cerca de la verdad cuando escribió en su *Defensa de la Constitución de Estados Unidos*: «No es cierto, realmente, que haya existido alguna vez un pueblo que ame a lo público más que a sí mismo».

Si esto es cierto, ¿qué hizo entonces que los estadistas mencionados en las páginas anteriores actuaran como lo hicieron? No fue porque ellos «amaran lo público más que a ellos mismos». Por el contrario, fue precisamente porque se *amaron a sí mismos,* porque las necesidades de cada uno para mantener su respeto por sí mismos eran más importantes para ellos que su popularidad con los demás; porque su deseo de ganarse o de mantener una reputación de integridad y coraje era más fuerte que su deseo de conservar su cargo; porque su conciencia, su estándar personal de la ética, su integridad o moralidad —pueden llamarlo como quieran—, era más fuerte que las presiones de la desaprobación pública; porque su fe en que su conducta era la mejor y sería reivindicada en última instancia, eclipsó su miedo a las represalias del público.

Aunque el bien público fue el beneficiario indirecto de sus sacrificios, no era un concepto tan vago y general sino uno, o una combinación de estas presiones del amor propio, lo que los condujo a mantenerse firmes en su posición, dando lugar a las batallas ya descritas. Es cuando el político no anhela ni el bien público ni se quiere a sí mismo, o cuando su amor por sí mismo es limitado y se satisface con las trampas de los cargos públicos, que el interés público es mal servido. Y es cuando la percepción de sí mismo es tan alta que su propio respeto le exige mantenerse en la senda del coraje y la conciencia, que todos se benefician. Es entonces cuando la creencia en la rectitud de su propia conducta le permite decir junto a John C. Calhoun:

> Nunca sé lo que piensa Carolina del Sur acerca de una medida. Nunca le consulto. Actúo según mi mejor opinión y de acuerdo a mi conciencia. Si Carolina del Sur me aprueba, muy bien. Si no lo hace y desea que otro tome mi lugar, estoy dispuesto a abandonar mi cargo. Estamos a mano.

Esto no quiere decir que los políticos valientes y los principios que defienden siempre sean los correctos. Se dice que John Quincy Adams debió haberse dado cuenta de que el embargo arruinaría a Nueva Inglaterra y que apenas irritaría a los británicos. Daniel Webster, según sus críticos, apaciguó infructuosamente a las fuerzas esclavistas; Thomas Hart Benton fue un egocéntrico inquebrantable y pomposo; Sam Houston era astuto, cambiante y poco fiable. Edmund Ross, a los ojos de algunos, votó a favor de mantener a un hombre que había desafiado a la Constitución y al Congreso. Lucio Lamar no logró comprender por qué los males de una inflación planeada son preferibles a veces a las tragedias de una depresión no controlada. Se argumenta que Norris y Taft estuvieron más motivados por el aislacionismo ciego que por los principios constitucionales.

Todo eso se ha dicho, y más. Cada uno de nosotros puede decidir por sí mismo los méritos de las conductas por las que lucharon estos hombres.

Sin embargo, ¿es necesario decidir esta cuestión con el fin de admirar su coraje? ¿Deben los hombres arriesgar concienzudamente sus carreras solo por principios que resulten ser correctos en términos retrospectivos, para que la posteridad pueda honrarlos por su coraje? Creo que no. Seguramente en Estados Unidos de América, donde el hermano luchó una vez contra el hermano, no juzgamos el coraje de un hombre atacado examinando la bandera por la cual luchó.

No pretendo que todos los que arriesgaron sus carreras por decir lo que pensaban tuvieran razón. De hecho, está claro que Webster, Benton y Houston no tuvieron razón en cuanto al compromiso de 1850, pues cada uno de ellos, en la búsqueda del mismo objetivo para preservar la Unión, tuvo puntos de vista totalmente diferentes sobre esa medida tan influyente. Lucio Lamar, al negarse a renunciar a su escaño cuando había incumplido las instrucciones de su legislatura, demostró coraje de una manera totalmente opuesta a John Tyler, que terminó su carrera en el Senado porque creía que dichas instrucciones eran vinculantes. Tyler, por otro lado, despreciaba a Adams; y este estaba disgustado con «el temperamento envidioso, la ambición voraz y el corazón podrido de Daniel Webster». Los republicanos Norris y Taft no podían mirarse a los ojos; como tampoco podían hacerlo los demócratas Calhoun y Benton.

Estos hombres no estaban todos en un mismo bando. No todos tenían razón ni eran conservadores o liberales en su totalidad. Algunos de ellos pudieron haber promovido los verdaderos sentimientos de la mayoría silenciosa de sus electores en oposición a los gritos de una minoría, pero la mayoría de ellos no hizo eso. Algunos pudieron haber promovido realmente los intereses de largo alcance de sus estados en contra de los prejuicios miopes y estrechos de sus electores; pero algunos de ellos no lo hicieron. Algunos pueden haber sido puros, generosos, amables y nobles a lo largo de sus carreras, en la mejor tradición del héroe estadounidense; pero la mayoría de ellos no lo fueron. Norris, el amargado inquebrantable; Adams, el advenedizo irritante; Webster, el beneficiario de los empresarios; Benton, el matón grandilocuente; es de cosas como estas de las que están hechos nuestros héroes políticos de la vida real.

Algunos mostraron coraje a través de su devoción inquebrantable a los principios absolutos. Otros lo mostraron al aceptar los compromisos, con su defensa a favor de la conciliación, a través de su disposición para sustituir el conflicto por la cooperación. Seguramente su coraje era de la misma calidad, aunque de diferente calibre. Porque el sistema de gobierno estadounidense no podría funcionar si cada hombre en un cargo de responsabilidad abordara cada problema, como lo hizo John Quincy Adams, como uno de matemáticas superiores, sin tener sino un respeto limitado por las necesidades seccionales y los defectos humanos.

La mayoría de ellos, a pesar de sus diferencias, tenían mucho en común: el talento impresionante del orador, la brillantez del erudito, la amplitud del hombre que estaba por encima de partidos y secciones y, sobre todo, una creencia profundamente arraigada en sí mismos, en su integridad y en la rectitud de sus causas.

El significado del coraje, al igual que las motivaciones políticas, es malinterpretado con frecuencia. Algunos disfrutan la emoción de sus batallas, pero dejan de señalar las implicaciones de sus consecuencias. Algunos admiran sus virtudes en otros hombres y otras épocas, pero no logran comprender sus potencialidades actuales. Tal vez, para hacer más clara la importancia de estas historias de coraje político, sería bueno decir lo que no pretende esta obra.

Este libro no pretende justificar la independencia por la independencia, la obstinación de todo compromiso o adhesión excesivamente orgullosa y terca a las propias convicciones personales. No pretende sugerir que hay, en todos los temas, un lado bueno y un lado malo, ni que todos los senadores, excepto los que son canallas o tontos encontrarán el lado bueno y se aferrarán a él. Por el contrario, comparto los sentimientos expresados por el primer ministro Melbourne que, tras sentirse irritado por las críticas del historiador entonces joven T. B. Macaulay, comentó que le gustaría estar tan seguro de nada como Macaulay parecía estarlo de todo. Mis nueve años en el Congreso me han enseñado lo sabio de las palabras de Lincoln: «Hay pocas cosas totalmente malas o totalmente buenas. Casi todo, en especial en lo que se refiere a la política gubernamental, es un compuesto inseparable de ambas, por lo que nuestro mejor criterio de la preponderancia entre ellas es exigido continuamente».

Este libro no pretende sugerir que la regularidad y la responsabilidad partidista sean males necesarios que en ningún momento deberían influir en nuestras decisiones. No pretende sugerir que los intereses locales de un estado o región no tengan un derecho legítimo a ser revisados en cualquier momento. Por el contrario, las lealtades de cada senador se distribuyen entre su partido, su estado y su sección, su país y su conciencia. En los asuntos de un partido, sus lealtades partidarias normalmente son el factor de control. En las controversias regionales, las responsabilidades propias de la región probablemente orientarán su conducta. Es en las cuestiones nacionales, en los asuntos de conciencia que desafían las lealtades partidarias y regionales, en las que se presenta la prueba del coraje.

Tal vez se requiera coraje para luchar contra el propio presidente, contra el propio partido o contra el sentimiento abrumador de la propia nación; pero esto no se puede comparar, me parece a mí, con el coraje requerido del senador que desafía el enojoso poder de los mismos componentes que controlan su futuro. Es por esa razón por la que no he incluido en esta obra las historias de los «insurgentes» más famosos de esta nación: John Randolph, Thaddeus Stevens, Robert La Follette y de todos los otros hombres valiente e íntegros; sino las de aquellos hombres que libraron batallas sabiendo que gozaban del apoyo de los votantes de sus distritos.

Por último, este libro no pretende desprestigiar al sistema de gobierno democrático y popular. Los ejemplos de las pasiones de los electores, que condenan injustamente a un hombre de principios, no son argumentos incontestables contra el hecho de permitir la más amplia participación en el proceso electoral. Las historias de hombres que realizaron acciones positivas a pesar de las calumnias crueles por parte del público no son la prueba definitiva de que en todo momento debemos ignorar los sentimientos de los votantes en los asuntos nacionales. Porque, como dijo Winston Churchill: «La democracia es la peor forma de gobierno, excepto todas las demás que han sido probadas de vez en cuando». Podemos mejorar nuestros procesos democráticos, podemos iluminar nuestra comprensión de sus problemas y podemos sentir un mayor respeto por aquellos hombres íntegros a quienes, de vez en cuándo, les parece necesario actuar en contra de la opinión pública. Pero no podemos resolver los problemas de la independencia y la responsabilidad legislativa suprimiendo o restringiendo la democracia.

Porque la democracia significa mucho más que el gobierno popular y el de la mayoría, mucho más que un sistema de técnicas políticas para halagar o engañar a los poderosos bloques de votantes. Una democracia que no tenga a un George Norris a quien señalar —a ningún monumento de la conciencia individual en un mar de gobierno popular—, no es digna de llevar ese nombre. La verdadera democracia, que vive, crece e inspira, deposita su fe en el pueblo —una fe en que el pueblo no elegirá simplemente a los hombres que representarán sus puntos de vista con habilidad y lealtad, sino que elegirá también a hombres que ejercerán su criterio de manera consciente—, una fe en que el pueblo no condenará a aquellos cuya devoción a los principios los conduce a adoptar actitudes impopulares, sino que premiará el coraje, respetará el honor y reconocerá lo correcto en última instancia.

Estas son las historias de dicha democracia. Es más, las mismas no habrían existido si esta nación no hubiera mantenido su tradición de libertad de expresión y disensión, si no hubiera fomentado los conflictos francos en materia de opinión, si no hubiera alentado la tolerancia por los puntos de vista impopulares. Los cínicos pueden señalar nuestra incapacidad de proporcionar un final feliz para cada capítulo. Pero estoy seguro de que estas historias no serán consideradas como advertencias para cuidarnos de ser valientes. Porque el éxito político continuo de muchos de quienes soportaron las presiones de la opinión pública, y la reivindicación final del resto, nos permite mantener nuestra fe en el juicio a largo plazo de las personas.

Y así, ni las manifestaciones del coraje pasado ni la necesidad de un coraje futuro se limitan solo al Senado. No solo los problemas de coraje y de conciencia le conciernen a cada funcionario público en nuestra patria, por humilde o poderoso que sea, y sin importar ante quien pueda ser responsable, ya se trate de los votantes, de una legislatura, una maquinaria política o una organización partidaria. Le conciernen también a cada votante en nuestra patria, y a los que no votan, a los que no tienen ningún interés en el gobierno, a los que solo sienten desprecio por los políticos y su profesión. Les conciernen a todos los que se han quejado de la corrupción en las altas esferas, y a todos los que han insistido en que su representante acate sus deseos. Porque, en una democracia, todos los ciudadanos, independientemente de su interés por la política, «desempeñan un cargo»; cada uno de nosotros está en una posición de responsabilidad; y, en último análisis, el tipo de gobierno que tenemos depende de cómo cumplamos con esas responsabilidades. Nosotros, el pueblo, somos el jefe, y tendremos el tipo de liderazgo político, sea bueno o malo, que exigimos y merecemos.

Estos problemas ni siquiera le conciernen solo a la política, pues la misma elección básica en cuanto a coraje o cumplimiento nos enfrenta continuamente, ya sea que temamos la ira de electores, de amigos, de un consejo administrativo o de nuestra unión, siempre estamos contra la corriente de la opinión pública en referencia a cuestiones fuertemente debatidas. Porque sin menospreciar el coraje con que algunos han muerto, no debemos olvidar esos actos de coraje con el que los hombres —como los que constituyen el tema de este libro—, han *vivido*. El coraje de la vida es a menudo un espectáculo menos dramático que el coraje de un momento final, pero no es menos una combinación magnífica de triunfo y tragedia. Un hombre hace lo que debe —a pesar de las consecuencias personales, a pesar de los obstáculos, peligros y presiones—, y esa es la base de toda la moralidad humana.

Ser valiente —y estas historias lo dejan claro—, no exige requisitos excepcionales ni una fórmula mágica, como tampoco ninguna combinación especial de tiempo, lugar y circunstancia. Es una oportunidad que tarde o temprano se nos presenta a todos. La política proporciona simplemente un escenario que impone una prueba especial de coraje. En cualquier ámbito de la vida podemos afrontar el reto del coraje; cualquiera que sea el sacrificio que enfrentemos, si seguimos nuestra conciencia —la pérdida de nuestros amigos, nuestra fortuna y alegría, incluso la estima de nuestros semejantes—, cada hombre debe decidir por sí mismo el camino a seguir. Las historias de un coraje pasado pueden definir ese ingrediente: pueden enseñar, pueden ofrecer esperanza, pueden servir de inspiración. Pero no pueden proporcionarnos el coraje en sí. Para ello, cada uno debe mirar su propia alma.

Cuando, señor presidente, un hombre se convierte en miembro de este órgano, ni siquiera puede soñar con la dura prueba ante la cual no puede dejar de estar expuesto;

de cuánto coraje debe poseer para resistir las tentaciones que lo acosan a diario;

de esa disminución sensible de la censura inmerecida que debe aprender a controlar;

de la disputa siempre recurrente entre un deseo natural por la aprobación pública y el sentido del deber público;

de la carga de la injusticia que debe conformarse con soportar, incluso de aquellos que deberían ser sus amigos;

de las imputaciones de sus motivos;

de las burlas y sarcasmos de la ignorancia y la malicia;

de los múltiples golpes que la malignidad partidista o privada, decepcionada en sus objetivos, pueda infligir sobre su cabeza indefensa.

Todo esto, señor presidente, si es que esa persona quiere conservar su integridad, debe aprender a soportar impasible, y caminar con firmeza hacia adelante en su sendero del deber, sostenido solo por la reflexión de que el tiempo pueda hacerle justicia, o si no es así después de todo, de que sus esperanzas y aspiraciones individuales, e incluso su nombre entre los hombres, deben ser poco valiosos para él cuando sea sopesado en la balanza contra el bienestar de un pueblo de cuyo destino es guardián y defensor constituido.

SENADOR WILLIAM PITT FESSENDEN,
por Maine, en un panegírico pronunciado tras la muerte del senador Foot de Vermont en 1866, dos años antes de que la votación del senador Fessenden para absolver a Andrew Johnson trajera consigo el cumplimiento de su propia profecía.

Bibliografía

Nota: Las obras de Allan Nevins y Herbert Agar son particularmente útiles para iniciar un estudio de esta naturaleza y la historia de Haynes acerca del Senado, la biografía de Cate sobre Lamar, el recuento de De Witt en cuanto al juicio político de Johnson y la biografía de William S. White sobre Taft son obras básicas de referencia que han sido esenciales para mi investigación. —JFK

Referencias generales

(Los siguientes libros fueron útiles en varios capítulos del libro o en el establecimiento del tema general de la obra en los capítulos iniciales y finales).

Agar, Herbert. *The Price of Union*. Boston, 1950.

Coit, Margaret L. *John C. Calhoun*. Boston, 1950.

Douglas, William O. *An Almanac of Liberty*. Nueva York, 1954.

Gallup, George. *Public Opinion in a Democracy*. Princeton University, 1939.

Gillett, Frederick H. *George Frisbie Hoar*. Boston, 1934.

Haynes, George H. *The Senate of the United States*. Vols. 1 & 2. Boston, 1938.

Holcombe, Arthur Norman. *Our More Perfect Union; from Eighteenth-Century Principles to Twentieth-Century Practice*. Cambridge, Massachusetts, 1950.

House Doc. 607: *Biographical Directory of the American Congress, 1774-1949*. Washington, D.C., 1950.

Kent, Frank R. *Political Behavior*. Nueva York, 1928.

Lippmann, Walter. *Essays in the Public Philosophy*. Boston, 1955.

Lowell, Abbott Lawrence. *Conflicts of Principle*. Cambridge, Massachusetts, 1932.

Luthin, Reinhard Henry. *American Demagogues: Twentieth Century*. Boston, 1954.

Malone, Dumas. *Dictionary of American Biography*. Nueva York, 1943.

Moore, Joseph West. *The American Congress*. Nueva York, 1895.

Morison, Samuel E., y Commager, Henry Steele. *The Growth of the American Republic*. Vols. 1 & 2. Londres, 1942.

Morrow, Josiah. *The Works of the Right Hon. Edmund Burke*. Vol. 2. Boston, 1894.

Nevins, Allan. *Ordeal of the Union*. Vols. 1 & 2. Nueva York, 1947.

Nevins, Allan y Commager, Henry Steele. *Historia de los Estados Unidos. Biografía de un pueblo libre*. Cia. General de Editores. Colección Ideas, Letras y vida. México, 1977.

Peterson, Houston (Ed.). *A Treasury of the World's Great Speeches*. Nueva York, 1954.

Schlesinger, Arthur M., Jr. *The Age of Jackson*. Boston, 1946.

Turner, Julius. *Party and Constituency: Pressures on Congress*. Baltimore, 1951.

Referencias adicionales sobre la historia del Senado y fuentes para el material contenido en los prólogos a los diversos capítulos

Benton, Thomas Hart. *Thirty Years' View*, 1820-1850. Londres y Nueva York, 1863.

Binkley, Wilfred. *President and Congress*. Nueva York, 1947.

Boni, Albert y Charles. *The Journal of William Maclay*. Nueva York, publicado en 1890 y revisado en 1927.

Brown, Everett Somerville. *William Plumer's Memorandum of Proceedings in the United States Senate*, 1803-1807. Londres, 1923.

Connor, R. D. W. *History of North Carolina*. Vol. 1. Chicago y Nueva York, 1919.

Corwin, Edward. *The President, Office and Powers* 2da edición. Nueva York, 1941.

Cosgrove, Henry. «New England Town Mandates», *Publications of the Colonial Society of* Massachusetts. Vol. 21 (Transacciones en 1919). Boston, 1920.

Dangerfield, Royden J. *In Defense of the Senate*. University of Oklahoma Press, 1933.

Dodd, William E. «The Principle of Instructing United States Senators», *The South Atlantic Quarterly*, Vol. 1. Durham, Carolina del Norte, enero 1902.

Foster, Roger. *Commentaries on the Constitution of the United States*. Boston, 1895.

Galloway, George Barnes. *Congress at the Crossroads*. Nueva York, 1946.

Harris, Joseph P. *The Advice and Consent of the Senate*. Berkeley y Los Ángeles, 1953.

Haynes, George H. *The Senate of the United States*. Vols. 1 & 2. Boston, 1938.

Matthews, Donald R. «United States Senators and the Class Structure», *The Public Opinion Quarterly*. Vol. XVIII, No. 1. Princeton University, primavera de 1954.

McClendon, R. Earl. «Violations of Secrecy In Re Senate Executive Sessions, 1789-1929», *The American Historical Review*. Vol. LI. Nueva York, octubre 1945.

Miller, R., y Hoar, George F. «Has the Senate Degenerated?». *Forum*, 1897.

Moore, Joseph West. *The American Congress*. Nueva York, 1895.

Nevins, Allan y Commager, Henry S. *Historia de los Estados Unidos. Biografía de un pueblo libre*. Cia. General de Editores, Colección Ideas, Letras y vida. México, 1977.

Pound, Merritt B. *Benjamin Hawkins—Indian Agent*. Athens: Georgia, 1951.

Rogers, Lindsay. *The American Senate*. Nueva York, 1926.

Smith, Goldwin. «Has the U. S. Senate Decayed?». *Saturday Review*, 1896.

Von Holst, R. «Shall the Senate Rule the Republic?». *Forum*, noviembre, 1893.

Wilson, Woodrow. *El gobierno congresional: régimen político de los Estados Unidos*. UNAM: México, 2002.

Young, Roland. *This Is Congress*. Nueva York, 1943.

Referencias adicionales para el Capítulo II John Quincy Adams

Adams, Charles Francis. *Memoirs of John Quincy Adams* (Su Diario desde 1795 hasta 1848). Vol. 1. Filadelfia, 1874.

Adams, Henry. *New England Federalism*. Boston, 1905.

Adams, James Truslow. *The Adams Family*. Boston, 1930.

Adams, John Quincy. *Correspondence with Citizens of Massachusetts*. Boston, 1829.

Beard, Charles A. *Economic Origins of Jeffersonian Democracy*. Nueva York, 1949.

Bemis, Samuel Flagg. *John Quincy Adams and the Foundations of American Foreign Policy*. Nueva York, 1949.

Buckley, William. *The Hartford Convention* (Panfleto). New Haven, Connecticut, 1934.

Clark, Bennett Champ. *John Quincy Adams*. Boston, 1932.

Dwight, Theodore. *The Hartford Convention*. Boston y Nueva York, 1833.

Ford, W. C. «The Recall of John Quincy Adams in 1808», *Massachusetts Historical Society Proceedings*. Vol. XLV, p. 354.

Ford, Worthington Chauncey. *Writings of John Quincy Adams*. Vol. III. Nueva York, 1914.

Hoar, George F., Representante. Discurso del 12 de diciembre de 1876, dedicado a las estatuas de Samuel Adams y John Winthrop, *Congressional Record*.

Lipsky, George A. *John Quincy Adams*. Nueva York, 1950.

Morison, Samuel Eliot. *Life and Letters of Harrison Gray Otis*. Vols. 1 & 2. Cambridge, 1913.

Morse, Anson Ely. *The Federalist party in Massachusetts to the Year 1800*. Trenton, Nueva Jersey, 1909.

Morse, John T., Jr. *John Quincy Adams, American Statesmen Series*. Vol. 15. Boston y Nueva York, 1883 y 1899.

Nevins, Allan (Ed.). *The Diary of John Quincy Adams*, 1794-1845. Nueva York y Londres, 1929.

Prentiss, Hervey Putnam. *Timothy Pickering as the Leader of New England Federalism*, 1800-1815. Salem, Massachusetts, 1934.

Quincy, Josiah. *Memoir of the Life of John Quincy Adams*. Boston, 1858.

Seward, William H. *Life of John Quincy Adams*. Filadelfia, 1916.

Sullivan, William. *Public Men of the Revolution*. Filadelfia, 1847.

Wilson, Woodrow. «A Calendar of Great Americans». *Forum*, febrero 1894.

Referencias adicionales para el Capítulo III Daniel Webster

Adams, Samuel Hopkins. *The Godlike Daniel*. Nueva York, 1930.

Bemis, Samuel Flagg (Ed.). *The American Secretaries of State and Their Diplomacy*. Vol. 5. Duniway, Clyde Augustus. «Daniel Webster». Nueva York, 1928.

Benson, Allan L. *Daniel Webster*. Nueva York, 1929.

Binkley, Wilfred E. *American Political Parties: Their Natural-History*. Nueva York, 1949.

Current, Richard. *Daniel Webster and the Rise of National Conservatism*. Boston, 1955.

Curtis, George Ticknor. *The Last Years of Daniel Webster*. Nueva York, 1878.

Curtis, George Ticknor. *The Life of Daniel Webster*. Vols. 1 & 2. Nueva York, 1870.

Dyer, Oliver. *Great Senators of the United States 40 Years Ago*. Nueva York, 1889.

Fisher, Sydney George. *The True Daniel Webster*. Filadelfia y Londres, 1911.

Foster, Herbert Darling. *Webster's 7th of March Speech and the Secession Movement, 1850*. Nueva York, 1922.

Fuess, Claude M. *Daniel Webster*. Vols. 1 & 2. Boston, 1930.

Harvey, Peter. *Reminiscences and Anecdotes of Daniel Webster*. Boston, 1909.

Johnson, Gerald W. *America's Silver Age*. Nueva York, 1939.

Lanman, Charles. *The Private Life of Daniel Webster*. Nueva York, 1852.

Lodge, Henry Cabot. *Daniel Webster, American Statesmen Series.* Vol. 21. Boston y Nueva York, 1899.

March, Charles W. *Daniel Webster and His Contemporaries.* Nueva York, 1859.

McClure, Col. Alexander K. *Recollections of Half a Century.* Salem, Massachusetts, 1902.

McMaster, John Bach. *Daniel Webster.* Nueva York, 1902.

Nevins, Allan. *Ordeal of the Union.* Vols. 1 & 2. Nueva York, 1947.

Sandburg, Carl. *Abraham Lincoln, the Prairie Years and the War Years.* Nueva York, 1954.

Schlesinger, Arthur M., Jr. *The Age of Jackson.* Boston, 1946.

Smyth, Clifford. *Daniel Webster: Spokesman for the Union.* Nueva York, 1931.

Van Tyne, C. H. *The Letters of Daniel Webster.* Nueva York, 1902.

Webster, Daniel. *The Private Correspondence of Daniel Webster.* Boston, 1857.

Whittier, John G. *Whittier's Poetical Works*, «Ichabod». Vol. IV. Boston, 1888.

Wish, Harvey. *Society and Thought in Early America.* Nueva York, 1950.

Referencias adicionales para el Capítulo IV Thomas Hart Benton

Benton, Thomas Hart. *Thirty Years' View*, 1820-1850. Londres y Nueva York, 1863.

Dyer, Oliver. *Great Senators of the United States 40 Years Ago.* Nueva York, 1889.

Frémont, John Charles. *Memoirs of My Life.* Vol. 1. Frémont, Jessie Benton. «Biographical Sketch of Senator Benton, in Connection with Western Expansion». Chicago y Nueva York, 1887.

McClure, Col. Alexander K. *Recollections of Half a Century.* Salem, Massachusetts, 1902.

McClure, Clarence Henry. *Opposition in Missouri to Benton.* Nashville, Tennessee, 1927.

McClure, Clarence Henry. «The Opposition Against Benton», *Missouri Historical Review*. Vol. 10, p. 151. State Historical Society of Missouri; Columbia, Misuri, octubre 1907 y enero 1908.

Meigs, William Montgomery. *The Life of Thomas Hart Benton*. Filadelfia y Londres, 1904.

Rogers, Joseph M. *Thomas H. Benton*. Filadelfia, 1905.

Roosevelt, Theodore. *Thomas H. Benton*. Boston y Nueva York, 1899.

Violette, Eugene Morrow. *History of Missouri*. Boston, 1820.

Wilson, Woodrow. «A Calendar of Great Americans». *Forum*, febrero 1894.

Referencias adicionales para el Capítulo V
Sam Houston

Barker, Eugene C. *Mexico and Texas*, 1821-1835. Texas, 1928.

Bruce, Henry. *Life of General Houston*. Nueva York, 1891.

Creel, George. Sam Houston. Nueva York, 1928.

Culberson, Charles. «General Sam Houston and Secession», *Scribner's Magazine*. Vol. 39, 1906.

Day, Donald, y Ullom, Harry Herbert (Eds.). *The Autobiography of Sam Houston*. University of Oklahoma Press, 1954.

De Shields, James T. *They Sat in High Place*. San Antonio, 1940.

Dyer, Oliver. *Great Senators of the United States 40 Years Ago*. Nueva York, 1889.

Evans, Gen. Clement A. *Confederate Military History*. Vol. XI. Atlanta, Georgia, 1899.

Farber, James. *Texas*, C. S. A. Nueva York, 1947.

Friend, Llerena. *Sam Houston, The Great Designer*. University of Texas Press, 1954.

Hogan, William Ransom. *The Texas Republic, a Social and Economic History*. University of Oklahoma Press, 1946.

James, Marquis. *The Raven, a Biography of Sam Houston*. Nueva York, 1929.

Lester, C. Edwards. *Life and Achievements of Sam Houston*. Nueva York, 1883.

McClure, Col. Alexander K. *Recollections of Half a Century*. Salem, Massachusetts, 1902.

McGrath, Sister Paul of the Cross. *Political Nativism in Texas, 1825-1860*. Catholic University of America, 1930.

Seymour, Flora Warren. *Sam Houston, Patriot*. Nueva York, 1930.

Smith, Justin. *The Annexation of Texas*. Nueva York, 1911.

Sprague, Maj. J. T. *The Treachery in Texas* (The Secession of Texas and the Arrest of the United States Officers and Soldiers Serving in Texas). Nueva York, 1862.

Weinberg, Albert K. *Destino manifiesto* (El expansionismo nacionalista en la historia norteamericana). 1ª Ed. 1968. Paidós: Buenos Aires.

Winkler, William (Ed.). *Journal of the Secession Convention of Texas, 1861*. Austin, 1912.

Wortham, Louis J. *A History of Texas*. Fort Worth, 1924.

Referencias adicionales para el Capítulo VI Edmund G. Ross

Bowers, Claude Gernade. *The Tragic Era; The Revolution After Lincoln*. Cambridge, 1929.

Bumgardner, Edward. *The Life of Edmund G. Ross*. Misuri, 1949.

De Witt, David Miller. *The Impeachment and Trial of Andrew Johnson, Seventeenth President of the United States*. Nueva York y Londres, 1903.

Dunning, Charlotte. *Essays on the Civil War and Reconstruction*. Nueva York, 1931.

Fessenden, Francis. *Life and Public Services of William Pitt Fessenden*. Vols. 1 & 2. Cambridge, 1907.

Holzman, Robert. *Stormy Ben Butler*. Nueva York, 1954.

Lesis, H. H. Walker. «The Impeachment of Andrew Johnson», *American Bar Association Journal*. Enero, 1954.

Oberholtzer, Ellis P. *A History of the United States Since the Civil War*. Vol. 2, 1868-1872. Nueva York, 1922.

Ross, Edmund G. «History of the Impeachment of Andrew Johnson», *Forum*. Julio, 1895.

Ross, Edmund G. *History of the Impeachment of Andrew Johnson.* Santa Fe, 1896.

Welles, Gideon, Diary of. Vol. 3. 1 enero 1867 a 6 junio 1869. Boston y Nueva York, 1911.

White, Horace. *The Life of Lyman Trumbull.* Boston, 1913.

Referencias adicionales para el Capítulo VII Lucio Quinto Cincinato Lamar

Adams, Henry. *La educación de Henry Adams.* Alba Editorial: Barcelona, 2001.

Agar, Herbert. *The Price of Union.* Boston, 1950.

Blaine, James G. *Twenty Years of Congress.* Vols. 1 & 2. Norwich, Connecticut, 1884 y 1886.

Bowers, Claude Gernade. *The Outlook.* Vol. 125. Nueva York, mayo–agosto 1920 (2 julio).

Bowers, Claude Gernade. *The Tragic Era; The Revolution After Lincoln.* Cambridge, 1929.

Cate, Wirt Armistead. *Lamar and the Frontier Hypothesis.* Reimpreso de *The Journal of Southern History,* Vol. 1, No. 4. Baton Rouge, Luisiana, noviembre 1935.

Cate, Wirt Armistead. *Lucius Q. C. Lamar, Secession and Reunion.* Chapel Hill, 1935.

Congressional Record. 15 febrero 1878.

Hamilton, J. G. de Roulhac. «Lamar of Mississippi», *The Virginia Quarterly Review.* Vol. 8, No. 1. University of Virginia, enero 1932.

Hill, Walter B. «L. Q. C. Lamar», *The Green Bag.* Vol. V, No. 4. Boston, abril 1893.

Hoar, George Frisbie. *Autobiography of 70 Years.* Vols. 1 & 2. Nueva York, 1903.

House Report 265, 43rd Congress, 2nd Session. *Vicksburg Troubles.* Washington, D.C., 27 febrero 1875.

Johnston, Frank. «Suffrage and Reconstruction in Mississippi», *Publications of the Mississippi Historical Society.* Vol. VI. Oxford, Misisipí, 1902.

Mayes, Edward. *Lucius Q. C. Lamar*. Nashville, Tennessee, 1896.
U. S. Supreme Court. *In Memoriam. Lucius Q. C. Lamar*. Washington, D.C., 1893.
Woods, Thomas H. «A Sketch of the Mississippi Secession Convention of 1861—Its Membership and Work», *Publications of the Mississippi Historical Society*. Vol. VI. Oxford, Misisipí, 1902.

Referencias adicionales para el Capítulo VIII George Norris

Baker, Ray Stannard. *Woodrow Wilson, Life and Letters, 1915–1917*. Nueva York, 1937.
Bolles, Blair. *Tyrant from Illinois: Uncle Joe Cannon's Experiment with Personal Power*. Nueva York, 1951.
Daniels, Josephus. *The Wilson Era: Years of Peace—1910–1917*. Chapel Hill, 1944.
Hechler, Kenneth W. *Insurgency: Personalities and Politics of the Taft Era*. Nueva York, 1940.
Lief, Alfred. *Democracy's Norris: the Biography of a Lonely Crusade*. Nueva York, 1939.
Link, Arthur. *Woodrow Wilson and the Progressive Era: 1910–1917*. Nueva York, 1954.
Millis, Walter. *Road to War: 1914–1917*. Nueva York, 1935.
Mowry, George E. *Theodore Roosevelt and the Progressive Movement*. Madison, 1947.
Nebraska State Journal. Marzo 1917; octubre 1928.
Neuberger, Richard L., y Kahn, Stephen B. *Integrity: The Life of George W. Norris*. Nueva York, 1937.
New York Herald Tribune. Octubre 1928.
New York Times. Octubre 1928.
Norris, George W. *Fighting Liberal: Autobiography*. Nueva York, 1945.
Norris, George W. *Letters*. Library of Congress Collections and files of C. A. Sorensen.
Omaha *World Herald*. Marzo 1917; octubre 1928.
Paxson, Frederic L. *Prewar Years, 1913–1917*. Boston, 1936.

Senate and House Journals for Nebraska, 1917, 35th Session.
Tansill, Charles C. *America Goes to War*. Boston, 1938.

Referencias adicionales para el Capítulo IX Robert A. Taft

Cleveland *Plain Dealer*. 7, 8, 10 octubre 1946.
Columbus *Dispatch*. 8 octubre 1946.
Harnsberger, Caroline T. *A Man of Courage*. Chicago, 1952.
New York Times. 6, 7, 8, 9, 10, 11, 19, 24, 25 octubre 1946.
Taft, Robert A. *A Foreign Policy for Americans*. Nueva York, 1951.
Toledo *Blade*. 8, 9, 14 octubre 1946.
White, William S. *The Taft Story*. Nueva York, 1954.

Referencias adicionales para el Capítulo X Otros hombres con coraje político

Barnard, Harry. *Eagle Forgotten* (The Life of John Peter Altgeld). Nueva York, 1938.
Bowers, Claude Gernade. *Beveridge and the Progressive Era*. Cambridge, 1932.
Brown, Everett Somerville, *William Plumer's Memorandum of Proceedings in the United States Senate, 1803–1807*. Londres, 1923.
Chitwood, Oliver Perry. *John Tyler; Champion of the Old South*. Nueva York, 1939.
Coit, Margaret L. *John C. Calhoun*. Boston, 1950.
Cralle, Richard K. *Reports and Public Letters of John C. Calhoun*. Vol. 2. Nueva York, 1855.
Fraser, Hugh Russell. *Democracy in the Making*. Indianápolis y Nueva York, 1938.
Hapgood and Moskowitz. *Up from the City Streets: Alfred E. Smith*. Nueva York, 1927.
Kent, Frank R. *Political Behavior*. Nueva York, 1928.
Marshall, Humphrey. *History of Kentucky*. Vol. 2. Frankfort, Kentucky, 1824.

Morgan, Robert J. *A Whig Embattled; the Presidency under John Tyler*. Lincoln, 1954.

New York Times. 26 enero 1929.

Pusey, Merlo J. *Charles Evans Hughes*. Vols. 1 & 2. Nueva York, 1951.

Quisenberry, A. C. *The Life and Times of Hon. Humphrey Marshall*. Winchester, Kentucky, 1892.

Simms, Henry H. *The Rise of the Whigs in Virginia*. Richmond, Virginia, 1929.

Stoddard, William O. *John Adams, the Lives of the Presidents*. Vol. 2. Nueva York, 1886.

Stryker, Lloyd Paul. *Andrew Johnson, A Study in Courage*. Nueva York, 1929.

Underwood, Oscar W. *Drifting Sands of Party Politics*. Nueva York, 1928.

Washington *Evening Star*. 25 enero 1929.

Índice

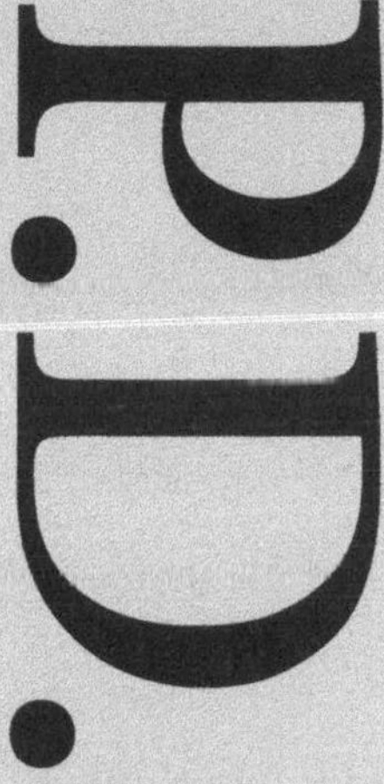

Perspectivas, entrevistas y más...

Sobre el autor

Sobre el libro

Lea:

Una biografía de John F. Kennedy

El trigésimo quinto Presidente de Estados Unidos

Crecer en el seno de la familia Kennedy

Hyannis Port, Massachusetts, en 1928. Ocho de los nueve hijos de los Kennedy posan para una foto. Ellos son, de menor a mayor, Jean, Robert, Patricia, Eunice, Kathleen, Rosemary, Jack y Joe.

JOHN F. KENNEDY nació el 29 de mayo de 1917, fue el segundo de nueve hermanos. Sus padres, Joseph Patrick Kennedy y Rose Fitzgerald Kennedy, eran estadounidenses de segunda generación, cuyos abuelos emigraron de Irlanda durante la gran hambruna de la papa en 1848. Su abuelo paterno, Patrick J.

Kennedy, era propietario de una taberna y «jefe» de un distrito electoral en Boston; su abuelo materno, John F. («Honey Fitz») Fitzgerald, fue alcalde de Boston y congresista de Estados Unidos.

John F. Kennedy era todavía un bebé cuando su familia y los amigos lo llamaron Jack. No fue un niño muy sano; su madre recordó las enfermedades que sufrió: tos ferina, sarampión y varicela. Cuando Jack —de ojos azules— tenía dos años, sufrió los embates de la escarlatina, una enfermedad altamente contagiosa y potencialmente mortal. Su padre, temiendo que Jack muriera, visitaba el hospital todos los días para estar al lado de su hijo. Jack se recuperó casi al cabo de un mes, pero la mala salud definió su infancia, hasta el punto que su familia solía bromear sobre el gran riesgo que corría un mosquito que se atreviera a picarlo: ¡bastaba un poco de sangre de Jack para que el mosquito muriera casi con seguridad!

Cuando Jack tenía tres años, los Kennedy se mudaron a una nueva casa a pocas cuadras de su antigua vivienda en Brookline, un barrio en las afueras de Boston. Era una casa preciosa, con doce habitaciones, ventanas con torrecillas y un gran porche. Lleno de energía y ambición, el padre de Jack trabajó muy duro para convertirse en un exitoso hombre de negocios. Como estudiante de la Universidad de Harvard, donde tuvo dificultades para encajar como católico irlandés, se juró a sí mismo que conseguiría un millón de dólares a los treinta y cinco años. Este hábil hombre fue presidente de un banco a los veinticinco años; más tarde, produjo películas de Hollywood e invirtió fuertemente en la bolsa de valores. Durante el gobierno del presidente Franklin D. Roosevelt, el millonario hecho a sí mismo se desempeñó como presidente de la Comisión de Bolsa y Valores, y como embajador en Gran Bretaña.

Los niños Kennedy pasaban las vacaciones escolares de fin de año en su casa de verano de Hyannis Port, en Cape Cod, donde disfrutaban nadando, navegando a vela y jugando con una pelota de fútbol americano. Los hijos de Kennedy competían intensamente entre sí, animados por su padre. Joseph tenía unas expectativas particularmente altas con respecto a sus hijos, quería que triunfaran no solo en los eventos deportivos, sino también en todo aquello a lo que se dedicaran. A veces, sin embargo, esas competencias familiares iban demasiado lejos, como cuando Joe retó a Jack a una carrera en bicicleta y, luego de una colisión frontal, el segundo concursante terminó con veintiocho puntos de sutura.

Los dos hijos mayores eran atractivos, agradables e inteligentes, y el señor Kennedy cifró grandes esperanzas en ambos. Cuando era todavía un muchacho, Joe anunció a todos que un día se ▸

convertiría en el primer presidente católico de Estados Unidos. Nadie lo dudó ni por un instante. Jack, por otra parte, parecía un poco menos ambicioso. Era, sin duda, muy popular en Choate, el internado de Connecticut, donde estuvo activo en grupos de estudiantes; jugó tenis, baloncesto, fútbol y golf, y disfrutaba la lectura. (Su amigo Lem Billings recuerda lo extraño que fue que Jack se suscribiera al *New York Times* cuando era estudiante). El director académico de Jack percibió incluso su «mente inteligente e individualista». A pesar de todo, sin embargo, Jack rara vez dedicó todas sus energías al estudio (excepto en historia e inglés, sus materias favoritas). De hecho, parecía contento con distinguirse no por las buenas notas, sino por su talento para hacer bromas. «Ahora, Jack», le escribió su padre en una carta: «No quiero dar la impresión de que soy un gruñón, pues Dios sabe que creo que eso es lo peor que puede ser cualquier padre, y creo también que sabes que si no sintiera que realmente tuvieras las capacidades, sería más condescendiente en mi actitud hacia tus defectos. Después de una larga experiencia en cuanto a dimensionar a las personas, sé que definitivamente tienes capacidades y que puedes llegar muy lejos... Es muy difícil recuperar los fundamentos que descuidaste cuando eras muy joven, es por eso que te insto a que hagas todo de la mejor manera posible. No espero demasiado, y no me sentiré decepcionado si no llegas a ser un verdadero genio, pero

El joven Jack con Joe hijo y Joseph Patrick Kennedy

creo que puedes ser un ciudadano realmente valioso, con buen criterio y entendimiento».

En 1936, Jack comenzó su primer año en Harvard, donde su hermano Joe ya estudiaba. Al igual que Joe, Jack jugó fútbol. Carecía del físico de su hermano, pero poseía ingentes recursos de determinación y perseverancia. Por desgracia, se rompió un disco de la columna vertebral mientras jugaba, una lesión que lo aquejó por el resto de su vida.

A finales de 1937, el señor Kennedy fue nombrado embajador de Estados Unidos en Inglaterra y se trasladó allí con toda su familia, salvo con Joe y Jack, que permanecieron en Harvard. Debido al trabajo de su padre, Jack se interesó mucho en la política europea y en los asuntos mundiales. Después de su visita de verano a Inglaterra y a otros países de Europa, Jack volvió a Harvard con un mayor entusiasmo por aprender acerca de la historia y el gobierno, y mantenerse al día con los acontecimientos actuales.

Joe y Jack recibían con frecuencia cartas de su padre, que les informaba las últimas novedades con respecto a los conflictos y tensiones que el mundo entero temía que estallaran pronto en una guerra a gran escala. En 1939, cuando Alemania invadió Polonia, Jack había decidido escribir su tesis de grado acerca de por qué Gran Bretaña no estaba preparada para la guerra con Alemania. La tesis se publicó bajo el título *Why England Slept* [Por qué Inglaterra se durmió]. El libro se convirtió en un éxito de ventas.

Jack se graduó de Harvard en junio de 1940. Su padre le envió un telegrama desde Londres: SIEMPRE SUPE DOS COSAS SOBRE TI. UNA: QUE ERES INTELIGENTE. DOS: QUE ERES UN TIPO FENOMENAL. CON CARIÑO, PAPÁ.

La Segunda Guerra Mundial y un futuro en la política

Joe y Jack se alistaron en la marina de guerra: Joe como piloto asignado a Europa, Jack como comandante de una lancha torpedera (PT-109), asignado al Pacífico Sur. El teniente John F. Kennedy tenía una tripulación de doce hombres cuya misión era impedir que los buques japoneses entregaran suministros a sus soldados. En la oscura noche del 2 de agosto de 1943, la tripulación del teniente Kennedy patrulló las aguas, dispuestos a hundir la primera nave enemiga que avistaran. De repente —y con mucha rapidez—, apareció un destructor japonés.

El barco iba a toda velocidad… y se dirigía directo a ellos. El teniente Kennedy, que estaba al mando del timón, intentó desviarse. El buque de guerra japonés, que era mucho más grande, embistió ▶

El teniente John F. Kennedy a bordo de la PT-109

a la PT-109, partiéndola en dos y matando a dos de los hombres del teniente Kennedy. Los demás lograron saltar mientras la lancha se incendiaba. El teniente Kennedy se estrelló con fuerza contra la cabina, lesionándose de nuevo su frágil espalda. Patrick McMahon, uno de los miembros de la tripulación, sufrió quemaduras horribles en la cara y las manos, y estaba dispuesto a darse por vencido. En medio de la oscuridad, el teniente Kennedy logró encontrarlo y llevarlo hasta donde estaban los otros supervivientes, que se aferraban a los restos flotantes de la embarcación.

Al amanecer, el teniente Kennedy condujo a sus hombres hacia una pequeña isla a varias millas de distancia. A pesar de sus heridas, el teniente Kennedy logró llevar a Patrick McMahon a tierra firme, apretando entre sus dientes una correa del salvavidas de McMahon. Seis días más tarde, dos isleños nativos los encontraron y salieron en busca de ayuda, entregando un mensaje que Jack había tallado en un trozo de cáscara de coco: ONCE VIVOS NATIVO CONOCE POSICIÓN Y ARRECIFES ISLA NAURO KENNEDY. Al día siguiente, la tripulación de la PT-109 fue rescatada.

Tras regresar a casa, Jack fue galardonado con la Medalla de la Marina de Guerra y del Cuerpo de la Marina por su liderazgo y coraje. Con la guerra próxima a concluir, llegó el momento de elegir una profesión. Había considerado ser maestro o escritor, pero la trágica muerte de su hermano (el avión de Joe explotó en el Canal de la Mancha durante una misión secreta y altamente peligrosa) obligó a Jack a reconsiderar sus planes. Su padre mantuvo serias conversaciones con él acerca de su futuro, y logró convencerlo para enorgullecer a su familia y postularse para un escaño en el undécimo distrito congresional de Massachusetts, el mismo que alguna una vez fue representado por su abuelo, Honey Fitz, y de quien Jack había recibido su nombre. Jack ganó el escaño en 1946.

A medida que pasaron los años, John F. Kennedy, que era demócrata, trabajó tres términos (seis años) en la Cámara de representantes. En 1952, se opuso al republicano Henry Cabot Lodge por su escaño en el Senado de Estados Unidos. Dwight D. Eisenhower, el candidato republicano a la presidencia, ganó en Massachusetts por 209,000 votos en las elecciones de 1952; no obstante, Kennedy derrotó a Lodge por 70,000 votos. Poco después de su elección, el senador de treinta y seis años de edad se casó con Jacqueline Bouvier, una reportera y fotógrafa del *Washington Times-Herald*, que tenía veinticuatro años.

En el Senado, Kennedy se hizo un nombre por sí mismo como miembro del comité senatorial para fraudes laborales, que estaba investigando al movimiento sindical. Con su hermano Robert como abogado del comité, se involucró en argumentos dramáticos con líderes laborales controvertidos, incluyendo a Jimmy Hoffa, del sindicato Teamsters. También se destacó en la convención nacional de su partido en Chicago en 1956, donde pronunció el discurso de nominación para Adlai E. Stevenson.

El senador Kennedy se sometió a dos operaciones, pues sentía graves molestias en la espalda. Durante su convalecencia, escribió un libro acerca de ocho senadores de Estados Unidos, que en períodos cruciales de la historia de la nación adoptaron posturas basadas en principios sólidos a pesar de los deseos de sus electores y, en algunos casos, hasta abandonaron sus carreras en aras del interés nacional. El libro, *Perfiles de coraje*, fue publicado en 1956; se convirtió en un éxito de ventas y fue galardonado con el Premio Pulitzer de biografía en 1957. Ese mismo año nació Caroline, la primogénita de los Kennedy.

La popularidad de John F. Kennedy siguió creciendo. En 1956, estuvo a punto de obtener una nominación para postularse a la vicepresidencia. Después de haber perdido la nominación, Kennedy decidió postularse a la presidencia en las próximas elecciones. Comenzó a trabajar largas horas y a viajar por todo el país los fines de semana. El 13 de julio de 1960, el Partido Demócrata lo nominó como su candidato presidencial. Kennedy le pidió a Lyndon B. Johnson, un senador de Texas, que se postulara como su vicepresidente. En las elecciones generales del 8 de noviembre de 1960, Kennedy venció al republicano Richard M. Nixon en una contienda muy reñida. A la edad de cuarenta y tres años, se convirtió en el presidente electo más joven y en el primero en ser católico. Su segundo hijo, John, nació antes de su inauguración. ▶

John F. Kennedy: El trigésimo quinto presidente de Estados Unidos

John F. Kennedy fue juramentado como el presidente número 35 el 20 de enero de 1961. En su discurso inaugural habló de la necesidad de que todos los estadounidenses fueran ciudadanos activos. «No preguntes lo que tu país puede hacer por ti, pregunta qué puedes hacer por tu país», dijo. También les pidió a las naciones del mundo que se unieran para luchar contra lo que llamó los «enemigos comunes del hombre: la tiranía, la pobreza, la enfermedad y la guerra misma».

El presidente Kennedy trabajaba largas horas, levantándose a las siete y retirándose a dormir alrededor de la medianoche, y a veces más tarde. Leía seis periódicos durante el desayuno, se reunía con personalidades importantes a lo largo del día, y estudiaba los informes de sus asesores. A pesar de su carácter presidencial, la Casa Blanca parecía un lugar divertido; Caroline y John fueron los «hijos presidenciales» más jóvenes en vivir en la Casa Blanca en más de sesenta años. De hecho, había un preescolar, una piscina y una casa en un árbol en los jardines de la residencia presidencial; el presidente Kennedy, posiblemente el hombre más ocupado del país, sacaba tiempo sin embargo para reír y jugar con sus hijos.

El papel histórico de la señora Kennedy en la restauración de la Casa Blanca, su apoyo a las artes, su labor como embajadora itinerante, y su papel público como esposa y madre pronto le hizo ganar el corazón de estadounidenses y ciudadanos de todo el mundo. Cuando la restauración de la Casa Blanca estuvo casi completa, organizó una gira televisiva transmitida por CBS a más de cincuenta millones de estadounidenses en febrero de 1962. Esa gira fue tan bien recibida que la Academia de Televisión, Artes y Ciencias le otorgó a la señora Kennedy el «Premio del gobernador» por sus logros.

El propio presidente utilizó acertadamente la televisión. Fue, de hecho, el primer presidente en capitalizar los medios televisivos para hablarle directamente al pueblo estadounidense. Ningún otro presidente había dado conferencias de prensa televisadas en vivo; en noviembre de 1963, el presidente Kennedy ya había realizado sesenta y cuatro conferencias. La primera, menos de una semana después de su toma de posesión, fue vista por un estimado de sesenta y cinco millones de personas.

El presidente tuvo muchas preocupaciones durante sus días en el cargo, siendo la principal de ellas la segregación en el Sur y la posibilidad de una guerra nuclear entre Estados Unidos y la Unión Soviética. Uno de sus primeros actos, sin embargo, fue firmar una orden ejecutiva estableciendo el Cuerpo de Paz. También estaba ansioso por ver a Estados Unidos liderar el camino en la carrera espacial. El 5 de mayo de 1961, cuatro meses después de la inauguración presidencial, Alan Shepard se convirtió en el primer estadounidense en ser lanzado al espacio; el 20 de febrero de 1962, John Glenn se convirtió en el primer estadounidense en orbitar la Tierra. Más tarde ese mismo año, en un discurso pronunciado en la Universidad de Rice, el presidente Kennedy señaló: «Ningún país que quiera ser líder de otras naciones puede quedarse atrás en esta carrera por el espacio... Decidimos ir a la Luna en esta década y hacer otras cosas, no porque sean fáciles, sino porque son difíciles». Kennedy pidió al Congreso la aprobación de más de veintidós mil millones de dólares para el gran proyecto lunar.

Cuando John F. Kennedy asumió la presidencia en 1961, muchos negros estadounidenses, en especial los que vivían en el Sur, continuaron padeciendo la segregación legalizada. Los negros tenían altas expectativas con respecto al nuevo presidente, a quien apoyaron en las elecciones, suministrando el margen de victoria en varios estados clave. Pero, debido a su estrecha victoria electoral, a su pequeño margen de trabajo en el Congreso, y a su reticencia a perder el apoyo de los senadores sureños clave, Kennedy dudó inicialmente en buscar la legislación de los derechos civiles. En lugar de ello, se basó en la autoridad ejecutiva para nombrar a negros en cargos de alto nivel, fortalecer la Comisión de Derechos Civiles, y hablar a favor de la lucha contra la segregación escolar. Finalmente, sin embargo, el gobierno se vio obligado a hacer más.

A medida que las manifestaciones por los derechos civiles aumentaron en todo el Sur, la violencia contra los manifestantes se convirtió en una fuente de vergüenza nacional. El gobierno de Kennedy, liderado por el fiscal general Robert F. Kennedy, utilizó los poderes federales para obligar a los estados a aceptar el imperio de la ley, el cual prohíbe la segregación.

En 1961, el fiscal general envió cuatrocientos agentes federales para proteger a los *Freedom Riders*, un grupo integrado por activistas de los derechos civiles que fueron detenidos y golpeados por desafiar la segregación en el transporte interestatal.

En 1962, el presidente Kennedy federalizó la Guardia Nacional con el fin de garantizar la entrada segura de James Meredith a la Universidad de Misisipí. En 1963, federalizó también la Guardia ▶

Una biografía de John F. Kennedy ***(continuación)***

Nacional de Alabama para imponer la admisión de dos estudiantes negros en la Universidad de Alabama, cuyo ingreso había sido desafiado por el gobernador George Wallace.

En un discurso televisado a nivel nacional el 11 de junio de 1963, el presidente Kennedy definió los derechos civiles como una crisis moral que enfrentaba el país y anunció que presentaría una legislación importante sobre derechos civiles al Congreso. «Cien años de retraso han pasado desde que el presidente Lincoln liberó a los esclavos y, sin embargo, sus herederos, sus nietos, no son totalmente libres», dijo. «El meollo del asunto es si a todos los estadounidenses se les debe otorgar la igualdad de derechos y de oportunidades, y si vamos a tratar a nuestros conciudadanos como queremos ser tratados».

El presidente Kennedy supervisó la política exterior estadounidense en una serie de escaramuzas de la Guerra Fría. Al principio de su administración, en 1961, ordenó poner en práctica la invasión a Cuba que se había planeado con antelación. La invasión a Bahía Cochinos terminó en un desastre; Kennedy asumió toda la responsabilidad.

En octubre de 1962, el presidente Kennedy se enteró de la acumulación secreta de misiles balísticos soviéticos en Cuba, una de las mayores amenazas de la historia a la seguridad nacional estadounidense. Durante la crisis de los misiles cubanos, Kennedy se enfrentó a un dilema terrible: si Estados Unidos atacaba los sitios donde estaban los misiles, se correría el riesgo de desencadenar una guerra nuclear con la URSS; si Estados Unidos no hacía nada, tendría que soportar la perpetua amenaza de las armas nucleares dentro de su región. Muchos funcionarios militares presionaron para realizar un ataque aéreo inmediato a los depósitos de misiles, pero Kennedy siguió una táctica diferente: ordenó la «cuarentena» de Cuba para evitar que los soviéticos le entregaran más suministros militares, y exigió la eliminación de los misiles y la destrucción de sus depósitos.

El mundo se mantuvo en vilo por trece días, esperando una solución pacífica a la crisis. Nadie sabía cómo respondería el líder soviético al bloqueo naval. Al reconocer la devastadora posibilidad de una guerra nuclear, el primer ministro soviético Nikita Khrushchev hizo regresar a sus barcos. Los soviéticos acordaron desmantelar los depósitos de armas y, a cambio, Estados Unidos aceptaron no invadir a Cuba.

Europa siguió siendo también una fuente de aprehensión para el presidente. En una cumbre celebrada en Viena en junio de 1961,

Khrushchev amenazó con cortar el acceso aliado a Berlín Occidental (ciudad emplazada en Alemania Oriental, que era controlada por los soviéticos). En agosto, y a fin de detener la avalancha de alemanes orientales que huían a Alemania Occidental por Berlín, Khrushchev ordenó la construcción del Muro de Berlín, una enorme estructura de concreto que dividió a la ciudad en dos. Ante el temor de hostilidades que podrían conducir a una nueva guerra mundial, Kennedy aumentó considerablemente el número de tropas y fuerzas de misiles estadounidenses en Alemania Occidental.

El 26 de junio de 1963, Kennedy visitó Berlín Occidental y dio un discurso, utilizando el Muro de Berlín como ejemplo de los fracasos del comunismo. «La libertad tiene muchas dificultades y la democracia no es perfecta, pero nunca hemos tenido que levantar un muro para mantener encerrado a nuestro pueblo», dijo Kennedy. El discurso es conocido por su célebre frase *Ich bin ein Berliner* («Soy berlinés»).

En 1963, las tensiones entre la Unión Soviética y Estados Unidos parecían estar disminuyendo. En junio, mientras pronunciaba un discurso de graduación en la Universidad Americana, el presidente Kennedy instó a los estadounidenses a reexaminar los estereotipos de la Guerra Fría. Hizo un llamamiento a una estrategia de paz que «haría el mundo seguro para la diversidad», y recordó a los estadounidenses y a los ciudadanos del mundo que «todos habitamos este pequeño planeta. Todos respiramos el mismo aire. A todos nos preocupa el futuro de nuestros hijos, y todos somos mortales».

Preocupado por los peligros de la contaminación radiactiva y la proliferación de armas nucleares, Kennedy impulsó la adopción de un «Tratado de Prohibición de Pruebas Nucleares», que impedía las pruebas atómicas en tierra, en la atmósfera o bajo el agua. Estados Unidos, el Reino Unido y la Unión Soviética fueron los signatarios iniciales del tratado que Kennedy firmó para que entrara en vigor en agosto de 1963, convencido de que era uno de los mayores logros de su administración.

En los primeros años de la década de 1960, la presencia militar estadounidense en Vietnam se intensificó, aumentando la preocupación por la capacidad del presidente Ngo Dinh Diem de Vietnam del Sur para movilizar a su país contra el régimen comunista de Vietnam del Norte presidido por Ho Chi Minh, que intentaba unificar la nación dividida. Durante el tiempo que estuvo en su cargo, Kennedy aceleró el flujo de ayuda estadounidense a Vietnam del Sur y aumentó el número de asesores militares estadounidenses en ese país. Al mismo tiempo, presionó al gobierno de Diem para hacer reformas políticas y económicas que se necesitaban desde hacía mucho tiempo. El 1 de noviembre ▶

de 1963, en un golpe que contó con la aprobación tácita de la administración Kennedy, el gobierno de Vietnam del Sur fue derrocado y el presidente Diem asesinado. Durante el resto de su administración, Kennedy tuvo dificultades con el compromiso futuro de Estados Unidos en Vietnam.

El presidente recibe un disparo

El 21 de noviembre de 1963, el presidente Kennedy viajó a Texas para dar varios discursos políticos. Al día siguiente, cuando su auto pasaba lentamente ante multitudes entusiastas en Dallas, se oyeron unos disparos. Kennedy resultó gravemente herido y murió poco tiempo después. A las pocas horas del tiroteo, la policía arrestó a Lee Harvey Oswald y lo acusó de asesinato. El 24 de noviembre, Jack Ruby, disparó y mató a Oswald, silenciando así a la única persona que podría haber ofrecido más información sobre ese trágico suceso. La Comisión Warren fue conformada para investigar el asesinato y aclarar las muchas preguntas que quedaron.

El legado de John F. Kennedy

La muerte del presidente Kennedy causó una enorme tristeza y dolor. La mayoría de las personas recuerdan exactamente dónde estaban y qué estaban haciendo cuando escucharon la noticia de su asesinato. Cientos de miles de ciudadanos se reunieron en Washington para el funeral del presidente y millones en todo el mundo lo vieron por televisión.

El breve tiempo que pasó John Kennedy en su cargo ocupa un lugar destacado en el recuerdo de las personas por su liderazgo, su personalidad y sus logros. Muchos respetan su sangre fría cuando se enfrentó a decisiones difíciles; otros admiran su habilidad para inspirar a la gente con sus elocuentes discursos en los que logró articular los ideales de una nación.

En su discurso inaugural, llamó al pueblo estadounidense a «soportar la carga de una larga lucha crepuscular… contra los enemigos comunes del hombre: la tiranía, la pobreza, la enfermedad y la guerra misma». Y llamó a su país y al mundo a la acción, recordándoles que «Todo esto no estará terminado en los primeros cien días. Tampoco estará terminado en los primeros mil días, ni durante esta administración, ni siquiera tal vez en nuestra vida en este planeta. Sin embargo, comencemos».

Sobre el libro

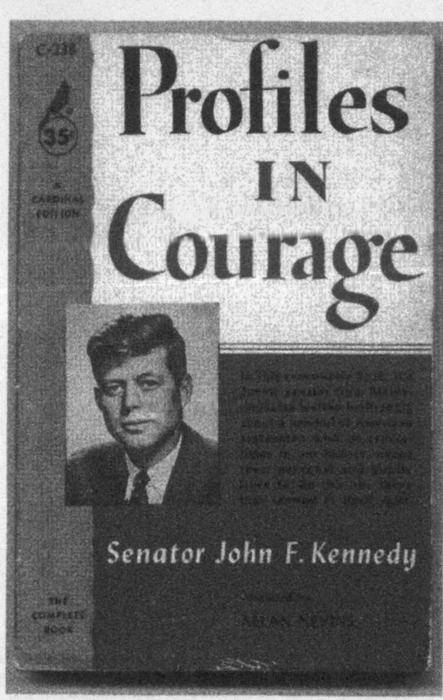

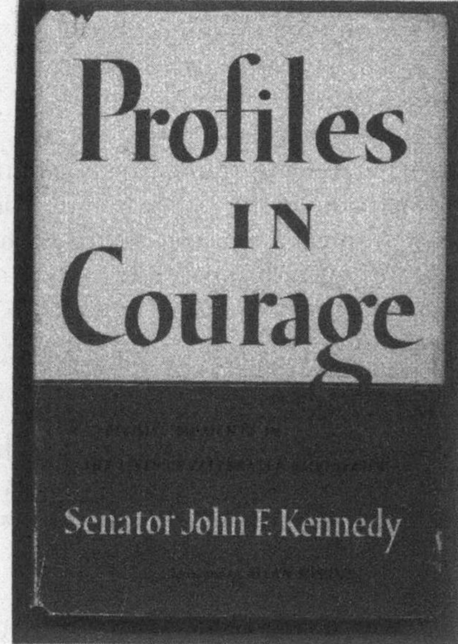

«Estoy sosteniendo en mi mano mi ejemplar original —de treinta y cinco centavos— de Perfiles de coraje, *el que leí cuando era adolescente. Me encantó. Alimentó mi interés no muy bien oculto por entrar a la política y tal vez hasta por convertirme en un senador de Estados Unidos. Pero su influencia no fue simplemente hacer que yo quisiera ser senador. Más bien, este libro pequeño y delgado decía mucho acerca de qué tipo de senador vale la pena ser. Lo que ilustra* Perfiles de coraje *es el papel que el riesgo y el sacrificio pueden y deben desempeñar en una carrera en el servicio público».*

—Senador Russell Feingold (Demócrata por Wisconsin), receptor en 1999 del Premio Perfiles de coraje

Correspondencia

JFK en *Perfiles*

Carta de John F. Kennedy a Cass Canfield (Presidente de la junta directiva de Harper & Brothers, editor de Perfiles de coraje).

28 de enero de 1955
Palm Beach, Florida

Señor Cass Canfield
Presidente de la junta directiva
Harper & Brothers
49 East 33rd Street
Nueva York, Nueva York

Estimado señor Canfield:

Muchas gracias por su muy amable cable y por su carta sobre mi propuesta de un pequeño libro acerca de «Patrones de coraje político». Aprecio ciertamente su interés genuino y sus sugerencias útiles.

Concuerdo con usted de todo corazón en que cada caso histórico utilizado debe ampliarse considerablemente, a fin de brindarle de manera más completa al profano los contextos históricos en que ocurrieron dichos eventos, y con el objeto de aumentar el interés dramático al ofrecer una visión más consumada de los individuos involucrados, de sus antecedentes y sus personalidades. No estoy seguro, sin embargo, que pudiera extender cada incidente a un relato de cinco a ocho mil palabras sin perder en un conglomerado de detalles personales e históricos los hechos básicos relativos a los actos valientes que constituyen la esencia del libro. Creo que los capítulos introductorios y finales se pueden resolver en los términos que usted menciona.

Mientras tanto, me gustaría exponer esta idea adicional, es decir, restringir los principales ejemplos de actos de coraje político realizados por senadores de Estados Unidos. Me parece que un libro como ese podría ser homogéneo y ofrecer una mayor coherencia temática, particularmente al ser escrito por un senador de Estados Unidos. En consecuencia, consideré suprimir el ejemplo de John Adams defendiendo a los soldados británicos en la Masacre de Boston (que no debe confundirse con su hijo, John Quincy Adams, que renunció al Senado en el primer ejemplo citado en el presente proyecto), y añadir al manuscrito tres ejemplos de coraje político mostrados por senadores como William Giles de Virginia, Thomas

Hart Benton de Misuri y Lucio Lamar de Misisipí. Con estas incorporaciones, creo que sería más factible alcanzar la extensión de cuarenta a sesenta mil palabras que usted sugiere, sin sobrecargar indebidamente cada historia con detalles. A menos que usted sienta que restringirme a los miembros del Senado supone una limitación excesiva, procederé en consecuencia. En el capítulo final, sin embargo, tengo la intención de citar brevemente muchos otros ejemplos de coraje político, incluyendo los llevados a cabo por personajes ajenos al Senado, con la historia de John Adams ya mencionada, John Peter Altgeld, Sam Houston, Charles Evans Hughes, Robert Taft y otros. Lamento que el único ejemplo de los últimos tiempos en ser incluido sea la breve mención de Taft (y su oposición a los juicios de Núremberg), pero no puedo decir si estamos demasiado cerca en el tiempo a otros ejemplos de nuestra historia política para incluirlos, o si la ausencia se deba a una disminución en la frecuencia de coraje político exhibido en el Senado.

Tengo la intención de comenzar a trabajar de inmediato en un manuscrito que posea la extensión de un libro; estaré muy agradecido por sus nuevas sugerencias y su ayuda.

Con mis mejores deseos,

Sinceramente suyo,

John F. Kennedy

Carta de JFK a su hermana Eunice Shriver.

26 de julio de 1955

Señora Eunice Shriver
220 East Walton Place
Chicago, Illinois

Estimada Eunice:

¿Será que Sarge, tus amigos y tú pueden reflexionar sobre los siguientes títulos sugeridos para el libro e informarme lo antes posible cuál creen que es el mejor?

1. Hombres de coraje
2. Ocho que fueron valientes
3. Pase a lista
4. Perfiles de coraje

Atentamente,

Jack

La versión contemporánea

Extractos e comentarios sobre *Perfiles de coraje*

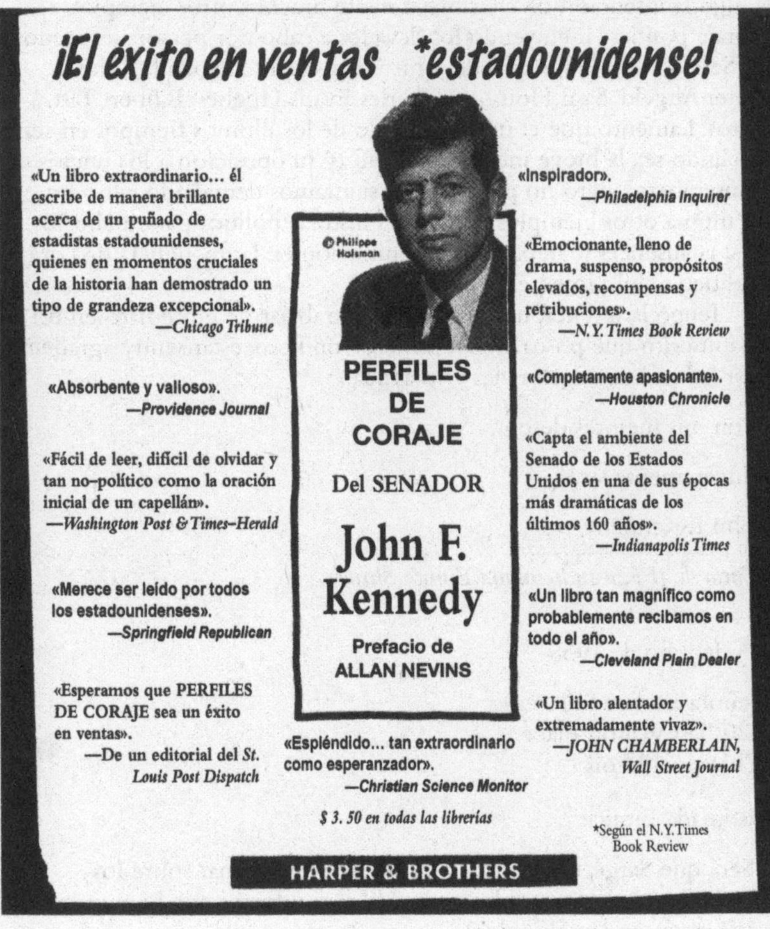
¡El éxito en ventas *estadounidense!

«Un libro extraordinario... él escribe de manera brillante acerca de un puñado de estadistas estadounidenses, quienes en momentos cruciales de la historia han demostrado un tipo de grandeza excepcional».
—*Chicago Tribune*

«Absorbente y valioso».
—*Providence Journal*

«Fácil de leer, difícil de olvidar y tan no-político como la oración inicial de un capellán».
—*Washington Post & Times-Herald*

«Merece ser leído por todos los estadounidenses».
—*Springfield Republican*

«Esperamos que PERFILES DE CORAJE sea un éxito en ventas».
—De un editorial del *St. Louis Post Dispatch*

© Philippe Halsman

PERFILES DE CORAJE

Del SENADOR

John F. Kennedy

Prefacio de ALLAN NEVINS

«Espléndido... tan extraordinario como esperanzador».
—*Christian Science Monitor*

«Inspirador».
—*Philadelphia Inquirer*

«Emocionante, lleno de drama, suspenso, propósitos elevados, recompensas y retribuciones».
—*N.Y. Times Book Review*

«Completamente apasionante».
—*Houston Chronicle*

«Capta el ambiente del Senado de los Estados Unidos en una de sus épocas más dramáticas de los últimos 160 años».
—*Indianapolis Times*

«Un libro tan magnífico como probablemente recibamos en todo el año».
—*Cleveland Plain Dealer*

«Un libro alentador y extremadamente vivaz».
—*JOHN CHAMBERLAIN, Wall Street Journal*

$ 3.50 en todas las librerías

*Según el N.Y.Times Book Review

HARPER & BROTHERS

«Una de las razones por las que la profesión política sufre de una estima pública tan baja es porque está siendo dirigida constantemente por los propios políticos. Nadie puede hacer del vocablo '¡Política!' tal clase de epíteto que un político autosuficiente, que parece tratar de elevarse por encima de su vocación.

«En este lamentable estado de cosas, es refrescante y enriquecedor que un político de primer orden escriba un libro serio y convincente acerca de la integridad política...

»El senador Kennedy escribe desde la doble eminencia de una mente perspicaz y reflexiva, como de la experiencia política práctica y de primera mano. Al igual que muchos jóvenes congresistas capaces, ha meditado sobre el papel de la legislatura y el legislador, sus debilidades y potencialidades no realizadas y si, de hecho, los días de los gigantes han desaparecido para siempre. Él cristalizó estas meditaciones durante el curso de una larga convalecencia en la primavera pasada... No es un aficionado en su oficio, sino un funcionario sólido lleno de ideales, pero con pocas ilusiones. Su libro es del tipo que restaura el respeto por una profesión venerable y muy maltratada».

—Cabell Phillips, *New York Times*,
1 de enero de 1956

«En general, el senador se sostiene bien, debe tener cuidado en el futuro, ya que ha establecido altos estándares de integridad política para efectos comparativos... En estos días, cualquier estudio sobre la independencia y el coraje político es bienvenido. Pero que un senador de Estados Unidos, un hombre joven e independiente con una formación gallarda y reflexiva, haya producido este estudio, es tan notable como útil. El senador Kennedy ha clavado una espléndida bandera en su mástil. Ojalá la mantenga allí».

—E. D. Canham,
The Christian Science Monitor

«No muchas personas convalecientes han empleado tan apropiadamente un largo período de su enfermedad como John F. Kennedy, hijo, senador de Massachusetts. Este libro, que es uno de los mejores que este lector haya tenido en sus manos durante muchísimo tiempo, es el resultado de dicha experiencia».

—Irving Dilliard,
New York Herald Tribune Book Review

«El senador de EE.UU. por Massachusetts, John F. Kennedy, ha escrito un libro que merece ser leído por todos los estadounidenses, ya que muestra con una claridad excepcional las presiones y dificultades que enfrentan todos los miembros del Congreso, e ilustra dramáticamente el alto grado de patriotismo desinteresado que se requiere de los senadores y representantes para que puedan servir bien y con lealtad a la nación».

—*The Republican,* Springfield, Massachusetts

Premio *Perfiles de coraje*, de John F. Kennedy

Establecido en 1989, el Premio Perfiles de coraje John F. Kennedy es un prestigioso honor concedido a los funcionarios públicos de la nación que han enfrentado una gran oposición por seguir lo que ellos creen que es la manera adecuada de proceder.

La Fundación Biblioteca John F. Kennedy confiere anualmente el Premio Perfiles de coraje a uno o más funcionarios públicos a nivel federal, estatal o local cuyas acciones demuestren las cualidades de coraje político que se describen en el libro ganador del Premio Pulitzer del presidente Kennedy. Los beneficiarios son seleccionados por un distinguido comité bipartidista de líderes nacionales que examinan las nominaciones. El premio se otorga cada mayo en la Biblioteca y Museo Presidencial John F. Kennedy en observancia del cumpleaños del presidente Kennedy el día 29 de dicho mes.

Uno de los símbolos más visibles del servicio público en la nación que hay en la actualidad —el Premio Perfiles de coraje— ha sido descrito por un receptor como el Nobel del gobierno. El premio está simbolizado por una linterna plateada, diseñada a partir de una linterna del USS *Constitution*, el buque comisionado más antiguo de la Marina de Estados Unidos. La linterna fue diseñada por Edwin Schlossberg y elaborada por Tiffany & Co.

Entre algunas personas galardonadas con el Premio Perfiles de coraje están estadounidenses distinguidos que han servido como funcionarios electos en todos los niveles del gobierno. Varios servidores públicos internacionales también han

«El presidente Kennedy comprendió que el coraje no es algo que pueda medirse en una encuesta o que se encuentre en un grupo de enfoque. Ningún asesor puede crearlo. Ningún historiador puede darle carácter retroactivo. Porque, en la antiquísima competencia entre la popularidad y el principio, solo aquellos dispuestos a perder debido a sus convicciones son merecedores de la aprobación de la posteridad».

—Presidente Gerald R. Ford, ganador del Premio Perfiles de coraje en 2001 sido honrados con el Premio Perfiles de coraje por su extraordinaria coraje político. Una actividad paralela —el Concurso de ensayos Perfiles de coraje, para estudiantes de secundaria—, involucra a las jóvenes generaciones en la escritura acerca de los funcionarios públicos contemporáneos que muestran coraje político.

Requisitos para optar al Premio *Perfiles de coraje*

Los receptores del Premio Perfiles de coraje son servidores públicos que han tomado decisiones conscientes en bien del interés público sin tener en cuenta las consecuencias profesionales o personales. Las figuras públicas descritas por el presidente Kennedy en *Perfiles de coraje* sirven como modelos para el premio: personas que han arriesgado sus carreras al luchar por una visión más amplia del interés nacional, estatal o local en oposición a la opinión popular o a las fuertes presiones de electores o grupos de interés.

Por favor, envíe una nominación al Premio *Perfiles de coraje*

¡La Fundación de la Biblioteca John F. Kennedy quiere saber de usted! Siempre hay una gran necesidad de funcionarios públicos que estén dispuestos a pronunciarse y a hacer lo que es correcto para su país y su comunidad. El Premio Perfiles de coraje está diseñado para promover este tipo de coraje entre los funcionarios públicos electos de Estados Unidos. El Premio Perfiles de coraje depende de la participación y dedicación de la opinión pública estadounidense en lo referente al ideal de un servicio público basado en unos principios sólidos.

«Me asombra participar en los actos que celebran la vida del presidente John F. Kennedy. Me maravilla meditar en el trayecto que me ha hecho llegar a este lugar. Me asombra pensar que una legisladora relativamente intrascendente del condado de Duplin, Carolina del Norte, pudiera ser nominada a este prestigioso premio».

—Cindy Watson,
exrepresentante estatal,
ganadora del Premio
Perfiles de coraje
en 2004

El Premio Perfiles de coraje de John F. Kennedy

Llame para nominaciones

Si tiene conocimiento de un funcionario público que haya demostrado un coraje político notable en la lucha por una causa o por haber tomado una posición con respecto a un problema, por favor considere enviar una nominación para el Premio Perfiles de coraje de John F. Kennedy.

- Personas en todos los niveles del gobierno —federal, estatal y local— son elegibles para el premio.
- Normalmente, el premio se entregará a estadounidenses que sean o hayan sido funcionarios electos y que estén vivos.
- Se hará hincapié en actos contemporáneos de coraje político.

Envíe el nombre de su candidato y una breve explicación de las acciones o eventos en los que el candidato mostró coraje político, tal como se define en los criterios de selección. Usted puede incluir fragmentos de noticias y otros materiales referentes a las acciones o eventos descritos. Tenga en cuenta que los materiales de apoyo no serán devueltos.

Por favor, incluya su nombre y dirección y, si es posible, los nombres y direcciones de las personas que pueden proporcionar mayor información sobre el candidato.

Envíe su nominación por correo postal o electrónico a:

The Profile in Courage Award Committee
John F. Kennedy Library Foundation
Columbia Point
Boston, Massachusetts 02125
Profileincourage @ JFKFoundation.org

El Premio Perfiles de coraje de John F. Kennedy™ es una marca registrada de la Fundación Biblioteca John F. Kennedy.

En sus propias palabras

Receptores del Premio *Perfiles de coraje*

El congresista John Lewis (Demócrata por Georgia)

Desde su creación en 1989, más de una veintena de funcionarios públicos distinguidos han recibido el Premio Perfiles de coraje de John F. Kennedy. La presentación de un Premio Perfiles de coraje por su trayectoria no tiene precedentes. El motivo de la entrega al congresista Lewis marcó el cuadragésimo aniversario de los Freedom Rides de 1961, por los que arriesgó su vida y fue golpeado severamente por la multitud. Los Freedom Rides desafiaron la segregación en las terminales de autobuses interestatales en todo el Sur. Lewis, que a los veintitrés años de edad fue también uno de los principales organizadores de la Marcha a Washington en 1963, fue reconocido por toda una vida caracterizada por un coraje extraordinario, un liderazgo y una entrega a los derechos humanos universales.

Discurso de aceptación del legendario líder de los derechos civiles y congresista John Lewis, ganador del Premio Perfiles de coraje a la trayectoria en 2001.

En sus propias palabras *(continuación)*

Caroline Kennedy, senador Kennedy, presidente Ford y señora Ford, miembros del comité de selección, consejeros de la Fundación Biblioteca John F. Kennedy, familiares y amigos:

Me siento muy honrado por este privilegio y me agrada mucho estar aquí con ustedes en esta ocasión especial para destacar la vida y obra de un hombre —valiente y compasivo— de la política y las letras: el presidente John F. Kennedy.

Me siento afortunado. Más que afortunado. Me siento realmente bendecido al recibir este premio y más aun por estar aquí. Aunque ustedes me honran hoy por una trayectoria de logros, no puedo olvidar a aquellos cuyas vidas fueron truncadas: los tres jóvenes activistas de derechos civiles en Misisipí: Mickey Schwerner, James Chaney y Andy Goodman, el presidente Kennedy y Bobby Kennedy, el doctor Martin Luther King, Medgar Evers; tantas vidas tronchadas. Debemos recordarlos. Estamos en deuda con ellos.

Hace apenas una semana, participé en el cuadragésimo aniversario de los *Freedom Rides*. En compañía de veinte hombres y mujeres que se atrevieron a derribar los muros de la segregación en 1961, nos montamos *de nuevo* en un autobús Greyhound para recorrer el interior del Sur. Repetimos nuestro viaje de Atlanta a Anniston, Alabama, luego a Birmingham y finalmente a Montgomery.

Hace cuarenta años hice lo que pensé que era lo correcto cuando participé en los *Freedom Rides* en 1961. Queríamos poner a prueba una sentencia del Tribunal Supremo que prohibió la segregación en un centro de viajes interestatales. Cuando el autobús llegó a Rock Hill, Carolina del Sur, bajé y me acerqué a la sala de espera para blancos. Nos estaban observando cuando alguien señaló el «letrero para las personas de color». «Tengo derecho a estar aquí debido a la decisión de la Corte Suprema en el caso Boynton», dije. Segundos después, fui atacado y brotó la sangre de otra batalla en la lucha por los derechos civiles. Nunca jamás olvidaré ese momento. Yo tenía veintiún años. Era hijo de un aparcero en una granja cerca de Troy, Alabama. Pero de alguna manera supe que, donde hay injusticia, no puedes ignorar el llamado de la conciencia.

Un día como hoy, 21 de mayo de 1961 —hace exactamente cuarenta años—, los *Freedom Riders* quedaron atrapados en la Primera Iglesia Bautista de Montgomery. El día anterior habíamos sido rodeados por una enorme multitud en la estación de la Greyhound en Montgomery, que gritaba y vociferaba; los hombres agitaban sus puños, bates de béisbol, tubos metálicos, y otros lanzaban piedras; las mujeres sacudían sus bolsas pesadas, mientras los niños arañaban con sus uñas las caras de todos los que estuvieran a su alcance.

Fue una locura. Fue increíble. Pensamos que íbamos a morir.

En algún momento de mi juventud recuerdo haber escuchado: «El dolor puede durar toda la noche, pero la alegría llega con la mañana».

Esa noche en la Primera Iglesia Bautista, hace exactamente cuarenta años, fue bastante larga. Si continuábamos nuestro viaje por la libertad, nos arriesgaríamos a ser arrestados o a algo peor. Y si suspendíamos los viajes, la libertad sería negada.

Una multitud enardecida rodeó la iglesia, lanzó piedras y bombas incendiarias, volcó autos y golpeó incluso las paredes del santuario. Mientras orábamos y entonábamos canciones de libertad, el presidente Kennedy y el fiscal general negociaban desesperadamente con el gobernador de Alabama, velando por nuestra seguridad.

Era nuestro el dolor y la tristeza de la nación por esa noche. Y por muchas más noches venideras, el pueblo estadounidense —de hecho, el mundo entero—, sería testigo de muchas más palizas, encarcelamientos e incluso del asesinato de manifestantes no violentos que se atrevieron a soñar con una nación mejor.

Así que el 21 de mayo de 1961, recordé: «El dolor puede durar toda la noche, pero la alegría llegará con la mañana».

Esa mañana, la alegría llegó. El presidente Kennedy tomó la decisión audaz y valiente de empoderar la Guardia Nacional de Alabama. También envió policías federales para protegernos. Llegaríamos a Jackson, Misisipí. Pero no podríamos haber hecho eso sin la ayuda del presidente Kennedy y de su hermano, el fiscal general.

Hasta que la alegría llegó en la mañana, tras la larga y oscura tristeza de su alma, Estados Unidos no pudo ser Estados Unidos. La alegría de la mañana no llegó por voluntad nuestra, sino por lo que yo llamo el «Espíritu de la Historia». Este nos arrastra y nos ordena responder al miedo y al odio con amor y coraje.

El coraje es un reflejo del corazón. Es un reflejo de algo profundo dentro del hombre o la mujer, o incluso dentro de un niño que debe resistir y desafiar a una autoridad que está equivocada moralmente. El coraje nos hace seguir adelante a pesar del miedo y de la duda en el camino a la justicia. El coraje no ▸

es heroico, pero es tan necesario como las alas de las aves para volar; el coraje no se basa en la razón, sino que proviene de un propósito divino para hacer las cosas bien.

Se suponía que no íbamos a llegar a Montgomery en 1963 mientras marchábamos a través del puente Edmund Pettus en Selma.

Pero lo hicimos.

Al llegar a Montgomery en un autobús de Greyhound, fuimos recibidos por turbas enfurecidas. Nos dejaron por muertos en el frío pavimento.

Pero continuamos nuestro viaje.

Mientras trataban de inscribir negros durante el verano de la libertad en Misisipí, tres jóvenes trabajadores por los derechos civiles fueron sacados de sus celdas, conducidos a un camino rural y asesinados en la oscuridad de la noche.

Pero no podían detenernos. Cientos de estudiantes se nos unieron ese verano.

En la construcción de una nueva nación estadounidense, tuvimos en aquel entonces una visión de la comunidad amada como la tenemos ahora. Piensen en esas dos palabras. «Amada» significa sin odio, sin violencia, sin indiferencia, sin crueldad. Y «comunidad» significa no separada, no polarizada, no enfrascada en la lucha. Golpeadas y agotadas, pero sin estar derrotadas, nuestras esperanzas no podían ser atenuadas.

La gente suele preguntar: ¿cómo pudimos otros y yo continuar nuestras protestas no violentas durante los años sesenta con la probabilidad de ser golpeados, encarcelados o incluso asesinados? El presidente Kennedy es mi mejor respuesta a esta pregunta. En 1963, señaló: «La cuestión de la raza es una cuestión moral. Es tan antigua como las Sagradas Escrituras».

Cuando luchas contra la injusticia, cuando te niegas a dejar que la fuerza bruta te aplaste, cuando amas al hombre que te escupe, te insulta o pone un cigarrillo encendido en tu pelo, llegas a creer que la justicia siempre prevalece. Esperas simplemente.

Nosotros —y me refiero a muchos miles e incluso millones de estadounidenses—, cambiamos el vino viejo por otro nuevo. Derribamos los muros de la división racial. Inspiramos una generación que protesta de forma creativa y no violenta. Y todavía estamos construyendo una nueva nación un Estados Unidos Amado—, una comunidad en paz consigo misma en la Amada Boston, en la Amada Cincinnati, en la Amada Washington, en la Amada Atlanta y en cada ciudad, pueblo, aldea y caserío amados de nuestra nación y el mundo. Sí, nuestro mundo puede convertirse en un Mundo Amado. No en un mundo dividido, sino unido.

Estoy profundamente conmovido por el honor que me han concedido hoy, pero no podemos olvidar a los héroes anónimos que se preocuparon profundamente, sacrificaron mucho, y lucharon incansablemente por una nación mejor. Por los hombres y mujeres valientes que permanecieron inmóviles en sus filas porque estaban decididos a votar. Por los que se expresaron al participar en las sentadas en Montgomery, en Nashville, en Birmingham y en todo el Sur. Ellos luchaban por una sociedad justa y libre. Por los *Freedom Riders* negros y blancos que viajaron en autobuses, que se enfrentaron a turbas enfurecidas, que sobrevivieron a un autobús en llamas, y que durmieron varios días en el piso frío de una celda en la cárcel; ellos también deben ser considerados como madres y padres fundadores de una nueva nación estadounidense.

Al comenzar un nuevo siglo debemos mover nuestros pies, nuestras manos, nuestros corazones y nuestros recursos para construir y no para destruir, para conciliar y no para dividir, para amar y no para odiar, para sanar y no para matar. Espero y oro porque continuemos nuestro audaz camino para trabajar en pro de la «Comunidad Amada». Todavía está a nuestro alcance. Mantengan los ojos en el premio.

Representante estatal Dan Ponder (Republicano por Georgia)

El Premio Perfiles de coraje de 2003 le fue concedido al exlegislador del estado de Georgia Dan Ponder, cuyo apasionado discurso a favor de la legislación sobre delitos de odio propició la Legislatura de Georgia y aseguró la aprobación del histórico proyecto de ley. Fue convertido en ley por el gobernador Roy Barnes en una sinagoga que había sido objeto de vandalismo con esvásticas.

El 16 de marzo de 2000, la Cámara de representantes de Georgia votó 83 a 82 para archivar un proyecto de ley que aumentaba las penas por delitos de odio. Dan Ponder, de cuarenta y tres años de edad, empresario republicano y conservador de la zona rural en el sudoeste de Georgia, desafió las expectativas y se levantó para apoyar el proyecto de ley. Ponder, que es dueño de una cadena de franquicias de comida rápida, había decidido no buscar la reelección, pero se esperaba sin embargo que se opusiera a la legislación sobre delitos de odio, junto con la mayoría de los otros miembros de su partido. Cuando terminó de hablar, los republicanos y los demócratas se pusieron de pie para aplaudirlo, y aprobaron la legislación por 116 a 49. ▶

En sus propias palabras *(continuación)*

Texto del discurso pronunciado por el representante Dan Ponder ante la Cámara de representantes de Georgia, el 16 de marzo del 2000.

Gracias señor presidente, señoras y señores representantes:

Es probable que sea la última persona y, la más improbable, que ustedes puedan esperar que hable desde el estrado en referencia a la legislación sobre delitos de odio. Y voy a hablar al respecto de un modo un poco diferente a muchas de las conversaciones que han tenido lugar hasta ahora. Quiero hablar de una manera un poco más personal sobre cómo llegué a creer en lo que creo.

Hace dos semanas, mi familia se reunió para celebrar el septuagésimo cumpleaños de mi padre. Fue la primera vez, desde que mi hija mayor nació hace diecinueve años, que los hijos y los cónyuges nos reunimos sin los nietos. Permanecimos despiertos hasta las dos de la mañana hablando acerca de la legislación sobre delitos de odio: sobre este mismo proyecto de ley.

Ni siquiera mi familia pudo llegar a un acuerdo en cuanto a este proyecto de ley. Pero concordamos en que la forma en que hemos sido criados y en lo que somos, probablemente influiría en la manera de votar sobre este proyecto de ley. Así que quiero que sepan un poco sobre mí y cómo llegué a creer en lo que creo.

Soy un republicano blanco que vive en el rincón suroeste de la parte más ultraconservadora de este estado. Crecí allá. Tengo raíces agrarias. Crecí cazando y pescando. Tuve armas cuando era niño. En mi duodécimo cumpleaños, me dieron eso que tantos chicos sureños reciben: la escopeta de mi padre que, de alguna manera, me marcó como hombre.

Me crié en una iglesia bautista conservadora. Fui a una universidad sureña muy grande y blanca en su mayoría. Viví y fui presidente de la mayor fraternidad totalmente blanca en ese recinto. Tengo nueve tátara-tátara-tatarabuelos que lucharon por la Confederación. No tengo un solo antepasado en ninguno de mis ancestros familiares que viviera al norte de la línea Mason-Dixon desde la Guerra de la Independencia. Y no es algo de lo que esté terriblemente orgulloso, sino tan solo una parte de mi herencia, que no uno, sino varios de esos ancestros, en realidad tuvieron esclavos.

Así que ustedes supondrían que, con solo escuchar mis antecedentes, voy a defender y hablar aquí en contra de la legislación sobre delitos de odio. Pero ya ven, ese es el problema cuando ustedes comienzan a estereotipar a las personas por lo que son y por el lugar de donde vienen. Porque estoy totalmente a favor de este proyecto de ley.

Mis antecedentes son privilegiados, pero el odio no es discriminatorio cuando escoge a sus víctimas. Tengo un cuñado católico. Mi hermana no pudo casarse en su iglesia y el sacerdote de él se negó a casarlos porque tenían credos diferentes.

Tengo un cuñado judío. Las diferencias con esa religión han hecho que una parte de mi familia se haya distanciado de la otra por más de veinticinco años.

Fui presidente de la fraternidad más grande de la Universidad de Auburn, la cual ganó un premio al mejor capítulo del país mientras estudié allí. De los más de cien miembros, seis de ellos son ahora abiertamente homosexual. Pero el «vínculo duradero de la hermandad» que nos prometimos a nosotros mismos durante esos días idealistas, al parecer no se aplica si más tarde sales y te declara homosexual.

Algunos de ustedes saben que mi familia acogió a una estudiante del programa de intercambio, de Kosovo, que vivió seis meses con nosotros durante todo el conflicto en ese lugar. La última vez que supimos de ella, no había tenido noticias de ninguno de los veintiséis miembros de su familia extendida. Ni de uno solo de ellos. Todos habían sido asesinados o desaparecidos a causa de unas diferencias religiosas y étnicas que no podemos siquiera entender.

Los padres de mi mejor amigo en la escuela secundaria y compañero de universidad crecieron en Dinamarca durante la guerra. Su abuelo murió sirviendo en la resistencia. Esa familia sobrevivió tres años porque la gente dejaba comida en su puerta en medio de la noche. No podían permitirse el lujo de darles comida sin ocultarlo porque serían asesinados.

Y para el representante McKinney, probablemente seamos tan diferentes como puedan serlo dos personas en esta Cámara en términos de nuestros orígenes. Pero yo también he conocido el miedo, porque soy un hombre blanco que fue asaltado y robado en Chicago en un barrio negro.

Ustedes tienen razón. Es un terror que no desaparece nunca. No termina cuando las heridas se curan ni cuando los dólares son restituidos en tu billetera. Es algo con lo que vives por el resto de tu vida.

Pero quiero contarles la verdadera razón por la que estoy aquí hoy. Se trata de algo personal. En mis cinco años en esta Cámara nunca he abusado de mi tiempo en el estrado, y solo me faltan dos días para dejar este organismo. Así que espero que escuchen esta parte.

Hubo una mujer que hizo que mi vida se distinguiera de gran manera, su nombre era Mary Ward. Comenzó a trabajar para mi familia antes que yo naciera. Era una mujer negra y joven cuya ▶

abuela crió a mi madre. Mary —o May-Mar—, como le decía yo, venía cada mañana antes que yo despertara para prepararme el desayuno, de modo que estuviera servido en la mesa. Ella preparaba nuestros almuerzos. Ella lavaba nuestra ropa.

Pero era mucho más que eso. Me leía libros. Cuando yo estaba jugando en las ligas pequeñas, ella atrapaba la pelota conmigo. Nunca temió castigarme ni pegarme. Ella esperaba absolutamente lo mejor de mí, tal vez —y estoy seguro—, incluso más que de sus propios hijos. Incluso viajaba con mi familia cuando pasábamos el verano en nuestra casa de la Florida, tal como lo hiciera su propia abuela.

Un día, cuando yo tenía unos doce o trece años, me disponía a salir para la escuela. Mientras yo cruzaba la puerta ella se volvió hacia mí para darme un beso de despedida. Y por alguna razón, la esquivé. Ella me detuvo y me miró a los ojos con una mirada que en estos momentos arde absolutamente en mi memoria, y me dijo: «No me besaste porque soy negra». En ese instante supe que ella tenía razón.

Lo negué. Inventé una excusa. Pero a esa edad me vi obligado a afrontar una parte pequeña y oscura de mí. Ni siquiera sé de dónde venía. Esa señora, que estaba dedicando toda su vida a mí, a mi hermano y a mi hermana, que me amaba incondicionalmente, que me había cambiado los pañales y me había alimentado, y que era realmente mi segunda madre, de alguna manera no era digna de un beso de despedida, simplemente por el color de su piel.

El odio es parte de nuestra realidad diaria. Adquiere forma de maneras que son de algún modo tan pequeñas que ni siquiera las reconocemos para empezar, hasta que de algún modo se vuelven aceptables para nosotros. Nos corresponde a nosotros, como padres y líderes en nuestras comunidades, tomar una postura y decir con voz firme y clara que esto no es aceptable.

He vivido con la vergüenza y el recuerdo de mi traición al amor que Mary Ward sentía por mí. Entonces me prometí a mí mismo —y me volví a prometer— que desde el día que yo la enterrara, nunca más volvería a verme en el espejo —consciente de que había guardado silencio— ni permitirí que el odio, el prejuicio o la indiferencia impactaran negativamente la vida de cualquier persona, aunque yo no la conociera.

Del mismo modo, mi esposa y yo nos prometimos mutuamente el día en que nació nuestra hija mayor, que educaríamos a nuestros niños para que fueran tolerantes, para que aceptaran la diversidad y la celebraran. En nuestra casa, que alguien fuera distinto nunca sería una razón para la injusticia.

Cuando adoptamos una posición, eso puede hacer una diferencia de manera gradual. Cuando era niño, las fábricas de mi padre empleaban a muchos blancos y negros. Teníamos fuentes de agua separadas. Teníamos mesas para comer separadas. Ahora mi hija está terminando su primer año en el Agnes Scott College. La semana pasada me informó que ella y su compañera de cuarto, que es negra —y que terminaron al azar en el mismo cuarto como estudiantes de primer año—, decidieron vivir juntas de nuevo el próximo año.

Le pregunté las razones por las que decidieron volver a vivir juntas. Ella dijo: «Bueno, simplemente nos llevamos muy bien». Mencionó otras dos razones, pero ¿saben qué no mencionó? El color. Ella, simplemente, no pensó en eso.

Puedes avanzar cuando tomas una posición. Nuestra estudiante de intercambio, que se crió en un país donde tus diferencias definían absolutamente todo de ti, ahora vive en Dallas, donde toda una comunidad de diversas razas la ha acogido y le está enseñando a aceptar a las personas que son diferentes a ella y que la aman.

A los que puedan decir que este proyecto de ley está creando una clase especial de ciudadanos, yo les diría: ¿quién elegiría ser una clase de ciudadano o quién elegiría ser homosexual y arriesgar la enajenación de su propia familia, amigos y compañeros de trabajo?

¿Quién escogería ser judío para poder soportar el tipo de odio en los años que llevaron al Holocausto y a la casi extinción del pueblo judío en todo un continente?

¿Quién escogería ser negro, simplemente para que sus lugares de culto pudieran ser quemados o para pasar todos sus días en el último puesto de la fila?

Somos lo que somos porque solo Dios decidió hacernos así. Las cargas que llevamos y los problemas que estamos tratando de corregir con esta legislación son resultado de la crueldad del hombre hacia el hombre. Eso escasamente está tratando de crear una clase especial de personas.

A quienes dicen que ya tenemos leyes que abordan estos crímenes, yo les diría: vean las repeticiones del debate de ayer sobre los «Legisladores». Hicimos súplicas apasionadas a favor de los derechos de los animales.

Hablamos con repulsión sobre gatos que están encadenados con alambre de púas. Seguramente —sí, seguramente— el hecho de que Matthew Shepard esté siendo golpeado y colgado en una cerca de alambre de púas hasta que muera no es menos repugnante. Seguramente nuestro prójimo merece nada menos que nuestras mascotas. ▶

En sus propias palabras *(continuación)*

Los crímenes de odio son diferentes. Cuando era adolescente, pinté en más de un tanque de agua «Socialistas Revolucionarios del '72». Sin duda, nadie aquí va a decirme que las palabras que están pintadas en las paredes y que dicen: «Muerte a los judíos», o una esvástica, o los «Maricones deben morir» o «Saquen a los negros», son de alguna manera lo mismo que «los SR del '72». Incluso hoy, esas mismas palabras nos hacen sentir incómodos, y deberían hacerlo.

Seguramente no vamos a equiparar una pelea en un bar o un crimen pasional con un grupo que decide —a propósito— subir a un auto y golpear a negros, homosexuales o judíos sin siquiera saber quiénes son.

Los crímenes de odio envían un mensaje. La cruz que fue quemada en el patio de un negro no hace muchos años era un mensaje para la gente negra.

La persona homosexual que es golpeada mientras camina por una acera del centro es un mensaje para los gais.

Y a todos los judíos que han soportado miles de años de persecución les enviaron mensajes una y otra vez.

Yo digo que ahora es nuestro turno de enviar un mensaje. No soy abogado. No sé lo difícil que sería enjuiciar esto y me tiene sin cuidado. Realmente no me importa que alguien sea enjuiciado en virtud de este proyecto de ley.

Pero sí me importa que saquemos este momento en el tiempo —en la historia—, para decir que vamos a enviar un mensaje.

El Papa está enviando un mensaje de reconciliación a los judíos y a las personas en todo el mundo. Algunos de esos crímenes ocurrieron hace dos mil años.

Mary Ward me envió un mensaje hace muchos años. Un mensaje de amor incondicional, independientemente del color de su piel.

Mi esposa y yo hemos enviado un mensaje a nuestros hijos para decirles que todos somos hijos de Dios y que el odio es inaceptable en nuestra casa.

Creo que tenemos que enviar un mensaje a las personas que están llenas de odio en este mundo. Georgia no tiene espacio para el odio dentro de sus fronteras. Es un mensaje que podemos enviar al pueblo de este estado, pero también es un mensaje que se tienen que enviar a ustedes mismos.

Les pido que se observen a sí mismos y hagan lo que crean que es correcto. Les pido que voten SÍ a este proyecto de ley y NO al odio.

¿Has leído? También de John F. Kennedy

UNA NACIÓN DE INMIGRANTES

A lo largo de su presidencia, John F. Kennedy fue un apasionado por el tema de la reforma migratoria. Él creía que Estados Unidos era una nación de personas que valoran la tradición y la exploración de nuevas fronteras, personas que merecían la libertad para labrarse una vida mejor para sí mismos en su país de adopción. Ahora, con una nueva introducción del senador Edward M. Kennedy, *Una nación de inmigrantes* ofrece sugerencias inspiradoras de John F. Kennedy en cuanto a políticas de inmigración y presenta una cronología de los principales acontecimientos de la historia de la inmigración en Estados Unidos. A medida que la nación se enfrasca en debates continuos sobre la inmigración, este canto a la importancia de los inmigrantes en la prominencia y el éxito de nuestra nación es tan oportuno como siempre.